LÉONCE DUPONT

SOUVENIRS
DE
VERSAILLES
PENDANT
LA COMMUNE

PARIS

LIBRAIRE DE LA SOCIÉTÉ DES GENS DE LETTRES
PALAIS-ROYAL, 15-17-19, GALERIE D'ORLÉANS

SOUVENIRS
DE VERSAILLES
PENDANT LA COMMUNE

LIBRAIRIE DE E. DENTU, ÉDITEUR

DU MÊME AUTEUR :

TOURS ET BORDEAUX

Souvenirs de la république a outrance. — 1 volume grand
in-18 jésus. 3 50

LA COMÉDIE RÉPUBLICAINE

1 volume grand in-18 jésus . . . . 3 »

MADAME DESGRIEUX

1 volume grand in-18 jésus. . . . . 3 »

Société d'imprimerie Paul Dupont, 41, rue J.-J.-Rousseau. — 71.9.80.

SOUVENIRS

DE

VERSAILLES

PENDANT

LA COMMUNE

PAR

LÉONCE DUPONT

PARIS
E. DENTU, ÉDITEUR
LIBRAIRE DE LA SOCIÉTÉ DES GENS DE LETTRES
PALAIS-ROYAL, 15-17-19, GALERIE D'ORLÉANS
—
1881
Tous droits réservés.

INTRODUCTION

I

Lorsque j'ai rassemblé ces souvenirs, il y a un an, pour les publier dans la *Revue de France*, je prévoyais bien que la Commune ne tarderait pas à rentrer en grâce ; mais qui aurait pu prévoir qu'elle fût en si beau chemin ? Il était question d'amnistie ; on s'accordait sur le principe de cette mesure sans trop s'accorder sur la manière et sur le moment où elle serait prise. Le gouvernement, encore timide dans la voie des capitulations, en était au système craintif et louche des grâces amnistiantes. On se trouvait amnistié si l'on était gracié avant le mois de juin ; ce délai passé, la grâce obtenue laissait peser sur le communard toute la pénalité morale inhérente à sa condamnation. Ces compromis choquaient la raison ; ils blessaient aussi d'une certaine manière la dignité dont se targuaient les condamnés de 1871. Toutefois, il était aisé de prévoir que la résistance des Chambres ne serait point de longue durée, et je me hâtais de terminer mes récits afin qu'ils pussent coïncider avec le retour de tous les personnages qu'ils mettaient en scène.

Je n'avais pas encore écrit mes dernières pages, qu'ils étaient déjà là ; embarqués sur le *Tage*, sur le *Colbert*, sur l'*Asmodée*, sur le *Navarin*, ils débouchaient par tous les ports à la fois, par Brest, par Cherbourg, par Port-Vendres. L'île des Pins se vidait au profit de nos villes et de nos campagnes. Londres, Genève, Bruxelles nous renvoyaient la fine fleur de l'exil. Les vœux de M. Gambetta étaient exaucés ; la belle image du haillon sanglant de guerre civile qu'il avait jetée dans la discussion avait enlevé tous les suffrages ; les deux Chambres étaient dans le ravissement d'avoir pu, une fois encore, condescendre aux vœux de M. Gambetta. La joie bruyante des faubourgs, la douce béatitude de la bonne et pateline bourgeoisie se confondaient avec la satisfaction de tous les groupes parlementaires.

Une fête fut ordonnée et célébrée le 14 juillet, où l'on s'enflamma pour l'amnistie beaucoup plus que pour la prise de la Bastille. Peu de jours après, ce n'étaient qu'ovations et embrassades aux rapatriés. Il n'y avait qu'un cri, dans la presse républicaine, pour célébrer leur retour et pour se réjouir, par avance, des vertus civiles et domestiques dont ces insurgés repentants allaient nous donner l'exemple.

II

Au plus fort de ces entraînements, j'arrivais mal avec un recueil de souvenirs où leurs crimes étaient rappelés. Pour avoir de l'à-propos ; pour être bien dans le courant du mois de juillet 1880, j'aurais dû me mettre à la recherche des circonstances atténuantes pour tous les forfaits qui, en 1871, avaient tant excité l'indignation publique. Il y avait même ceci de particulier dans l'état des esprits que, parmi les philanthropes pris d'un tendre retour d'indulgence pour les rebelles, se trouvaient ces mêmes républicains qui, lorsque la Commune fut vaincue, poussaient à son extermination par le fer et par le feu.

Auprès de ces fanatiques, que la peur rendait féroces et que l'on était obligé de contenir, pour éviter qu'il ne se ruassent sur les prisonniers amenés à Versailles, je passais, dans ce temps-là, pour un de ces hommes pervers à qui le crime n'inspire pas assez d'horreur. Au moment plus récent où j'écrivis ces impressions, sans que mon jugement se fût sensiblement modifié sur les faits et gestes de la Commune, c'est moi qui courais risque de passer pour féroce et qui l'étais en effet, si l'on considère le sentiment de large clémence que l'on venait de mettre à la mode.

Dans la période que nous traversons, un homme

qui veut conserver son sang-froid et qui s'attache à ne tomber dans aucune sorte d'excès, a bien de la peine à se tenir. Il ferait mieux de garder pour lui ses pensées, ses opinions, ses colères et ses peines, que de les vouloir faire partager à l'aide de raisons qui ne sont jamais opportunes et qui heurtent toujours quelque courant. Quelle dure tâche surtout pour l'écrivain qui fait dépendre ses succès, sa renommée, de cette sorte de combat qu'il est sans cesse obligé de livrer en faveur de la vérité et du sens commun, contre des contemporains qui ne tiennent pas à la vérité et qui souvent n'ont pas le moindre sens commun !

III

Voici donc où nous en étions vers le milieu de l'été dernier :

Les amnistiés étaient de pauvres égarés qui revenaient en France, après avoir beaucoup souffert et qui allaient donner l'exemple de la soumission et du respect des institutions établies, trop heureux de retrouver leurs outils de travail et la république pour les faire valoir. Plus de discordes ! tous les ressentiments seraient éteints dans les foyers où la déportation les avait entretenus. Le radicalisme allait même disparaître entièrement, du moins passer à l'état de théorie pure. Les faubourgs allaient montrer leur reconnaissance à M. Gambetta, pour sa belle métaphore du haillon, en nommant sur toute la ligne, des députés opportunistes. On se félicitait de voir les ateliers retrouver leur personnel de bons ouvriers, de voir le journalisme parisien rendu à son éclat des derniers jours de l'Empire, par le retour de M. Henri de Rochefort et de quelques autres beaux esprits. Lorsqu'il excitait les gens de la Commune à brûler la demeure de M. Thiers, et lorsque, de Genève, il attaquait tout ce qu'il y avait d'honnête et de respectable dans son pays, M. de Rochefort avait cessé d'être spirituel. Le vent de l'amnistie souffle sur la France, voilà M. de Rochefort redevenu, comme par enchantement, l'étincelant pamphlétaire. On se souvint à propos de sa *Lanterne* et on lui attribua l'honneur d'avoir à lui tout seul, avec sa puissante verve, renversé l'édifice impérial! Si quelque arrivage d'amnistiés était signalé dans un port de mer, on courait en foule à la gare ; on faisait cortège aux malheureux; on les félicitait; on les secourait ; on poussait même la tendresse jusqu'à les griser. On ne craignait point de se faire un mauvais parti avec la police, pour embrasser Mlle Louise Michel et pour la trouver charmante !

IV

Depuis ce temps, les dispositions du bon public ont subi de nouveaux changements. La déportation n'a point tenu ce que la bourgeoisie française s'en était promis. Elle était à peine débarquée qu'elle a fourni quelques sujets à la police correctionnelle, sans parler des ivrognes que les frères et amis ne pouvaient parvenir à désaltérer. Bien loin de vouloir se soumettre au régime établi et consacré, dit-on, par plusieurs élections successives, les gros bonnets de la déportation étaient à peine arrivés qu'ils se recommandaient du titre de forçats et recrutaient des majorités hostiles au gouvernement républicain. Ils témoignaient leur reconnaissance au Parlement en l'accablant d'injures ; cette Chambre, ce Sénat qui leur avaient accordé l'amnistie, ils ne les traitaient pas autrement qu'ils avaient traité, en 1871, l'Assemblée de Versailles. Il semblait moins qu'ils fussent dans la joie du retour que dans les rages du départ.

Comme ils aimaient à rappeler et à exagérer leurs souffrances ! Ils s'en faisaient une arme contre ceux qui y avaient mis fin. Bien loin de se repentir d'avoir incendié Paris et d'avoir massacré les otages, ils ne souffraient point qu'on les traitât d'incendiaires et d'assassins ; ils eussent volontiers demandé des réparations à quiconque se fût permis d'employer à leur égard des expressions malsonnantes. Parmi ces raffinés d'honneur, il y en eût même qui pensèrent à relever des propos que des écrivains conservateurs avaient tenus sur eux, au cours des dix dernières années.

Ce qui fut plus grave, après l'apologie, tous les jours grandissante et de plus en plus tapageuse, des actes condamnés et flétris par la justice des conseils de guerre, ce fut la prétention que montrèrent, d'un commun accord, tous les amnistiés, de poursuivre la réparation des maux qu'ils avaient soufferts. Ils s'en prirent d'abord à M. Thiers, le principal auteur de cette répression, que, dans leur style imagé, les communards appellent « la semaine sanglante ». Si M. Thiers eût été encore de ce monde, il n'eût peut-être essuyé que les injures de quelques journaux : mais M. Thiers avait le malheur d'être mort. Aussitôt, les survivants de la semaine sanglante de se ruer sur sa mémoire.

Des amis maladroits de l'ancien président de la république eurent précisément, au mois de septembre dernier, la malencontreuse idée de lui élever une statue de bronze, sur la terrasse de Saint-Germain. Un des notables amnistiés, M. Olivier Pain, ami de M. de Rochefort, ne manqua point de venir, le jour de l'inauguration, faire un esclandre devant ce monument, protestant contre l'hommage rendu à M. Thiers et lui reprochant là, en présence d'une assemblée d'élite, tout le sang versé pendant les journées de Mai. La veuve de M. Thiers était présente ; elle avait été conviée à une ovation ; elle entendit cette voix vengeresse et en reçut un coup mortel.

On avait rêvé de retrouver M. H. de Rochefort

adouci ; il eut à peine respiré l'air de Paris qu'il entreprit dans l'*Intransigeant*, contre M. Gambetta, une campagne bien plus violente que ne l'avait été sa campagne contre l'Empereur Napoléon III et contre toute la famille impériale. Il fut bien loin de chercher, comme devant le conseil de guerre, à se défendre d'aucun des crimes pour lesquels il avait été poursuivi. Il usa toute sa verve à accuser les uns et les autres, particulièrement les généraux et la police. Il assouvit ses rancunes personnelles contre M. Andrieux ; il se mit à la tête d'une expédition en règle organisée contre l'ancien directeur d'une prison de Versailles. Devenu commissaire de surveillance à la gare de Vincennes, ce fonctionnaire était accusé des plus noirs attentats contre ses prisonniers.

Un homme plus digne de la vengeance des communards, c'était le général de Cissey. Dès qu'un incident d'audience fut venu leur livrer cette proie, ils s'acharnèrent après elle. Il a fallu que la Chambre ouvrît une enquête tendant à rechercher si, par aventure, M. le général de Cissey n'était pas un concussionnaire et un traître. Comment refuser cette satisfaction aux survivants de l'insurrection de 1871 ? Ils tenaient un de ces généraux qui les avaient vaincus ; ils tenaient celui qui avait autorisé l'exécution de Millière et de Raoul Rigault ; pouvait-on leur refuser la satisfaction de trépigner sur un des chefs de l'armée de Versailles ? Ils eussent mieux aimé s'assouvir sur le maréchal de Mac-Mahon ; le général de Galiffet eût été, pour les repentants, une bien meilleure aubaine ; mais ils ne désespèrent pas de tenir, quelque jour, tous les généraux dont la Commune eut à se plaindre et de leur faire leur compte.

V

Le zèle de la réhabilitation se confond avec la soif des vengeances. L'esprit qui a présidé aux exécutions de la Commune est le meilleur esprit ; c'est un esprit patriotique et réformateur. On a voulu affranchir la France et sauver la république. Si quelque journal conservateur se risque encore à parler du meurtre des otages, d'une voix unanime et terrible, vingt journaux, éclos sous le souffle de l'amnistie, lui rappellent les trente-cinq mille cadavres ramassés dans les rues de Paris. Le moment approche où, devant les trente-cinq mille cadavres, on n'aura plus à évoquer le souvenir de la Roquette, de la rue Haxo, des gendarmes, des prêtres égorgés, du massacre des dominicains d'Arcueil.

On va plus loin. Les tombes des citoyens que la justice a considérés comme des malfaiteurs et condamnés à mort sont l'objet d'un culte public. Des personnes exaltées veulent relever le gibet de Ferré et le glorifier. Il y a des processions de citoyennes auprès de ces sépultures maudites ; elles figurent les saintes femmes au tombeau du Christ. Elles se bercent de vagues espérances de résurrection. Il s'agit maintenant de donner une forme plus solennelle et plus officielle à ces hommages. La secte communarde s'est enhardie jusqu'à réclamer un monument expiatoire pour ses martyrs. Il y a cinq mois, ils étaient encore au bagne ; aujourd'hui ils demandent un monument expiatoire ! Le parlement pensait-il, en décrétant l'amnistie, décréter aussi un monument expiatoire ? Que doit penser M. Gambetta ? Traîne-t-il encore assez son haillon de guerre civile ?

VI

Je me demande de quel droit on refuserait à ces réhabilités un monument funéraire ? Ils voient la colonne de Juillet s'élever sur la place de la Bastille ; elle rappelle une insurrection triomphante. L'insurrection de 1871 ne fut point triomphante, c'est vrai ; mais ils considèrent que les journées de Mai furent plus glorieuses que les journées de Juillet. Lisez leurs journaux ; ils ont des arguments terribles en faveur de leur monument expiatoire. C'est au conseil municipal qu'il appartient de fixer la place où il doit s'élever ; le conseil municipal de Paris peut-il refuser un pareil hommage aux premiers fondateurs de la Commune de Paris ? Je me garde de dire que cette affaire ne rencontrera point certaines difficultés, ne subira point quelques retards ; il faut reconnaître cependant que nous sommes moins éloignés aujourd'hui du monument expiatoire, que nous n'étions éloignés, l'an passé, de l'amnistie complète. L'amnistie entraîne le monument ; elle l'impose presque, alors surtout que cette amnistie est accordée par des républicains à des républicains qui n'ont rien à se reprocher les uns aux autres.

Quand, le mois dernier, il a été saisi un peu à l'improviste de la proposition relative à ce monument, le conseil municipal de Paris a été légèrement troublé ; mais il se remettra ! La majorité qu'on n'a point trouvée pour accorder l'emplacement demandé par les pétitionnaires, on la trouvera certainement dans le conseil renouvelé qui va sortir des élections nouvelles. Celui-ci fera mieux que de fixer la place du monument, il votera un subside pour aider à sa construction comme, après les premières grâces accordées, il a voté 100,000 francs pour venir en aide aux intéressants citoyens qui les avaient obtenues !

Je crois, du reste, qu'en ce qui touche la sollicitude du conseil municipal, les héros de la Commune sont tout à fait rassurés. Le cours naturel des choses les fera tous entrer, à très bref délai, dans le conseil de la ville. Après avoir obtenu cette éclatante réparation, il ne tiendra plus qu'à eux de se glorifier, de la manière qu'ils voudront, sans craindre que le gouvernement y apporte le moindre obstacle.

VII

Le conseil municipal, le gouvernement, — la chose est à prévoir — ne feront, un jour, qu'un corps et qu'une âme. De fait, cette fusion n'est pas encore accomplie; mais, virtuellement, elle existe. Un lien très étroit et très ancien unit entre elles ces deux fractions dissidentes du parti républicain, dont l'une a fomenté l'insurrection de 1871 que l'autre a écrasée. Si l'on y regarde de bien près, le seul désaccord entre les hommes qui avaient fait le coup du 4 septembre 1870, et les hommes qui firent le coup du 18 mars 1871 consistait en une compétition de pouvoirs ; moins que rien.

Ce n'est point sans doute parce qu'ils s'insurgeaient, que les auteurs et les auxiliaires de la Commune étaient punis par M. Thiers, par M. Picard, par M. Jules Favre, par M. Jules Simon et par tous les complices du 4 septembre. Quand ils s'insurgeaient à leur profit et en leur compagnie, ces communards n'obtenaient que des encouragements et des éloges ; mais ils s'insurgent contre eux ; voilà le crime ! C'est abominable sans doute ; mais cela ne constitue pas une de ces incompatibilités qui puissent survivre à la période de lutte. Une conformité d'origine, de profondes et incontestables complicités, reprenant bientôt le dessus, commandent de mutuels oublis et de mutuelles indulgences. Les bandes rivales finissent tôt ou tard par admettre une cote mal taillée aux termes de laquelle chacun aura sa part de butin.

VIII

Si la république avait été étouffée dans son berceau, on n'aurait pas eu la Commune ; de même, si on laisse la république subsister, la revanche de la Commune est certaine. Je crois à cet enchaînement fatal comme je crois à la succession des jours et des nuits ; j'y crois comme à la logique, comme à la raison, comme à la justice. La république aura beau se faire opportuniste, jacobine, conservatrice ; la Commune prévaudra toujours. Appartient-t-il à l'effet de supprimer la cause ?

Il ne faut point se payer d'illusions ; tout le monde le sait bien, c'est de la Commune qu'est sortie la république. La Commune, en tant que faisceau des forces malfaisantes et agissantes, en tant que matière révolutionnaire, a déterminé la chute de l'empire ; sans elle M. Thiers, M. Jules Favre, M. Jules Simon n'eussent jamais osé se risquer, le 4 septembre, contre les forces de l'empire. Conduite par ses chefs autorisés, la Commune a donné aux députés de Paris l'audace voulue pour aller à l'Hôtel de Ville. C'est elle-même qui les y a conduits et installés ; elle y est même entrée, avec eux, dans la personne de M. de Rochefort. C'est elle qui a reçu les premiers hommages du gouvernement nouveau, puisque, à peine intronisé, celui-ci s'est hâté d'aller vider les prisons de tous les insurgés qu'elles renfermaient. C'est M. Pelletan, l'austère et emphatique philosophe, qui a procédé à cette délivrance sans laquelle il ne lui eût pas été permis de faire une fin de sénateur inamovible.

La Commune rendit à la république, sortie de ses flancs, un service bien plus signalé. Lorsqu'elle vit quel danger lui faisait courir la majorité réactionnaire réunie à Bordeaux, la Commune, bonne mère, sauva encore la république. Je raconte, dans le cinquième chapitre de ce livre, ce qui arriva, au plus fort de l'insurrection communarde, alors que toutes les grandes villes de France menaçaient de prendre fait et cause pour le gouvernement de Paris contre le gouvernement de Versailles.

La Commune n'avait encore commis d'autre assassinat que l'assassinat de la rue des Rosiers ; elle s'était donné une apparence de légalité en sollicitant, pour ses membres, une sorte de consécration plébiscitaire. Les habitants de Paris ne répugnaient pas trop à cette innovation hardie qui se prévalait de deux sentiments très avouables : un violent déplaisir de l'issue de la guerre, et un désir inquiet de conserver la république. La fuite de M. Thiers et de son gouvernement ne leur avait point paru commandée absolument par les circonstances; cette fuite avait rallié à peu près toute la bonne petite bourgeoisie parisienne au gouvernement des sept ou huit inconnus, cordonniers, mécaniciens, comptables, blanchisseurs qui composaient le comité souverain de la garde nationale. Pour tout dire enfin, Paris ne se croyait pas en de plus mauvaises mains qu'il ne l'avait été depuis six mois, et sa satisfaction commençait à gagner le pays.

Les grandes municipalités furent sollicitées de suivre son exemple; le tour des petites serait venu plus tard. Toutefois, avant de se détacher du gouvernement de Versailles, des délégués des grandes villes se rendirent auprès de M. Thiers, porteurs d'une sorte d'ultimatum. Ils voulurent qu'il prît, avec eux, l'engagement formel de s'opposer à toute tentative de renversement de la république. M. Thiers était déjà lié par une sorte de serment avec les monarchistes; à Bordeaux, il leur avait juré, pour obtenir d'eux le pouvoir, qu'il favoriserait le retour de la royauté. C'est ce serment qu'il répudia.

Le triomphe réel de la Commune, celui dont elle n'a point à rougir et qu'elle fait sonner bien haut, consiste précisément à avoir réduit M. Thiers à cette alternative, de manquer de parole aux royalistes ou d'affronter une conflagration générale du pays.

M. Thiers n'hésita point ; la république fut sauvée.

IX

Empressons-nous d'ajouter que, par le fait seul du service qu'elle rendit alors à la république, la Commune elle-même fut sauvée. Elle put commettre des crimes et attirer sur elle de sanglantes répressions ; elle put se faire écraser sous le choc des régiments lancés contre elle et se rendre barricade par barricade ; avant de capituler devant M. Thiers, elle avait obligé M. Thiers à capituler devant elle. M. Thiers et la république étaient devenus pour ainsi dire ses tributaires.

Sans doute, il y eut, pour la Commune, un mauvais moment à passer ; celui précisément où il fallut rendre les armes à l'armée. L'armée n'était pour rien dans les secrets compromis du pouvoir civil ; elle avait combattu ; elle avait versé son sang ; elle avait vaincu. Aucune puissance n'aurait pu arrêter le cours de ses légitimes fureurs. Malheur à ceux qui, durant cette première période de la répression, eurent à subir des châtiments irréparables ! Les morts ne reviennent pas !

Quant aux autres, si dure que fût leur condamnation, ils pouvaient bien être assurés que, si la république était conservée, l'heure sonnerait un jour, non seulement du pardon, mais de l'amnistie et de la revanche.

Où ils commencèrent à trembler, ce fut lorsque, le 24 mai, ils virent s'accomplir la révolution légale qui substituait à M. Thiers le maréchal de Mac-Mahon. Par ce changement, la république elle-même se trouvait menacée ; la Commune restait sans aucune espèce de lien avec un personnel de gouvernement qui n'avait eu de rapports avec elle, que pour la combattre et l'anéantir. Si quelques mesures de clémence venaient adoucir les rigueurs de la déportation ou même les faire cesser entièrement, il n'y avait à espérer, du cours naturel des choses, que des restaurations incompatibles avec une revendication de la Commune. Ces craintes durèrent trois années ; triste et lugubre période pour les condamnés de l'insurrection de 1871 !

Le 24 mai avait écrit sur la porte de leurs cabanons : *Lasciate ogni speranza!* C'est sous l'influence de cette situation désespérée, que furent conçus ces projets d'évasion auxquels contribuèrent les républicains affiliés à la Commune. Ils dressèrent une commandite de 25,000 francs, dont M. Edmond Adam fut le promoteur et M. Gambetta le souscripteur pour 5,000 francs. M. de Rochefort et quelques autres chefs s'évadèrent sans trop de difficulté. Un grand nombre auquel personne ne s'intéressait, tomba dans un découragement profond. Tout en effet semblait perdu.

X

Quelle joie imprévue pour ces malheureux, lorsque, en 1875, à la fin du mois de février, cette majorité, qui avait paru ne vouloir se débarrasser de M. Thiers que pour rétablir la monarchie, s'avisa de consolider la république. C'est cette majorité sans pareille qui tenait les engagements de M. Thiers. La Commune était sauvée. Ce n'était plus, en effet, qu'une question de temps; la république maintenue, les républicains ne pouvaient manquer d'en reprendre le gouvernement; avec les républicains, tous les liens brisés se renouaient. La revanche était sûre : elle a commencé le jour où M. Wallon, par son amendement, a fait passer la république de l'état provisoire à l'état définitif, lui donnant pour base la majorité d'une seule voix; elle s'est confirmée par les résultats électoraux de 1876, par l'excitation républicaine soulevée dans le pays, après la tentative impopulaire du 16 mai 1877. La retraite du maréchal de Mac-Mahon a été, pour la Commune, un triomphe plus marqué; le jour où le centre gauche a été définitivement renvoyé du pouvoir, elle faisait un autre grand pas. Au fur et à mesure que les républicains se répandaient dans le gouvernement, la Commune elle-même gagnait du terrain. Elle a touché à son but le jour où s'est implantée, dans cette république, la toute-puissance de M. Gambetta. A partir de ce moment, on entre dans la phase des capitulations, des concessions arrachées à la peur, à l'intérêt personnel. Entre M. Gambetta et la Commune, que de complicités secrètes! Ils sont rivés l'un à l'autre comme le boulet au forçat.

Il ne faut pas oublier que tous les électeurs qui, en 1869, ont fait de M. Gambetta un député de Belleville, étaient parmi les chefs ou parmi les soldats de la Commune. Il fut leur homme; il fut leur élu; pouvait-il faire autrement que de marcher avec eux? Cette solidarité avait d'abord paru si claire et si nette à M. Gambetta, qu'il n'avait trouvé d'autre moyen de se dérober à l'entraînement de ses électeurs, que de rester en Espagne aussi longtemps que dura l'insurrection du 18 mars. Du reste, s'il ne paya point de sa personne dans le mouvement de la Commune, il y fut représenté par un de ses amis intimes, par M. Ranc. Ce personnage aciturne établissait le lien entre les insurgés de Paris et l'exilé volontaire de Saint-Sébastien.

M. Ranc, dont un écrivain de talent s'efforça naguère de définir le rôle et de préciser le mérite, se trouve, jusqu'à nouvel ordre, investi d'une fonction des plus importantes. Il est l'envoyé extraordinaire et le chargé d'affaires de M. Gambetta près Sa Majesté le peuple souverain des faubourgs. Lorsque l'heure sera venue, pour ce dernier, de ressaisir le pouvoir, c'est par M. Ranc que M. Gambetta sera prévenu que l'heure a sonné de se rapprocher de Belleville, ou de reprendre vivement la route de Saint-Sébastien.

XI

A ces considérations dont l'exposé calme et impartial frappera peut-être quelques esprits, si j'ajoute, me plaçant au point de vue de la simple logique, que le développement naturel de l'idée républicaine en France doit arriver forcément à ce déplacement des forces dirigeantes, pour lequel la république est faite ; si j'ajoute encore que la liberté, l'égalité pour tous et surtout la douce fraternité ne sont pour rien dans les mobiles qui entraînent vers la république le torrent des classes ouvrières ; que ce torrent obéit plutôt à l'impulsion qu'il reçoit d'une vague aspiration de réforme sociale, du désir de remplacer les bénéfices du travail par une prise de possession du capital, de la fortune mobilière ou immobilière ; la démonstration sera complète.

Les gens que l'on emploie en France pour renverser les monarchies et fonder les républiques, ne furent point satisfaits parce que quelques bourgeois très à leur aise jugèrent plus agréable d'être gouvernés par un président pris dans la masse des citoyens, que d'être gouvernés par un monarque. Pour qu'ils soient contents et pour qu'ils n'aient plus envie de tout renverser, il faut que les bourgeois leur cèdent la place dans le gouvernement d'abord, dans leur logis ensuite. Les ouvriers poussent dehors la bourgeoisie, comme la bourgeoisie a poussé dehors la noblesse.

Si l'on considère que les bourgeois n'ont jamais su faire de révolutions qu'avec le concours des ouvriers, plus nombreux et plus résolus, on sera vite convaincu que rien de ce que nous avons ne peut détourner la république de suivre sa pente naturelle, et d'atteindre son but suprême, qui est la révolution sociale ou, si l'on aime mieux, la Commune.

La Commune, dans le sens nouveau que les événements de 1871 ont attribué à ce mot, n'est plus précisément une forme particulière du gouvernement républicain; ce n'est plus que l'organisation d'une certaine autonomie du centre communal et un système de fédération tel qu'il a pu se pratiquer, avec avantage, dans certaines républiques. Aujourd'hui, on est convenu d'appeler improprement la Commune, ce qu'en 1848 on appelait le socialisme; c'est le parti qui, sous une forme ou sous une autre, veut opérer le renversement absolu de tout l'ordre social.

XII

S'il est absolument démontré que notre état politique actuel donne un libre accès aux tentatives du radicalisme, il est moins démontré que ces tentatives se produiront sous la même forme et seront accompagnées des mêmes violences qu'en 1871. Je croirais assez que nous n'aurons plus rien de semblable à ce qui s'est passé à cette époque. Il n'y a aucune chance pour que Paris soit de nouveau assiégé, pour que des légions de fédérés opèrent des sorties torrentielles, pour que l'on remonte, de part et d'autre, à ce diapason de fureur qui pousse aux actes les plus outrés et les plus barbares. Ce qui est le plus à craindre, ce n'est ni l'incendie des édifices par le pétrole, ni l'exécution des otages, ni ces actes sanguinaires qui ont marqué le dernier triomphe du radicalisme.

L'avènement se fera moins par une prise d'armes qu'il ne se fera par le vote, très légalement, tout en douceur. Les représailles, s'il y en a, ne pourront s'exercer comme elles se sont exercées sous la précédente Commune. Si l'on doit être tué, on sera tué avec plus de calme et beaucoup plus correctement. On ne sera plus en présence d'une assemblée monarchique de qui l'on craindra le renversement de la république ; mais en présence d'une majorité républicaine opportuniste de qui l'on craindra l'absorption de la république ; ce qui équivaut au renversement. Si donc il y a des exécutions, c'est de ce côté qu'elles devront s'accomplir. Encore peut-on espérer qu'elles ne seront ni trop nombreuses ni trop cruelles, le propre des républicains modérés étant de s'enfuir ou de se résigner à propos.

L'opinion publique, du reste, sera bien mieux préparée qu'elle ne l'était il y a dix ans à tous les accidents qui pourront se produire ; le gouvernement actuel a fait beaucoup dans le sens des idées que le retour de la Commune doit faire passer dans la pratique. Par la fermeture des capelles de couvents, on sera préparé à la fermeture des églises ; par la persécution des moines, on sera préparé à la persécution du clergé séculier. Les crucifix et les emblèmes sacrés proscrits des écoles et des prétoires de la justice, auront préparé les esprits à l'interdiction de tout culte religieux. Il y aura, dans les postes officiels, des gens que l'on ne sera guère habitué à respecter. Quant à la magistrature, si les vues du gouvernement actuel se réalisent, elle sera complètement asservie et ne sentira guère plus de honte à se soumettre à M. Protot, si M. Protot reprend les sceaux, — comme certainement il les reprendra, — qu'à se soumettre à M. Cazot, qui aura porté les premiers coups à son indépendance et à sa dignité. L'instruction laïque des jeunes garçons et des jeunes filles, la morale indépendante substituée à la vraie morale auront porté leurs fruits. La société française sera dans cet état de décadence politique et intellectuelle qui ne lui fera pas sentir la transition d'un régime à l'autre. Telles, ces embarcations qui après avoir longtemps flotté sur les eaux d'un fleuve, sont tout à coup, et sans s'en apercevoir, emportées au large ; elles se sentent déchirées par les récifs, secouées par le rude tangage des vagues qui les submergent. — Il n'est plus temps, hélas ! de regagner le port. L'alternative est entre le miracle qui sauve tout, ou le naufrage par lequel tout est englouti.

XIII

Il me paraît qu'au moment où je trace ces lignes, les perspectives sont assez sombres. On commence à être pris d'une certaine peur, et il pourrait bien arriver que ce livre qui eût été bien accueilli le dernier été, assez mal accueilli peut-être en automne, l'hiver venu, parût à son heure. C'est mon plus sincère désir. Je le crois capable d'intéresser ceux qui aiment l'impartialité dans le récit et la recherche minutieuse des faits. Mes *Souvenirs de Versailles pendant la Commune* ont le même caractère que mes *Souvenirs de Tours et de Bordeaux*, que j'ai publiés il y a trois ans. Ces derniers avaient trait aux événements de la guerre à outrance ; les *Souvenirs de Versailles* font vivre ceux qui les liront, dans un milieu bizarre et palpitant, dans le voisinage des faits les plus tragiques, dans le contact de personnes et de choses historiques. C'est une nouvelle phase de la république fondée le

4 septembre, un second acte du drame, une suite naturelle, mais effrayante, de cet acte révolutionnaire accompli, sans effusion de sang, en présence de l'ennemi. S'il ne coula point dans la journée du 4 septembre, le sang coula largement dans les journées de Mai! Ce ne fut que partie remise.

Je n'expose pas les côtés du drame dont Paris a été le théâtre. Les convulsions de Paris ont eu leur historiographe; moi, je me contente d'étudier la Commune par le côté où je l'ai vue, c'est-à-dire par le côté de Versailles. Elle avait là, chaque jour, une sorte d'épanchement continu; on la voyait par ses aspects les plus désavantageux, dégagée des emphatiques exhibitions, de la mise en scène tantôt comique, tantôt pompeuse, dont, à Paris, elle était entourée. Nous connaissions, heure par heure, les progrès de l'armée d'investissement. Pendant qu'à Paris, on s'entretenait de l'illusion que la Commune pourrait être triomphante, à Versailles nous pouvions calculer combien de jours elle avait encore à vivre. Nous traversions des crises poignantes, témoins émus, d'un côté de la plus violente des guerres civiles, de l'autre côté des défaillances d'un gouvernement, d'une Chambre qui ne semblaient guère en état de tenir tête à un péril sérieux. — C'est encore Dieu qui a sauvé la France!

A Paris, c'était le combat et le massacre; à Versailles, c'était l'affolement, la division des partis, avec des dispositions plus marquées pour la fuite rapide que pour la lutte acharnée. Il n'y avait de rassurant que l'armée que M. Thiers croyait conduire et qui se retrouvait, après nos défaites, au retour d'une longue et cruelle captivité, forte, vaillante, disciplinée et encore maîtresse d'elle-même.

Je donne tout en détail : ce que j'ai appris, ce que j'ai entendu, ce que j'ai vu ; sans autre prétention que je n'en ai apporté dans mes récits de Tours et de Bordeaux. Je ne suis pas un historien, je suis un spectateur, un témoin qui s'est attaché de très près, avec une grande curiosité aux débuts de cette troisième république et qui, je dois le dire, n'eût jamais soupçonné, en voyant ces débuts, que la France pût avoir, un seul jour, la pensée de chercher son salut dans les hommes et dans le régime qui avaient tant fait pour la perdre !

L. D.

Paris, le 5 janvier 1881.

SOUVENIRS DE VERSAILLES

PENDANT LA COMMUNE

CHAPITRE PREMIER

SOMMAIRE. — Nouvelle émigration. — M. Thiers abandonne Paris et prend la route de Versailles. — Tout le gouvernement le suit. — Les particuliers suivent le gouvernement. — Perquisitions dans les trains de chemins de fer. — Ville-d'Avray. — Petit cimetière allemand. — Versailles. — Quelques émigrés de marque. — Mouvement militaire. — Arrivée de M. Thiers le 18 mars au soir. — Son installation à la préfecture. — Mauvais accueil fait à un journaliste qui apporte la nouvelle du double assassinat de la rue des Rosiers. — Le général Vinoy et le mont Valérien. — L'amiral Saisset. — M. Thiers gouverne. — M. Barthélemy Saint-Hilaire. — Installation des ministres. — La ruche ministérielle. — Le corps diplomatique. — Les représentants. — Le théâtre du Palais. — Le parc. — La rue des Réservoirs. — L'apparition des maires de Paris dans une tribune de l'Assemblée. — Séances tumultueuses. — M. Thiers s'y montre peu. — Préparatifs militaires. — Baraquements de Satory. — Mouvement de troupes dans la journée du 1er avril.

A peine rentrés dans Paris et remis dans nos demeures après une cruelle émigration de sept mois, il faut songer à partir pour Versailles. En quittant le Grand-Théâtre de Bordeaux, l'Assemblée nationale s'est transportée dans le chef-lieu de Seine-et-Oise. M. Thiers et ses ministres n'y ont pris qu'un pied-à-terre ; mais, le 18 mars, dès qu'il a vu l'inutile tentative du général Vinoy pour reprendre les canons de Montmartre, le même M. Thiers a dit à tout son monde : « Notre devoir est de nous retirer... Messieurs, il s'agit de la France et non pas de nous. » Après avoir prononcé ces paroles, le chef du pouvoir exécutif monte dans une voiture, accompagné de M. Ernest Picard et de M. Barthélemy Saint-Hilaire.

Il est environ cinq heures de relevée. On ramasse un peu de gendarmerie et l'on en forme deux pelotons que l'on met devant et derrière le carrosse. Le carrosse part pour Versailles en brûlant les pavés. M. Picard est si convaincu de la nécessité de s'éloigner de Paris qu'il oublie d'avertir son chef de cabinet. Celui-ci ne sait où est passé son ministre ; il pousse jusqu'au palais du quai d'Orsay ; c'est là qu'il apprend que le gouvernement se replie vers le siège de l'Assemblée. M. Thiers n'a pas pris le temps, lui non plus, de prévenir Mme Thiers et Mlle Dosne ; il les fait prier cependant de venir le rejoindre au plus vite et de ne pas manquer d'amener Charles, son valet de chambre, sans lequel il ne peut vivre.

A la suite de ce brusque déménagement de M. Thiers

et de sa maison, tout le ministère plia bagage et se précipita sur la route de Versailles. Un grand nombre d'employés de toutes les administrations publiques et privées et beaucoup de particuliers, encouragés par cet exemple, cherchèrent également leur salut dans la fuite. D'autres, plus courageux, avaient voulu prolonger leur séjour dans une ville en délire, parmi des citoyens armés de toutes pièces, s'organisant, bien à leur aise, pour la plus formidable des insurrections. Il y eut même des amateurs qui rêvèrent de les attendrir sur le sort de Paris et de la France, et qui, pour avoir voulu donner à ce généreux dessein la forme d'une manifestation publique et pacifique, reçurent, le 22 mars, dans la rue de la Paix, une décharge fort meurtrière de chassepots. Quelques autres, sans se nourrir d'illusions et sans caresser le moindre projet pacificateur, eussent aimé à ne point quitter Paris où ils venaient de rentrer; ils avaient comme une invincible curiosité de voir la guerre civile achever l'œuvre de désorganisation et de ruine, si bien commencée par la révolution et par la guerre étrangère.

J'étais un de ces observateurs attristés, presque désespérés. De minuit à cinq heures, au haut des buttes Montmartre, grondait le canon des insurgés, redoutable veilleur de nuit, jetant, par intervalles, sur les quartiers mal endormis, un sinistre avertissement. Le jour, il n'était pas moins intéressant de voir des hommes du peuple, accoutrés en gardes nationaux, dresser tranquillement et avec symétrie, de savantes barricades. Nous nous promenions rêveurs et moroses parmi ces préparatifs de combat. Nous gravissions en foule et comme en pèlerinage le sommet de ce redoutable mont Aventin, où le peuple révolté avait établi son arsenal et marqué d'une large tache de sang sa prise de possession de Paris.

Il y avait aussi un étrange sujet d'observations dans le spectacle de ce petit tas d'inconnus, de ce sanhédrin invisible de dix ou douze particuliers qu'on désignait sous le nom de comité central de la garde nationale. Ils renouvelaient, contre le gouvernement de M. Thiers, par des procédés d'une imitation servile, ce qu'ils avaient vu faire, le 4 septembre, par les hommes qui, ce jour-là, renversèrent l'empire. M. Thiers et son cortège eurent à peine tourné les talons, que ces gens émergèrent de leurs trous, comme des rats sortent des gouttières dès que la rue est déserte. Ils se répandirent dans toutes les résidences officielles. Un blanchisseur prit l'Intérieur, un piètre avocat, les Sceaux ; un employé comptable, les Finances ; un prétentieux rédacteur de journal, les Affaires étrangères.

Au fur et à mesure qu'il gagnait plus de terrain, le nouveau pouvoir devenait plus ombrageux ; à l'égard de la presse, il entra dans la voie d'une répression forcenée. Le 27 mai, l'administrateur du *Constitutionnel*, la figure bouleversée, vint m'apprendre que le comité avait fait saisir notre journal chez les marchands de la rue du Croissant et que des gardes nationaux avaient déclaré qu'ils allaient venir m'arrêter. Ils étaient même en route pour remplir ce devoir ; mais un vendeur avait surpris leur conversation ; il était accouru, par le plus court, et les avait devancés dans la rue de Valois.

Je n'hésitai pas à fuir en toute hâte vers la gare de l'Ouest. Tous les trains qui partaient de Paris pour Versailles étaient encombrés. C'était un continuel transbordement entre les deux villes. Les gardes nationaux de l'ordre occupaient la gare de la rue Saint-Lazare au dedans et au dehors ; mais les fédérés étaient maîtres de la gare de Batignolles. Embusqués dans cet endroit, armés de leurs fusils, ils arrêtaient les trains à la manière des brigands espagnols. Sur leur ordre, le mécanicien, faisait stopper sa machine ; les fédérés se répandaient le long du convoi, visitant chaque wagon, fouillant dans les valises et quelquefois dans les poches, requérant les bulletins de bagage et se faisant ouvrir les malles ni plus ni moins que des douaniers. Ils ne volaient rien cependant ; mais, s'ils trouvaient des armes ou des uniformes d'officiers, ils retenaient le propriétaire du colis, beaucoup moins pour le molester, que pour tâcher de l'enrôler dans la guerre civile qui se préparait.

Lorsque cette investigation se fit dans le compartiment où j'étais, mon voisin, homme d'une trentaine d'années, à la tournure martiale, voyant qu'on lui demandait la clef de sa valise, me glissa furtivement quelque chose dans la main : « Je suis pris, me dit-il tout bas ; gardez cette bourse ; elle vous sera réclamée, en arrivant à Versailles, par ma mère qui est dans le train. » — Je ne connaissais pas plus ce jeune homme que lui-même ne me connaissait ; c'était évidemment un militaire dont la Commune voulait faire un prisonnier ou un complice. Je crois qu'elle n'en fit rien et que l'officier se sauva d'une autre manière. A Versailles, une brave dame, presque au désespoir, vint me réclamer la bourse. Elle s'apprêtait à retourner à Paris pour essayer de délivrer son fils.

Comme je n'avais aucune sorte de bagage, ni aucune marque qui pût me trahir, je passai sans encombre. A Versailles, je vis, par les rues, quantité de Parisiens errants qui avaient la mine fort inquiète ; ils allaient d'hôtel en hôtel, de maison en maison, traînant des malles et des sacs de voyage. La ville était déjà pleine. Sans perdre mon temps à d'inutiles recherches, je me fis rapporter bien vite à Ville-d'Avray, où je trouvai, non loin de la grille du parc, dans une humble hôtellerie, la chambre et le lit que j'eusse en vain demandés à l'hospitalité des Versaillais.

Ville-d'Avray était fort tranquille ; mais comme la

guerre avait ravagé cet aimable cottage ! Les parcs, les jardinets, tous les petits vide-bouteilles, fragiles édifices que le souffle brutal des obus avait dû suffire à ébranler, se trouvaient dans le plus misérable état. On y voyait encore des habitations effondrées, des terrains noirs et calcinés, tristes cicatrices des incendies. Les ruines y étaient moins accumulées et moins sinistres qu'à Saint-Cloud ; elles empruntaient aux charmes du site et aux délicieux contours des coteaux, que le printemps allait bientôt consoler, ce caractère de mélancolie pittoresque propre aux grandes nécropoles. Du reste, ce qui complétait la ressemblance de ces localités avec un cimetière, c'étaient les tombes que l'on voyait éparses çà et là dans les enclos, le long des chemins, au bord des étangs et presque sous les fenêtres du célèbre cabaret champêtre tenu par Cabassus. Les derniers engagements du siège avaient creusé là des tombes provisoires d'Allemands et de Français, marquées d'une simple croix.

J'ai toujours devant les yeux le petit emplacement de dix mètres carrés, ménagé à gauche de la porte du parc, à des officiers étrangers que leurs familles devaient plus tard enlever à cette étroite sépulture. Il y avait là, couchés sous ces gazons humides, aux pieds des grands arbres bourgeonnants et déjà remplis de gazouillements d'oiseaux, tout un panthéon de jeunes héros. Sur leurs épitaphes hâtives, déjà envahies par les ronces, leurs noms tudesques étaient difficiles à déchiffrer ; ils devaient avoir, de l'autre côté du Rhin, dans les burgs d'où ces combattants étaient sortis pour venir sur nos champs de bataille, le retentissement glorieux qu'avaient, chez nous, dès cette époque, les noms de Dampierre, de Baroche, de Saillard, de Regnault. Les passants saluaient les morts, et des officiers français s'arrêtaient pensifs devant ces tombes muettes.

A quelques pas plus loin, c'étaient des arbres abattus et couchés en travers des larges allées, des massifs dévastés par le passage de l'artillerie, des terrassements, des courtines couvertes de branchages, et des casemates formées de terre accumulée sur des baliveaux ; travail des Prussiens qui lançaient, de ces abris, les obus sur nos forts et sur nos remparts. Des artilleurs français étaient occupés à relever ces ouvrages, un peu effondrés par les pluies, et de les aménager pour le même usage que les Allemands.

Il y avait, par tous les sentiers de Ville-d'Avray, un grand passage de militaires ; c'est là que l'on voyait arriver, par bandes, se rendant à Versailles, les prisonniers que l'Allemagne nous rendait, hélas ! dans un bien triste état. Quoiqu'ils fussent pour la plupart maigres, hâves et fort mal accoutrés, sous ces uniformes en lambeaux qui avaient vu le feu de Forbach et de Sedan, on ne pouvait s'empêcher de trouver à ces revenants un air martial que n'avaient point la plupart des militaires employés à la défense de Paris et à l'armée de la Loire. Il ne fallait pas avoir l'œil bien exercé pour les distinguer les uns des autres. L'aspect de ces glorieux débris avait quelque chose de rassurant pour le résultat de la lutte dont j'apercevais de tous côtés les terribles apprêts.

Les gendarmes de la garde surtout étaient bien agréables à voir. A peine arrivés, ils furent placés à des avant-postes. M. Thiers avait pensé que leur vue produirait un effet salutaire sur les communards et qu'ils auraient le choc terrible. M. Thiers ne se trompait pas. Beaucoup de ces braves en tunique et en képi étaient campés sur la ligne du chemin de fer, logeant tant bien que mal dans les gares, surveillant la ligne, jour et nuit. D'autres s'étaient fait des tentes et avaient ébauché des baraquements sur la lisière des bois et tout le long de la route de Versailles. Celle-ci était sans cesse parcourue par de petits détachements qui tout à coup disparaissaient sous les sentiers tortueux et profonds. Des généraux en reconnaissance apparaissaient de loin en loin, suivis de petites escortes qui s'engouffraient bien vite dans la forêt.

C'est par ces chemins ainsi fréquentés, bordés de

pauvres petites villas en ruines, que tous les jours je me rendais à Versailles. J'y arrivais par la butte de Picardie et l'avenue de Saint-Cloud. Le premier jour, je fus d'abord un peu surpris d'avoir été devancé, dans la ville du grand roi, par un si grand nombre d'émigrants. Je retrouvai, sur les avenues et particulièrement dans la rue des Réservoirs, toute la société que j'avais rencontrée, pendant la guerre, à Tours sur le Mail, et à Bordeaux sur les allées de Tourny. Cette société était augmentée de tous les fugitifs que le siège n'avait point éloignés de Paris, mais que les approches de la guerre civile avaient arrachés aux boulevards. C'était un composé fort bizarre de toutes les professions libérales dans ce qu'elles avaient de plus éminent. La littérature y était représentée par M. Théophile Gautier, par M. Alexandre Dumas, par M. Émile Augier, par MM. Arsène Houssaye père et fils et par beaucoup d'autres arrivants, logés à Versailles même ou dans les environs. Cham, le caricaturiste, son chien sous le bras, se promenait d'un air effaré. Les vaudevillistes, tels que MM. Ludovic Halévy et Victorien Sardou, montaient, descendaient et remontaient, patients et résignés comme Sysiphe, l'éternelle rue des Réservoirs, s'interrogeant les uns les autres, se mêlant à des groupes de députés, de journalistes et de fonctionnaires en détresse.

Il arrivait aussi beaucoup de monde de l'étranger. Des partisans du régime déchu qui, depuis le 4 septembre, n'avaient point osé reparaître, risquaient un pied, puis l'autre, et finalement se montraient tout entiers à la faveur de l'effroi universel.

A ces rapatriés se ralliaient des volontaires de la campagne du Rhin, prisonniers en Allemagne depuis les désastres. A s'approcher si près de Paris qu'ils n'avaient point vu depuis six grands mois, à se retrouver dans une autre guerre plus désolante encore que celle qui venait à peine de finir, ils éprouvaient une émotion à la fois douce et cruelle. Quelques-uns allèrent se placer de nouveau à la disposition du ministre de la guerre. Les officiers de mobiles qui s'étaient déjà remis dans leurs costumes civils, se hâtèrent de reprendre la tunique et le képi ; sans se donner le temps de respirer, ils voulurent faire partie de l'armée de l'ordre. Il n'y avait pas jusqu'à des gardes nationaux qui ne parussent aussi se piquer d'amour-propre pour donner leur concours à la répression que M. Thiers préparait.

M. Thiers, lui et son gouvernement, s'étaient installés à Versailles comme ils avaient pu. J'ai dit que le chef du pouvoir exécutif était parti de Paris, en voiture, emportant M. Picard et M. Barthélemy Saint-Hilaire. Le landau présidentiel déposa M. Thiers et sa fortune sur l'avenue de Paris, dans la cour d'une fort belle résidence toute neuve que l'empire avait fait bâtir, à grands-frais, pour y loger les préfets du département de Seine-et-Oise. Le dernier de ces fonctionnaires déchus qui l'avait habitée était M. Cornuau. Durant la guerre, elle avait servi de quartier général au roi de Prusse et conservait, en plusieurs endroits, les stigmates de ce séjour. L'hôtel était occupé, pour le moment, par le nouveau préfet de la république, M. Augustin Cochin.

Le soir du 18 mars, M. Cochin, voyant arriver là petite smalah de M. Thiers, se mit en devoir de lui céder la place ; il ne conserva qu'un cabinet dans le corps de bâtiments donnant sur la rue Saint-Pierre. Il avait livré à M. Thiers toute l'aile gauche du premier étage.

Le chef de l'Etat avait trouvé le local fort à son gré. « D'ailleurs, avait-il dit en entrant, après avoir déposé dans un coin son chapeau et sa canne, à la guerre comme à la guerre. » Dix fois, dans la soirée, il sortit pour appeler M. Barthélemy Saint-Hilaire. Vers dix heures, lorsque les dames arrivèrent, avec Charles, les femmes de chambre et les malles, il y eut, dans les vestibules et les couloirs, un vacarme effroyable. M. Thiers voulut absolument que, dans la nuit même, on lui amenât ses chevaux et ses équipages pour lesquels il eut toujours une vive sollicitude. Ce fut un va-et-vient tumultueux qui dura jusqu'à une heure fort avancée. Comme il avait dû se renfermer dans son cabinet et s'y occuper des affaires de l'État, M. Thiers était, à chaque instant, dérangé de la part de Mme Thiers. Il sortait alors précipitamment sur le carré et criait de sa petite voix impatientée : « Barthélemy, occupez-vous de ces dames. »

M. Barthélemy faisait de son mieux ; mais il grommelait entre ses dents. Il n'était pas content de M. Ernest Picard qui avait pris ses installations dans les petits appartements au-dessus du préfet. M. Picard avait placé là son cabinet ministériel et celui de M. Calmon son secrétaire général. Il n'y avait pas jusqu'à M. Jules Favre, avec son chef de cabinet, M. de Pontécoulant, qui n'eût accaparé le rez-de-chaussée de l'aile droite. Lui, le fidèle secrétaire, n'avait point d'endroit où se mettre ; il ne trouva, pour s'aller coucher, qu'une petite chambre dans les communs. Le lendemain, M. Picard et M. Jules Favre furent obligés de prendre leur domicile personnel chez des particuliers, sur l'avenue de Paris. M. Calmon loua une chambre meublée dans la rue des Chantiers et M. de Pontécoulant se blottit où il put.

Le soir de ces déménagements, on dîna fort tard et tant bien que mal. Quand on fut passé au salon, on reçut quiconque était censé apporter des nouvelles de Paris.

Des généraux arrivèrent par troupes. M. Thiers ne savait auquel entendre. Il avait mandé le général de brigade Valentin auquel il jugeait nécessaire de confier la préfecture de police. Le général Valentin était dans le salon de la présidence lorsqu'un journaliste bien connu, M. J. R.... entra, conduit par le général Appert qui l'avait rencontré arrivant de Paris. Ce journaliste, chroniqueur par état, répandait des nouvelles assez sombres ; il disait à qui voulait l'entendre qu'il n'y avait plus de sécurité dans Paris, que la guerre civile allait éclater d'un moment à l'autre. Il était aussi rempli de détails intéressants sur l'assassinat des généraux Lecomte et Clément Thomas. Croirait-on que, dans la précipitation de leur départ, M. Thiers, son ministre de l'intérieur et les autres personnes de sa suite n'avaient pas eu le temps de se renseigner à fond sur cet événement que, dès le matin, tout Paris connaissait ?

Quand le journaliste voulut parler de la tragédie de la rue des Rosiers, M. Thiers affecta d'être plus surpris encore que contrarié : « Monsieur, cela n'est pas, dit-il à son interlocuteur ; on vous a exagéré les faits. Nous n'avons rien appris de semblable. Il y a bien eu quelque chose ; mais ça n'a pas été aussi loin que ce que vous nous racontez là. » Mme Thiers, je crois, se mêla, elle aussi, à la conversation pour dire qu'il était inutile de venir apporter au président de pareilles histoires. De son côté, renchérissant sur tout le monde, M. Barthélemy Saint-Hilaire dit : « Mais, Monsieur, vous n'étiez point là ; on vous a raconté cette histoire... C'est une appréciation de votre part. » Ce mot d'appréciation eut un vrai succès. M. J. R. cependant ne se laissa point interloquer : il se contenta de répéter qu'il avait cru qu'on l'avait amené chez M. Thiers pour dire ce qu'il savait ; il exprima tout son regret de s'être trompé et d'avoir causé à M. et à Mme Thiers un déplaisir involontaire. La consigne, ce soir-là, était de ne point trembler.

Charles ne put coucher son maître avant minuit. A cette heure tardive, personne encore ne dormait. Le général Vinoy vint demander à parler, sur-le-champ, au chef de l'État. On lui dit que M. Thiers était au lit: « Qu'on me fasse entrer dans sa chambre, » dit le général. On vint frapper chez Mme Thiers et on lui dit, à travers la porte, ce qui se passait. Elle sortit en simple appareil de nuit, un bougeoir à la main : « Qu'y a-t-il, général? » Il fallut parlementer avec Mme Thiers. En deux mots, le général lui expliqua qu'il s'agissait d'affaires graves, du Mont-Valérien que M. Thiers avait ordonné d'évacuer. Cette forteresse n'était plus gardée que par le commandant Lochner et une poignée d'hommes. Il fallait à tout prix et sur l'heure faire occuper le mont Valérien.

Sur ces explications, Mme Thiers entra chez son mari et le tira de son premier sommeil. « C'est le général Vinoy qui veut vous parler. » Le général s'approcha du lit et sans préambule, il exposa l'objet de sa visite.

Quoiqu'il fût encore à moitié endormi, M. Thiers eut de la peine à convenir qu'il avait commis une imprudence. Le général n'alla point par quatre chemins ; il lui offrit de résigner le commandement s'il ne se rendait à son désir : « Eh bien ! faites comme vous l'entendrez » répondit-il avec un peu d'humeur. Sur cette parole, le général donna le bonsoir au président : « Bonsoir, général, » répliqua M. Thiers d'un ton sec. On se quitta de la sorte. Après cette courte conversation nocturne, le chef de l'État se remit sur ses oreillers.

Le lendemain et les jours suivants, M. Thiers dut consacrer un peu de son temps à négocier avec les personnes qui pensaient pouvoir organiser une résistance à l'émeute au moyen de la garde nationale. C'est à Paris que ce beau projet avait été conçu ; on se rappelait la noble conduite des bons citoyens en juin 1848, le concours que l'armée avait reçu, non seulement des gardes nationales de la Seine, mais encore de celles qui arrivèrent en toute hâte de la province. Les temps étaient bien différents. Les excellents patriotes qui avaient caressé cet espoir chimérique, s'étaient mis en tête, on ne sait pourquoi, que l'amiral Saisset pourrait enflammer le courage des gardes nationaux bien pensants et les opposer aux bandes armées du comité central. On avait rencontré ce brave marin sur le boulevard et, là, on l'avait bombardé sauveur de l'ordre. L'amiral Saisset s'était acquis un certain renom pendant le siège ; il était au nombre des députés de la Seine ; tels étaient ses titres au commandement en chef de la garde nationale.

Sollicité par une députation de bons Parisiens, qui s'étaient rendus tout chauds, tout bouillants à Versailles, M. Thiers s'était prêté de bonne grâce à cette fantaisie. Il se garda bien d'avouer combien elle s'éloignait des plans qu'il avait conçus pour assurer la déroute de l'insurrection communaliste.

M. Thiers envoyait donc des encouragements au pauvre amiral Saisset, qui s'était laissé constituer, au Grand Hôtel, une sorte de quartier général. De là, il appelait en vain, par des ordres du jour pleins de belles promesses, les gardes nationaux de bonne volonté. Il y en eut un honteux petit nombre qui lui répondirent. Le successeur officiel de Clément Thomas ne tarda pas à perdre la tête ; il eut un moment l'idée de s'appuyer exclusivement sur la garde nationale du quartier de Passy. Partout, on lui répondait que les gardes nationaux de l'ordre seraient très résolus et ne feraient point grâce aux insurgés ; mais qu'ils voulaient garder une attitude défensive dans leurs quartiers respectifs. L'amiral voyait peu à peu la solitude se faire autour de lui. Le chef du pouvoir exécutif apprit dans quel état moral il se laissait choir ; il lui dépêcha divers émissaires et entre autres M. Troncin-Dumersan dont le rôle officieux, durant cette période, fut souvent considérable : « Allez dire à M. Thiers, dit le pauvre amiral en essuyant des larmes, que je me conformerai à ses désirs ; mais je crois bien ne plus le revoir. »

Ces paroles, rapportées à Versailles, confirmèrent M. Thiers dans l'idée qu'il s'était faite, dès le premier jour, sur la garde nationale de l'ordre. Tout ce qu'on put obtenir de ces bons gardes nationaux, ce fut qu'ils ne se décidassent pas à pactiser avec les bataillons fédérés, descendus de leurs quartiers pour occuper les mairies, et qu'ils adoptassent des brassards blancs pour émigrer en masse dans le chef-lieu de Seine-et-Oise. Là, ils trouvèrent un refuge assuré contre la persécution des mauvais citoyens.

Après avoir consacré à ces sortes d'affaires beaucoup plus de temps qu'elles n'en méritaient, M. Thiers s'était remis en présence des réalités de la situation. Il avait vu tous les jours ses ministres, il les avait présidés ; il avait ébauché ses plans d'attaque avec le général Vinoy auquel il avait confié la conduite du siège de Paris. Il se montrait aussi quelquefois à la Chambre. Peu à peu, le courant des affaires et une suite non interrompue d'occupations, où son esprit se délectait, triomphèrent complètement des appréhensions des premiers jours. M. Thiers se sentait gouverner ; c'est tout ce qu'il aimait au monde ; il eût gouverné sur un volcan. C'est bien ainsi qu'il gouvernait à Versailles. Ceux qui l'ont vu se lancer dans ce tourbillon et qui l'ont suivi de près, peuvent dire qu'il déployait une activité physique et intellectuelle que l'on n'aurait pas cru compatibles avec son grand âge. De si bon matin que l'on vînt chez lui, même avant le jour, on le trouvait debout et au travail ; il donnait des audiences sans relâche et causait toujours plus que ceux qui le venaient éclairer. Il était d'humeur un peu pétulante, mais nullement acariâtre. Sa santé ne fut jamais meilleure ; il mangeait bien et il n'en était point incommodé. A la condition de se reposer une heure ou deux avant le repas du soir, le vieillard ragaillardi pouvait aisément tenir jusqu'à minuit.

Il mettait M. Barthélemy Saint-Hilaire sur les dents. Dans les premiers temps qui suivirent leur installation, le pauvre secrétaire était harcelé tout le long du jour : il faisait la navette entre son cabinet et celui du président ; il eût toutes les lettres à écrire et une foule d'importuns à éconduire. Il était particulièrement propre à remplir cette dernière tâche : doué par la nature d'une patience très relative, M. Barthélemy Saint-Hilaire ne donnait aucune envie aux gens qu'il évinçait, de se frotter de nouveau à son caractère amer. Plus tard, les attributions de ce désagréable philosophe furent mieux réglées ; son influence s'accrut ; son caractère lui-même parut s'adoucir.

Tous les ministres n'avaient point suivi M. Thiers à Versailles sans opposer quelque résistance. Ces ministres, on le sait, étaient encore les mêmes qui avaient été choisis à Bordeaux ; bizarre mélange de gens triés, non sur le volet, mais dans toutes les opinions, amalgame de légitimité, d'orléanisme, de républicanisme et de débris du 4 septembre, représentation exacte du pacte de Bordeaux. M. de Larcy, chargé des travaux publics, figurait à côté de M. Dufaure, garde des sceaux ; on avait donné les finances à M. Pouyer-Quertier, l'agriculture et le commerce à M. Lambrecht. Les autres portefeuilles étaient répartis comme ils l'avaient été au lendemain du 4 septembre, à cette différence près que M. Ernest Picard avait troqué les finances contre l'intérieur. M. Jules Simon avait été maintenu à l'instruction publique, M. le général Le Flô à la guerre. Les affaires étrangères n'avaient point cessé d'être confiées au triste négociateur de Ferrières.

Quoique arrivé le premier à Versailles, M. Picard était, parmi les ministres, celui qui avait tenu le plus ferme pour le maintien du gouvernement à Paris ; il avait été secondé par M. Jules Ferry, alors encore préfet de la Seine, et qui ne cessait de répéter, avec une vaillance un peu téméraire, que, si on lui eût donné seulement trois cents hommes, il se fût défendu dans l'hôtel de ville. On eut bien tort de ne les lui point donner. Toujours est-il que, malgré le courage dont il était animé, ce preux fonctionnaire dut suivre le torrent qui, dans la journée du 18 mars, avait emporté tout le gouvernement vers le chef-lieu de Seine-et-Oise. Comme tous leurs collègues, MM. Picard et Ferry n'avaient point tardé à être convaincus, par M. Thiers, que le meilleur plan à suivre était le plan qui avait si bien réussi, en 1848, à Vienne, au général Windischgrætz. Ce personnage avait abandonné aux mains de l'insurrection la capitale de l'Autriche et s'était aussitôt mis en devoir de la reprendre.

Les ministres donc n'avaient pu résister à l'argument tiré de Windischgrætz. C'est pourquoi ils vinrent demander aux vieilles résidences de Versailles, encore toutes pénétrées de l'odeur de la soldatesque allemande, une installation, somptueuse peut-être, mais souverainement incommode. On fit du palais de Louis XIV une sorte de ruche ministérielle où chaque membre du gouvernement trouva son alvéole. On utilisa, pour cet usage imprévu, les vastes antichambres, les salons hauts et superbes, avec leurs plafonds historiés, leurs chambranles de marbre et les murs couverts de peintures célèbres. On coupa les salons des gardes par petits compartiments dont les cloisons de bois s'élevaient à mi-hauteur et pouvaient permettre aux employés de s'entendre parler. Les chefs de division s'installèrent derrière des paravents. Pendant les huit premiers jours, tout le personnel des ministères, appelé par une proclamation du chef de l'État, se rassembla lentement dans ces royales demeures. Les dossiers y affluèrent et jonchèrent les parquets; les cartons entassés masquèrent les riches panneaux.

Quant aux ministres, ils eurent les chambres et les boudoirs des rois et des reines de France. Poussé hors de la préfecture par les soins de M. Barthélemy Saint-Hilaire, qui s'était également débarrassé de M. Jules Favre, M. Ernest Picard fit attendre ses solliciteurs dans le salon de l'Œil-de-Bœuf. M. Dufaure, en gros gilet gris, cravaté haut et de travers, avait installé son cabinet dans un gracieux boudoir de Marie-Antoinette. On accédait chez le garde des sceaux par un somptueux escalier de marbre blanc s'élevant, à gauche, dans un des vestibules de la cour d'honneur. Le ministre de l'instruction publique avait pris des installations non moins élégantes, et surtout facilement accessibles, dans les pièces du rez-de-chaussée, donnant sur les losanges des terrasses. Il était dans le voisinage des *cent marches*, devant les bassins et les buis, parmi lesquels sont couchées les divinités nonchalantes de la terre et des eaux. M. Jules Simon vivait sans répugnance dans ces lieux profanés par le séjour de la tyrannie ; il se résignait aisément à la compagnie des personnages plus ou moins couronnés et blasonnés, peints sur toutes les murailles. Il y donna même plus tard des réceptions officielles.

Dans les lourdes bâtisses de la cour d'honneur, à gauche, on rencontre le général Valentin et sa police. Le président de l'Assemblée et le baron de Larcy, ministre des travaux publics, sont logés dans les bâtiments de l'aile droite, sur l'étroit passage formé par les massives constructions grecques du règne de Louis-Philippe et par la chapelle du palais. Des appartements ministériels, on plonge dans l'intérieur de l'église, on découvre les richesses du maître-autel tout de marbre blanc, la voûte cintrée soutenue par les riches pilastres corinthiens. C'est aussi dans cette partie du château que M. Jules Favre, quittant le rez-de-chaussée de la préfecture, a installé son fidèle M. de Pontécoulant et sa chancellerie nomade. On les trouve tous les deux dans ce grand corps de logis qui porte inscrit au frontispice : « *A toutes les gloires de la France.* »

Le ministre de la guerre s'est établi hors du château dans un hôtel situé sur le boulevard de la Reine ; ses bureaux occupent un vaste local dans la rue Duplessis, au coin de la rue d'Angervilliers.

Il n'y a pas jusqu'au personnel diplomatique, que j'ai

vu, durant la guerre, errer à la suite de M. Gambetta et de ses changeantes résidences, qui ne se soit empressé de se transporter dans le nouveau siège du gouvernement. Je retrouve lord Lyons, M. Nigra, le prince de Metternich, M. Okouneff et tous les autres. L'ambassadeur d'Angleterre est à l'hôtel des Réservoirs; le prince de Metternich, qui a toujours la main heureuse pour ses domiciles, a découvert un hôtel particulier dans la rue Duplessis; M. Okouneff, chargé d'affaires de Russie, occupe un pavillon donnant sur la place d'Armes, dans la rue Colbert. Le ministre d'Italie et le chargé d'affaires d'Espagne se sont partagé une assez jolie maison au n° 3 de l'avenue de Saint-Cloud. Le comte de Moltke est dans la rue du Peintre-Lebrun; le ministre du Portugal dans la rue Saint-Louis. Le nonce est rue de Montreuil, à l'autre bout de la ville. Le ministre de Belgique s'est casé rue Hoche; celui de Suisse au n° 52 de l'avenue de Saint-Cloud; celui de Suède et Norvège sur le boulevard de la Reine. Le Chili loge son représentant rue de la Paroisse, et le Céleste Empire a pu installer le sien dans la rue de l'Orangerie.

Tous ces personnages étrangers ont laissé à Paris leurs chancelleries; mais ils entretiennent, avec elles, des rapports quotidiens. Ces rapports ne furent pas interrompus, un seul jour, par le blocus qui, vers le commencement d'avril, intercepta toute communication entre les deux capitales. Quelques-uns employèrent, pour leurs communications officielles, un intermédiaire dont je raconterai bientôt les intéressantes pérégrinations.

Moins favorisés que les ambassadeurs étrangers, les ministres expropriés de M. Thiers ne purent aisément entrer en relations avec leurs résidences de Paris. Seul, M. Picard reçut, quinze jours durant, la correspondance tout entière du ministère de l'intérieur. Ce ministère a deux issues, l'une sur la place Beauvau que tout le monde connaît, et l'autre dans la rue Cambacérès, qui n'est fréquentée que des employés de cette administration. Le blanchisseur qui vint s'asseoir dans le fauteuil de M. Picard ne connaissait que l'entrée monumentale de la place Beauvau ; c'est par là que l'insurrection l'avait introduit. Persuadé que la correspondance ne pouvait arriver par une autre porte, il faisait guetter les facteurs ; mais ceux-ci n'apportaient pas le moindre pli au candide Grêlier. Pendant qu'il se désolait de ne rien recevoir de la poste, M. Troncin-Dumersan, placé chez le concierge de la rue Cambacérès, s'emparait de tout ce qui arrivait, remettait à M. Normand, chef de la comptabilité, les plis qui intéressaient les bureaux, et apportait à Versailles les lettres qui intéressaient le ministre. Cette mystification dura une quinzaine de jours ; elle fut de la plus haute utilité au gouvernement pour ses relations avec les préfets. Moins favorisés, les collègues de M. Picard durent subir le contrôle indiscret de leurs étranges successeurs.

Tandis que ceux-ci se prélassaient à Paris dans les demeures officielles, les vrais ministres campaient comme je l'ai dit; trop heureux de pouvoir se réfugier dans ces mêmes lieux, profanés jadis par d'autres révolutionnaires qui en avaient arraché le pouvoir royal. Le vœu le plus cher des membres du gouvernement de M. Thiers était de ne point fournir un pendant à ce caprice populaire. Il faut dire qu'à cet égard, ils étaient bien loin de donner la moindre assurance. M. Thiers avait beau les présider, chaque jour et même plusieurs fois le jour, il ne parvenait pas facilement à les convaincre que leur personne et leur vie étaient à l'abri de tout danger.

Parmi les membres de l'Assemblée, la confiance n'était guère plus grande. Ceux-ci n'avaient pas été surpris par le 18 mars; avant de quitter le Grand-Théâtre de Bordeaux, où ils avaient tenu leurs premières séances, ils avaient trouvé prudent de se tenir, autant que possible, hors de Paris. S'ils eussent suivi leur premier mouvement, ce n'est pas à Versailles, c'est à Fontainebleau, dans l'historique résidence des adieux, qu'ils se fussent réfugiés. En apprenant la révolte du peuple parisien et les dispositions militaires qu'il prenait pour marcher contre la représentation nationale, les députés ne regrettèrent point de s'être fixés à Versailles ; mais ils auraient pu regretter de n'avoir point suivi leur première idée qui était de s'installer à Fontainebleau.

Cependant, il avait bien fallu faire contre mauvaise fortune bon cœur ; ils avaient pris possession du magnifique théâtre du palais, où Louis XIV avait fait exécuter les opéras de Lulli et des ballets mythologiques. L'on avait installé le bureau sur la scène, devant un décor représentant un portique ; le président agitait sa sonnette à la place occupée par les acteurs ; la tribune se dressait non loin du trou du souffleur. Il y avait, pour les secrétaires-rédacteurs du compte rendu, des tables et des sièges derrière les manteaux d'arlequin. Le parterre tout entier était coupé, dans sa longueur, par une allée mitoyenne, et dans sa largeur par de petites contre-allées qui permettaient la circulation à travers les bancs ; il était occupé par les députés. Les pourtours du rez-de-chaussée et les premières loges d'avant-scène étaient également affectés aux mandataires du peuple. Ils siégeaient un peu entassés, un peu pressés, et, il faut le dire, un peu confondus.

Ils regardaient tous la scène et semblaient être des spectateurs, alors cependant qu'ils jouaient le rôle principal. Leurs groupes noirs et houleux, comme les flots d'une mer inquiète, plongeaient dans un fond sombre de marbrures rouges et de reliefs mordorés. Du haut des balcons, on apercevait la collection symétrique de leurs crânes nus. Les glaces des loges reflétaient leurs mouvements et leurs poses animées. Ils délibéraient, au nom de la République, sous les lis de l'écusson royal.

Pour dégourdir leurs jambes et donner un libre cours à leurs émotions diverses, ils avaient la longue et froide galerie qui conduit du péristyle principal, aux abords du théâtre, en longeant la cour du Maroc. C'est là que sont couchées ou agenouillées, sur des mausolées de pierre, les figures rigides de rois et de reines de France, mêlés à d'autres personnages illustres, ministres, connétables, grands chanceliers. Dans cette nécropole, les représentants de la France promènent leurs angoisses patriotiques; là, dans les premiers jours de l'insurrection, ils s'abordent avec des transes visibles, se demandant quels vont être leur sort et le sort de la France. Ils se donnent rendez-vous devant les sarcophages ; chacun a ses sarcophages favoris. Ils errent eux-mêmes, comme des ombres tourmentées, à travers cette galerie des Tombeaux.

Ils sont huit cents représentants de la nation, huit cents dépositaires du mandat le plus vague et de la plus redoutable responsabilité que jamais Assemblée ait senti peser sur elle. Il ne tenait qu'aux membres de cette Chambre de s'ériger en Convention et d'exercer, à leur gré, dans la limite qu'ils eussent trouvé convenable, le pouvoir souverain. Comme ils étaient loin d'une pareille audace !

Ils avaient eu d'abord le souci de ne point coucher à la belle étoile et de disputer les gîtes à tous les arrivants. Qui ne connaît les trois principaux quartiers de Versailles : le quartier Saint-Louis, le quartier Notre-Dame et le quartier de Montreuil, sans parler des alentours ? Fort peu élevées d'étages, les maisons sont spacieuses. Partout où, les mois précédents, il y avait eu des Allemands, on rencontrait des représentants ou des fonctionnaires français.

C'était la singulière chance des Versaillais, de voir leur fortune s'accroître en raison inverse de la fortune de la France. Entre les deux veines de lucrative hospitalité que leur apportèrent les malheurs publics, ils eurent à peine le temps de renouveler l'air de leurs hôtels et de leurs débits de toute sorte. Ils hébergeaient les fugitifs que Paris leur envoyait, dans l'atmosphère encore imprégnée de l'haleine âcre du Poméranien et du Wurtembergeois. Il fallait bien s'accommoder de cette répugnante succession. Des chambres mal meublées, des lits durs, une nourriture plus que médiocre faisaient le fond de l'hospitalité fort peu écossaise de l'*Hôtel des Réservoirs*, de l'*Hôtel de France*, du *Petit Vatel*, de l'*Hôtel de la Chasse*, du *Cheval-Blanc* et de l'auberge du *Chien qui fume*. Les premiers jours, on dormait assez mal ; on mangeait à la hâte, n'importe quoi. La vie se passait devant la cour du Maroc, sur les trottoirs de la rue des Réservoirs, autour des ministères.

On allait bien peu dans le parc ; les allées étaient encore humides, et l'on y semblait trop en dehors des conversations et des nouvelles. Le parc, d'ailleurs, engendrait singulièrement la mélancolie ; il offrait de l'ombre à de pauvres gens affolés de soleil ; de la solitude et du silence, à ceux qui avaient besoin de diversion et de bruit. Le parc montrait, adossées à ses charmilles, de froides et blanches statues de marbre, fantômes du passé, témoins importuns de nos hontes et de nos malheurs. Quelques groupes allégoriques, évoquant de joyeuses images et les souvenirs des grands jours de notre histoire, juraient avec les tristes aventures de l'heure présente.

Ils ne prêtaient plus à rire, ces petits amours folâtres qui s'enlaçaient, pour soutenir les vasques de marbre rouge, dans l'allée des Marmousets ; elles n'avaient aucun entrain communicatif, ces déités prétentieuses, épanchant, avec un éternel sourire, leurs urnes au bord des bassins. D'aucune gueule de bronze, d'aucune conque de triton ou de néréide on ne voyait jaillir le moindre filet d'eau. Le char d'Apollon s'embourbait dans le limon aride ; la reine des grenouilles, debout au sommet de sa pyramide, voyait tout son royaume de batraciens se morfondre, la bouche béante, sur leurs promontoires desséchés.

De loin en loin, dans l'écorce des vieux ormes ou sur les socles éraillés, on pouvait lire des noms rudes, à consonnes redoublées, avec des terminaisons en *err* ou en *ann*; des réflexions saugrenues en mauvais français tudesque sur les souvenirs du grand règne. Ces marques dégradantes, en rappelant à l'esprit les récentes humiliations subies par cette royale résidence, ne pouvaient qu'ajouter de nouvelles tristesses à toutes les tristesses dont les cœurs étaient obsédés. C'est pourquoi on laissa d'abord le parc en dehors des habitudes de la vie courante ; ce ne fut que plus tard, lorsqu'on vit le printemps enguirlander les charmilles et se mêler lui-même d'attirer les Parisiens émigrés, que des groupes de promeneurs descendirent des terrasses et se perdirent dans les labyrinthes d'ombre et de verdure.

Lorsque j'arrivai à Versailles, on était encore bien loin de cet heureux changement ; on se maintenait dans une cruelle période d'attente. Les rumeurs nous venaient de Paris de plus en plus sombres. Un jour, on apprenait quelque nouvelle défection ou l'installation de quelque nouvelle barricade ; un autre jour, l'arrestation d'un personnage ; un autre jour, la suppression d'un journal, la chasse donnée à de courageux écrivains. L'arbitraire défiance du Comité central visa d'abord les plus en renom, sans même tenir compte, pour quelques-uns, des gages qu'ils avaient pu donner à la cause libérale et des concessions qu'ils étaient toujours prêts à faire à tous les régimes.

Parmi les premiers qui parurent à Versailles, après avoir échappé aux recherches du redoutable comité parisien, il y eut M. Émile de Girardin. Il avait rêvé peut-être de se ménager un *modus vivendi* avec la Commune et d'entrer en rapports de douce polémique avec elle, lorsqu'un après-midi, en présence de Mgr Bauer et de M. de Sartiges qui étaient venus le visiter, M. de Girardin reçut un pli mystérieux contenant un petit griffonnage sans signature. Le griffonnage disait que, s'il ne quittait Paris au plus vite, M. de Girardin serait incessamment arrêté et mis à Mazas. Les visiteurs virent tout à coup leur hôte devenir très pâle : ils l'interrogèrent ; il leur montra le billet et prétendit que l'écriture était de Vermorel. Vermorel avait collaboré à la *Presse* sous les ordres de M. de Girardin ; il n'était point surprenant qu'il lui voulût donner cette marque d'intérêt. Ne le pouvant défendre contre le Comité central, il se donnait la satisfaction de l'avertir. M. de Girardin ne se le fit pas dire deux fois. Comme il savait Vermorel en situation d'être bien informé, il alla coucher hors de chez lui, et, le lendemain, il fila sur Saint-Germain.

Le même jour, une indiscrétion toute pareille permit à M. Léonce Détroyat de se soustraire au péril d'une arrestation. Il était déjà hors de son domicile de la rue d'Astorg, lorsque les fédérés se présentèrent. Pourquoi le comité central s'en prenait-il à l'honorable directeur de la *Liberté* ? Ancien officier de marine, il y avait peu de temps que M. Détroyat était entré dans le journalisme. Durant la guerre même, il s'était détourné de la politique pour se donner tout entier à la défense nationale ; on sait qu'il avait dirigé le camp de la Rochelle en qualité de général. Quoiqu'il en eût, M. Détroyat, suspect au comité central, dut prendre le train de Versailles ; il vint s'installer boulevard de la Reine.

On nous raconta aussi, dans la rue des Réservoirs, les péripéties émouvantes qu'eut à traverser M. Henri de Pène pour s'enfuir de Paris. Le rédacteur en chef de *Paris-Journal* avait reçu une horrible et très dangereuse blessure dans le massacre de la rue de la Paix. Il était encore en proie à de cruelles souffrances et n'était point à l'abri de tout danger, lorsque Mme de Pène et les amis de son mari résolurent de le soustraire à l'honneur, dont il était menacé, d'être classé parmi les otages. Les nouveaux maîtres de Paris n'ignoraient point la part que ce courageux écrivain avait prise à la manifestation « pacifique » du 22 mars ; ils ne pouvaient manquer de lui faire expier ses dégoûts pour leur insurrection.

Il fallut donc placer M. de Pène dans une voiture avec toutes sortes de précautions. Il pénétra ainsi dans la gare Saint-Lazare et fut étendu dans le coupé d'un wagon. Lorsque les fédérés, gardiens de la gare de Batignolles, en fouillant dans le train, découvrirent ce blessé, ils voulurent savoir son nom et visiter ses papiers. Heureusement pour M. de Pène que la fièvre avait un peu altéré ses traits : il fut suspect, mais non reconnu. Une dame hollandaise, son amie très dévouée, avait pris auprès de l'intéressant voyageur la place de Mme de Pène et le faisait passer pour son frère. Elle soutint, avec beaucoup d'aplomb, ce généreux mensonge et malmena, dans son accent étranger, ces malheureux fédérés, le prenant d'assez haut avec eux, les traitant de féroces et de gens sans cœur, les menaçant de se plaindre à son ambassadeur. Ceux-ci finirent par se laisser convaincre, que M. de Pène était ce qu'il y avait de plus hollandais au monde et que, de plus, il était malade de toute autre chose que d'un coup de feu reçu dans les tirés de la place Vendôme.

Le récit de cette évasion renouvela la douloureuse émotion qu'avait fait naître à Versailles l'attentat du 22 mars. On se reporta à ces heures lugubres où chaque député avait cru voir le signal des massacres, où le nombre des victimes avait été si exagéré, où l'on s'était redit leurs noms, et où, dans une tumultueuse séance de nuit, M. Target avait proposé d'adopter leurs veuves et leurs orphelins. La poésie était venue au secours de la prose; je me rappelle encore ces vers qui couraient les journaux :

Donnez des fleurs, vous dont les mains sont pleines,
Donnez des fleurs, des larmes et des chants.

Le comble de l'angoisse avait été que, sur la nouvelle de ce début insurrectionnel, le général Fabrice s'était disposé à prendre possession de Paris. Le gouvernement avait demandé un sursis que les Prussiens s'étaient bien gardé de lui refuser. Les Prussiens étaient plus intéressés que personne à ne point étouffer, dans son foyer, une guerre civile qui allait consommer leur œuvre de destruction !

Un adoucissement, cependant, s'était produit à la terrible alerte du 22 mars. Le 69e régiment de ligne, après avoir résisté aux tentatives d'embauchage des insurgés, était sorti du Jardin du Luxembourg, drapeau déployé, et avait pris bravement le chemin de Versailles. Il y avait été reçu avec honneur par l'armée et par la population. Les généraux Vinoy, de Maudhuy, Wolf, précédés de la musique du 35e, s'étaient portés au-devant de ces braves et fidèles soldats. M. Thiers, entouré de ministres et de députés, était venu en personne leur souhaiter la bienvenue.

A la suite de ces incidents, le chef du pouvoir exécutif ne semblait pas aussi disposé que les premiers jours à nier les mauvaises intentions des insurgés; non seulement il avait consenti à reconnaître que l'assassinat de la rue des Rosiers n'était pas une simple appréciation de journaliste, mais encore il avouait à qui le voulait entendre, que la fusillade de la rue de la Paix était la preuve non équivoque des résolutions les plus énergiques et le signal d'une résistance acharnée.

Le chef du pouvoir exécutif en a donc bien pris son parti; il sait tout ce qu'il peut attendre des Parisiens. Quant à des illusions sur ce qu'on appelait alors la garde nationale de l'ordre, sur l'arbitrage des maires, et autres billevesées dont quelques esprits crédules se sont un moment nourris, M. Thiers n'en eut jamais; mais on en trouve encore trace au sein de l'Assemblée. Là s'agitent des passions contraires. A côté de la majorité, ennemie inavouée de la République, il s'est formé une minorité, amie non moins inavouée de la Commune. Aux extrémités, on se trompe et l'on noue de sourdes et hypocrites conspirations; au milieu, comme toujours, on prête l'oreille à de fallacieux projets de conciliation. C'est là qu'on a la confiance facile. Aux âmes candides et obstinées qui se groupent vers les centres de cette Chambre constituante et souveraine, on peut appliquer les vers du *Misanthrope* :

> Belle Philis, on désespère,
> Alors qu'on espère toujours.

Pendant que l'insurrection prend du large à Paris et prépare ses embuscades, que fait cette Chambre? Elle a de courtes séances, entrecoupées de questions inquiètes, d'interpellations désordonnées et de motions bizarres. Le citoyen Millière, qui a des intelligences avec Paris, tient bon pour la loi sur les échéances des effets de commerce. On considère qu'avec cette loi, on peut apaiser les colères qui grondent en dedans des fortifications et désarmer le Comité central.

Dans la cervelle de M. Ducuing, il pousse une autre idée : M. Ducuing demande un signe distinctif pour les députés. M. Picard, ministre de l'intérieur, sollicite un projet de loi plaçant les bataillons de volontaires sous l'autorité directe du ministre de l'intérieur.

C'est le 23 mars que ces insipides propositions se produisent. La séance allait être levée lorsqu'eut lieu cette célèbre exhibition de maires, ceints de leurs écharpes, qui sert de pendant historique à la légendaire et fugitive apparition du pompier du 15 mai. Tout d'un coup, sans crier gare, une tête blanche et crépue surgit du côté gauche ; c'est la tête du vénérable M. Arnaud de l'Ariège. M. Arnaud demande à l'Assemblée que les maires de Paris soient introduits.

Comme il exprime ce désir, et avant même que l'on ait le temps de se reconnaître et de faire demander à ces magistrats ce qu'il y a pour leur service, une tribune d'avant-scène, à la droite du président, s'ouvre par les soins de M. Baze ; elle se remplit de particuliers parés d'écharpes tricolores. Ils sont une bande. Ce sont les maires en question. Ils s'avancent et font mine de saluer l'Assemblée. La gauche les applaudit; la droite élève jusqu'à eux une tempête de murmures. M. Grévy agite, à revers de bras, sa clochette d'alarme. Les maires ne savent plus quelle contenance garder. Leur qualité ne suffit pas à les préserver d'un peu de ridicule; ils esquissent de vagues sourires et des gestes suppliants. M. Prax-Paris s'écrie : « Voilà les ambassadeurs accrédités de l'émeute. » Plusieurs députés sont allés prendre leurs chapeaux au vestiaire et sont rentrés couverts dans la salle des séances. Toujours un peu délirant, M. Langlois leur crie : « Chapeau bas! » — Pour tirer les maires de ce mauvais pas et clore cette scène burlesque, M. Grévy lève la séance.

En sortant de la salle, ni les députés, ni le public ne savent au juste ce que les magistrats municipaux sont venus chercher. La seule indication que l'on ait sur le but de leur démarche, ressort de ces paroles prononcées par M. Arnaud de l'Ariège : « Il faut s'unir de cœur avec Paris, lui dire que nous ne formons qu'une âme nationale et républicaine. » (Arnaud de l'Ariège. — *Séance du* 23 *mars.*) Le questeur Baze, qui a pris sur lui d'ouvrir aux maires une avant-scène de première, n'aurait pas pu en dire plus long que M. Arnaud. Après avoir espéré, comme dans les plus beaux jours de la

Convention, être admis à la barre de l'Assemblée, les maires remportent à Paris leur écharpe tricolore.

Il est de nouveau question de ces solennels visiteurs le 26 mars, lorsqu'ils laissent l'insurrection prendre, au moyen d'élections fantaisistes, une apparence de légalité que le gouvernement du 4 septembre avait négligé de se donner. Le souvenir de leur apparition revient encore le 29 du même mois, à la nouvelle de ce qui s'est passé sur la place de l'Hôtel-de-Ville, devant la statue voilée d'Henri IV. Là, le citoyen Assi, entouré de la troupe des nouveaux élus, ceints d'écharpes rouges, s'est montré sur une estrade rouge. Au roulement des tambours, au bruit des musiques exécutant la *Marseillaise* et le nouvel air national du *Sire de Fich'ton-Khan*, devant la lie des faubourgs, les maires des dix-huit arrondissements ont vu proclamer la Commune de Paris. Ainsi tomba leur reste de prestige.

Ce jour-là, l'Assemblée est toute frémissante de colère; elle se sent, sinon atteinte, du moins outragée dans sa souveraineté. La Commune de Paris s'érige en rivale de la représentation légale du pays. De part et d'autre, des défis s'échangent. A Paris on a marqué les demeures de certains députés réactionnaires et mis leurs têtes à prix; de hautaines menaces et d'irritants débats répondent à ces provocations. M. de la Rochetu-

lon, du haut de la tribune où il s'est élancé, s'écrie :
« Les insurgés ont écrit sur ma maison : *Bon à fusiller.*
Je fais savoir à l'Assemblée et au Gouvernement, que je
me déclare en état de légitime défense. »

Un brouhaha furieux accueille ces paroles. Les députés
s'apostrophent de leurs places ; M. de la Rochetulon
parle des sympathies que la Commune rencontre au sein
même de la représentation nationale ; quelques députés
sont bien près de lui donner leur adhésion. Tous les
regards se portent sur M. Millière qui est encore à son
banc, et sur quelques autres membres de l'extrême
gauche. On n'entend que protestations confuses. Les
séances se passent ainsi sans ordre du jour, ou plutôt
l'ordre du jour est abandonné au caprice des accidents
et des transports de ces fiévreuses journées.

M. Thiers se montre peu au banc ministériel ; enfermé
dans son cabinet, il est tout entier à ses plans stratégiques. Il reçoit les généraux et leur distribue des commandements ; il compte et recompte, avec le général
Vinoy, le chiffre sans cesse augmenté des régiments en
voie de formation. Ses compagnies de gendarmes l'occupent d'une manière toute spéciale. Il sait qu'ils formeront le plus solide élément de son armée ; il a composé
deux régiments à cheval avec la gendarmerie départementale et deux régiments à pied avec les débris de

l'ancienne garde impériale, devenue garde républicaine. A cette vaillante troupe se sont ajoutées des épaves des fiers régiments de cavalerie ramenés de l'armée du Rhin, et presque tout le contingent de l'armée de l'Est. Oubliée par M. Jules Favre dans l'armistice et tombée prisonnière après de cruelles souffrances, cette armée a été la première rapatriée. L'armée de Metz seule est encore tout entière retenue en Allemagne ; elle ne pourra venir rallier les contingents de l'armée de Versailles, que dans les premiers jours de mai, lorsque l'instrument de paix qui se négocie à Bruxelles, depuis un mois, avec des péripéties diverses, aura été enfin signé à Francfort.

Il y a quarante cuirassiers de Reichshoffen, seuls survivants de la charge glorieuse et légendaire qui marqua le début de nos désastres. Ils sont équipés comme au lendemain de leur exploit. Ils sont en képi ; le casque a été laissé dans la bagarre ; mais la cuirasse est restée fidèle à ces mâles poitrines. Ils l'ont astiquée pour la circonstance, et la voilà reparaissant, sous l'ample manteau rouge, bosselée, mais reluisante comme si elle n'eût jamais été ternie par la poussière des batailles.

Le 1ᵉʳ avril, nous entendons, sur les pavés sonores, les pas de toute cette cavalerie. Les gendarmes ont la mine farouche et l'allure très ferme ; ils sont accompagnés des quarante spectres rouges de Reichshoffen. Ceux-ci suivent un lieutenant-colonel, guerrier à longue barbe grise, qui, seul de tout son régiment, porte le casque à queue de cheval. A la vue de ce défilé, on sent l'approche d'un événement. Chacun ignore où vont ces hommes; on les voit se perdre au fond des avenues qui mènent à la Celle-Saint-Cloud et au Mont-Valérien. Où vont-ils ?...

C'est un samedi. Ce jour-là M. Thiers a conféré longuement avec ses généraux; il a passé une partie de la journée dans les baraquements de Satory. On a remarqué, par la ville, une plus grande circulation de soldats de toutes armes et d'officiers à cheval, portant des ordres dans les casernes. Comme je n'avais pu encore trouver un gîte à Versailles, je me décidai à retourner, par les chemins ombragés, dans ma solitude de Ville-d'Avray. C'est là que je m'endormis, le 1er avril au soir, dans l'attente vague de quelque grave événement.

CHAPITRE II

Sommaire. — Premiers combats. — Le 2 avril. — La sortie des insurgés. — Le rond-point des Bergères. — La plaine de Nanterre. — Flourens a la tête fendue d'un coup de sabre. - Mort de Duval. — Un faux général Henri. — L'Assemblée tient séance de nuit. M. Thiers y fait une entrée théâtrale. — Démission de quelques députés radicaux. — MM. Millière et Lockroy. — Un article du *Rappel*. — Déclaration du général Billot. — Le général de Gallifet. — L'ordre du jour de Chatou. — La répression. — Les premiers prisonniers. — Les premiers otages de la Commune. — M. Dardenne de la Grangerie. — Apparition à Versailles de la ligue des droits de Paris. — Soulèvements communalistes dans les départements. — Un assassinat à Limoges. — M. Thiers incline visiblement vers la gauche de l'Assemblée.

Le lendemain, 2 avril, c'était un dimanche et même un délicieux dimanche des Rameaux. Un éclat de soleil fit irruption dans ma petite chambre et me réveilla doucement. Je crus à un beau jour de printemps ; mais j'avais à peine ouvert les yeux qu'un bruit étrange passa dans l'air et sembla tout obscurcir. La maison avait été secouée des fondements à la toiture ; c'était un coup de canon. Il paraissait partir du jardin de l'hôtel.

Il fut aussitôt suivi de petits coups secs et précipités, pareils à des crépitements lointains de tonnerre ; c'était la fusillade. Je me précipitai à la fenêtre. La rue était déserte ; il n'y avait pas même d'oiseaux, ni sur les arbres ni sur les toits. Ces bruits et ces frémissements les retenaient dans leurs nids. Cependant la nature ne semblait nullement troublée par les vibrations matinales de l'atmosphère ; sur les arbres, dans les vergers, avril allait son train.

En peu d'instants, chaque fenêtre de l'hôtel laissa voir une tête plus ou moins effarée. On courait dans les escaliers ; on faisait sonner toutes les sonnettes. Sans perdre une seconde, je m'élançai du côté où je croyais que la bataille s'engageait. Je m'avançai à travers le parc et jusqu'à Saint-Cloud sans rien découvrir, si ce n'est de petits flocons de fumée blanche, qu'avec beaucoup d'attention je pouvais voir s'élever du côté de Châtillon. Les coups de fusil s'entendaient à peine. Il n'y avait plus de coups de canon ; mais, dans les postes militaires du parc et de la ligne du chemin de fer, il ne restait pas un gendarme. Je passai à Saint-Cloud toute la matinée, occupé à interroger des gens qui ne pouvaient me répondre ; ils avaient la mine résignée de malheureux à qui la guerre n'avait plus rien à détruire ni à brûler.

On ne savait rien, si ce n'est que le Mont-Valérien avait tiré et que l'on s'était battu du côté d'Asnières. — On

se bat aussi, sur la rive gauche, disait quelqu'un ; mais
ça n'a pas l'air aussi chaud. — Dame ! ajoutait un troisième interlocuteur, c'était plus chaud à Buzenval et à
Montretout ! — Là, répliquait le premier, c'était trop
chaud. Et, se tournant vers l'horrible avalanche de ruines
calcinées qui roule ses débris jusqu'à la place du château, il ajoutait d'une voix sourde : — En voilà bien la
preuve ; ah ! ils peuvent venir se battre ici ; il n'y a plus
rien à détruire !

Ces tristes dialogues ne pouvaient satisfaire ma curiosité. Je trouvai à grand'peine un vieux cabriolet, attelé
d'un vieux cheval, conduit par un vieux cocher. Celui-ci
me fit monter près de lui : — Où voulez-vous aller? me
dit-il. Je n'en savais trop rien. — Allons du côté où
vous croyez que l'on se bat, lui répondis-je. Il fit un
petit haussement d'épaules qui semblait signifier : —
Est-ce que je le sais, moi, où l'on se bat ? Néanmoins, il
prit par le quai en suivant le cours de la Seine. Là, c'était
le désert, non seulement il ne passait pas une âme de ce
côté ; mais, même en regardant vers l'autre rive, on n'apercevait que les troncs immobiles des arbres qui bordent la plaine de Longchamp. Pauvre Longchamp ! Où
sont les belles affluences du *high life !* Ce serait pourtant le moment des réunions du printemps ! Autour des
tribunes restées debout, rien ne bouge ; c'est un silence

3.

de mort. Seule, la rivière, limpide et murmurante, serpente, parmi ces paysages déserts, avec sa grâce accoutumée.

Le cabriolet passe devant le pont de Suresnes. Personne dans les guinguettes ; il me semble même qu'en voyant s'avancer notre voiture, quelques portes restées entr'ouvertes se ferment précipitamment. Sur notre gauche, à une distance qu'il est difficile de préciser, quelques coups de fusil retentissent encore.

Il n'est pas loin de deux heures, lorsque nous arrivons à l'entrée du village de Puteaux. Là, un groupe stationne et nous regarde venir : — Avez-vous des nouvelles de ce qui est arrivé ? dis-je aux gens de ce groupe. — Il est arrivé qu'ils ont reçu une bonne raclée et qu'ils n'ont pas demandé leur reste... là, êtes-vous content ? — Si vous voulez me dire qui a reçu la raclée, je serai peut-être content. — Eh bien, c'est ces c... de Versaillais, là ! s'écria le groupe tout entier. — Eh bien, répliquai-je à ce joli groupe, je ne suis pas content, là !

Ce disant, je touchai le coude du cocher qui comprit que le moment était venu de filer vers Courbevoie. J'entendis les gens de Puteaux me crier distinctement : — Repasse donc par ici, Versaillais ; nous t'enverrons voir ce qu'il y a sous l'eau. C'est une curiosité que je n'avais pas. Quand nous approchâmes de Courbevoie, des personnes, apostées sur la route, nous disaient que la consigne était de ne laisser passer aucune voiture. Je n'avais nulle envie de mettre pied à terre; ce qui me tenait surtout à cœur, c'était de ne point retourner sur Puteaux. — Vous voilà dans une bien jolie situation, me dit mon conducteur.

Nous trouvâmes un sentier qui grimpait à travers la côte, passant au milieu des vignes étiolées qui nous versent le petit vin de Suresnes. Le vieux cabriolet avait juste la place de ses deux roues; le vieux cheval le tirait de toutes ses forces en allongeant le cou; le vieux cocher avait mis pied à terre et tirait le vieux cheval. Moi, je poussais l'équipage par derrière. C'est ainsi que nous parvînmes à nous hisser jusqu'à la grande route. Celle-ci était remplie de soldats, qui remontaient en bon ordre vers le fort, accompagnés de leurs officiers et de chirurgiens, escortant trois ou quatre voitures d'ambulance.

En vain je m'adressai, tour à tour, aux soldats, aux officiers, aux chirurgiens; je ne pus leur arracher un seul mot. Tout ce que j'appris d'une cantinière, en me faisant verser un petit verre d'eau-de-vie, c'est que l'on s'était un peu massacré au rond-point des Bergères. Le cocher voulait retourner à Saint-Cloud; je voulus qu'il poussât jusqu'au rond-point. Notre désaccord menaçait de s'envenimer, et j'allais être abandonné par mon attelage, lorsque je proposai une transaction : nous irions dans la direction du rond-point; mais, à un demi-kilomètre avant d'y arriver, je mettrais pied à terre et m'avancerais seul jusqu'au lieu où le combat s'était livré, à la condition expresse cependant, que la voiture attendrait que je la vinsse reprendre.

Je n'oublierai de ma vie l'émotion que me causa la vue de ce rond-point des Bergères. Jamais antithèse ne me sembla plus cruelle que l'antithèse de ce nom champêtre, éveillant des souvenirs bucoliques, et du spectacle qui s'offrait à mes regards. Des deux côtés de la route, dans les deux fragments d'une vaste demi-lune, les fédérés allaient, de leur pied léger, s'emparer du Mont-Valérien. On leur a dit qu'ils n'avaient qu'à se présenter. Chemin faisant, ils rencontrent des régiments qui leur barrent le passage et les mettent dans une affreuse déroute. Les fédérés tiennent bon ; on les fusille en masse et en détail. Ceux qui restent après la bagarre, on les adosse au mur d'une masure placée sur la droite, et on les passe par les armes.

Cette sanglante mêlée avait laissé le terrain jonché de cadavres. Au moment où j'arrivais, on en remplissait des voitures d'ambulance ; elles ne suffisaient pas à ramasser tous ces héros. Je voyais des médecins militaires au service de la Commune les entasser les uns sur les autres, la tête au fond de la voiture et ne montrant que les pieds. — Tous ces hommes sont morts? demandai-je à un médecin. — Vous le voyez bien, me répondit-il en maugréant ; ils ont la pointe du pied en dehors. C'est ainsi que je connus ce caractère particulier de la mort, qui, jusqu'alors, m'avait échappé. Six voitures étaient là, contenant, au moins, chacune plus de deux cents pieds en dehors. Il en était déjà parti plus de vingt, chargées de la même manière.

Autour de ces lugubres convois, un ramassis d'hommes et de femmes devisaient avec des mines farouches, se racontant, à leur manière, les incidents de la journée, se montrant le mur où les exécutions avaient été faites, chargeant leurs récits d'actes de cruautés invraisemblables. En entendant une mégère parler d'un enfant arraché à sa mère et massacré sous ses yeux, je me laissai aller à exprimer un doute sur l'authenticité du récit. Mon observation souleva une si grande fureur que je crus devoir m'expliquer pour en atténuer l'effet. Chaque mot que je disais aggravait mon crime; là, comme à Puteaux, je faillis me faire un mauvais parti. Je finis par ne plus oser dire un mot, et je m'esquivai, trop heureux de retrouver à la place où je les avais laissés, mon vieux cabriolet, mon vieux cheval et mon vieux cocher.

A six heures du soir, j'étais de retour à Ville-d'Avray ; tout était fini. Bien que j'eusse pris beaucoup de fatigue et que j'eusse couru quelques risques, je ne savais pas le premier mot de l'événement militaire qui venait de s'accomplir. Ce ne fut que le lendemain, lundi, lorsque j'arrivai devant la cour du Maroc, que tout me fut raconté et que je connus les périls auxquels la représentation nationale et le gouvernement venaient d'échapper. La

Commune avait voulu faire déborder, sur Versailles, ses noirs bataillons, divisés en deux torrents dont l'un devait se précipiter par Châtillon à travers les collines et les vallées de Meudon et de Bellevue, remplir la vallée de Chevreuse, remonter les coteaux de Saint-Cyr et envahir Versailles par les avenues du parc. L'autre torrent, dirigé sur Bécon, devait submerger, en passant, le Mont-Valérien, inonder Bougival, remonter par-dessus ses riants coteaux, effleurer Saint-Germain et déverser sur Versailles ses courants impétueux.

Informés de l'imminence d'un pareil cataclysme, plusieurs députés, autant de gauche que de droite, se tenaient prêts à tirer leurs grègues devant l'invasion. Ils avaient fait leurs malles et s'étaient pourvus de moyens de transport. Le danger passé, on les voyait arriver, un à un, dans la galerie des Tombeaux, un peu rassurés, mais blêmes encore de la peur qu'ils avaient eue. Ils avaient appris, avec la plus visible satisfaction, la manœuvre du général Vinoy contre la barricade de Courbevoie, sa marche contre les fédérés de Châtillon, l'héroïque tenue des gendarmes, le magnifique élan des marins, le trépas assez courageux, mais très heureux, du général fédéré Duval.

Telles furent les vagues assurances que l'on eut à Versailles, le matin du 4 avril. Dans l'après-midi, on vit arriver des voitures d'ambulance portant des blessés et un convoi de trente-cinq fédérés, couverts de ces capotes marron qu'ils avaient traînées pendant le siège, sordides, accoutrés comme des bandits. L'élégante émigration de Versailles se vengea sur ces malheureux des transes qu'elle avait traversées ; elle les assaillit d'injures et même de coups. Un second convoi de fédérés, arrivés un peu plus tard, reçut un accueil encore plus brutal ; dans celui-ci figurait un beau garçon, aussi vert qu'un perroquet, chamarré de toutes sortes d'ornements ; c'était, disait-on, le général Henry, pris du côté de Châtillon. Moins heureux que Duval, ce prétendu Henry tombait vivant aux mains de ses ennemis. On le mit dans une des prisons de la ville avec ses compagnons.

Cependant les renseignements précis sur la bataille tardaient à arriver ; on les recevait par bribes et morceaux ; les uns contredisaient les autres. Un frémissement d'horreur accueillit la nouvelle de la mort, autant dire de l'assassinat du docteur Pasquier. C'était un médecin-major de l'armée. Il avait été pris par les insurgés au moment où il s'avançait vers eux pour parlementer ; ils l'avaient lâchement fusillé.

La nouvelle qui nous causa le plus d'émoi, ce fut la nouvelle de la mort de Flourens. On la connut dans la soirée du 4 avril. Ce soir-là, un cadavre arriva dans Versailles, porté sur un tombereau qui le cahotait rudement ; un escadron de gendarmerie l'escortait en brûlant le pavé. Le cortège déboucha par la rue Duplessis, la rue de la Paroisse, la rue et la place Hoche, traversa la place d'Armes et se rendit à l'hôpital militaire, situé rue des Récollets. En passant devant les cafés, où des officiers prenaient leur consommation, les gendarmes criaient : — Nous vous ramenons Flourens ! C'est ainsi que cet événement nous fut annoncé. Personne même ne pouvait dire au juste si Flourens était ramené mort ou vivant ; toutefois, la manière dont il était traîné et secoué dans son tombereau ne pouvait guère laisser supposer qu'il fût vivant.

Arrivés à la porte de l'hôpital militaire, les gendarmes laissèrent les infirmiers s'emparer du mort. Il faisait déjà nuit. Ceux-ci l'emportèrent, à travers des corridors mal éclairés, dans une salle basse. C'est là que cinquante fédérés en uniforme étaient déjà couchés sur des dalles et rangés côte à côte, avec des visages barbus et des mines farouches. Le nouveau venu eut les honneurs d'une table ; on l'y étendit comme pour le disséquer. Toutefois, on laissa le cadavre dans ses vêtements. La tête et la face étaient dans un affreux état : un coup de sabre avait pourfendu le visage ; un coup de feu avait ouvert le crâne et fait déborder la cervelle.

Quant aux circonstances de cette mort, on ne les connut point ce jour-là exactement. Chaque gendarme faisait son récit. Les imaginations amplifiaient les récits des gendarmes. Le lendemain, sur les trois heures, l'officier d'ordonnance d'un des généraux qui commandaient l'aile gauche de l'armée arriva dans la galerie des Tombeaux.

Encore que la séance fût ouverte et que l'Assemblée se fût déclarée en permanence, tous les députés étaient dans cette galerie. M. Grévy présidait devant les banquettes. M. Ernest Picard s'était montré seul d'abord au banc des ministres et n'avait rien dit si ce n'est qu'il ne pouvait rien dire. Après lui, M. Jules Simon avait paru, un moment, pour faire la même déclaration, ajoutant ces paroles qui soulevèrent les murmures de la gauche : — La journée ne se terminera pas à la satisfaction de tout le monde. M. Thiers, lui, ne s'était montré que dans les bureaux ; il semblait rassuré, mais n'avait soufflé mot. On comprend donc que, durant tout cet après-midi, les députés aient mieux aimé circuler et se tenir en rapport avec la rue, où quelques rumeurs leur parvenaient, que de rester confinés dans leur théâtre, où ils n'apprenaient rien.

Je puis donner pour authentique le récit qui fut fait par le capitaine X., en présence d'une vingtaine de députés et de journalistes, de la fin tragique du malheureux Flourens. Le témoignage d'un officier qui arrive tout poudreux du champ de bataille, et qui expose ce qu'il a vu, mérite, plus que tout autre, d'être pris en considération.

L'officier commença par raconter que, lorsque, dès le matin, les régiments de la division du Preuil parvinrent sur la hauteur du Mont-Valérien, ils virent dans la plaine de Rueil une fourmilière de fédérés; ceux-ci apparaissaient, dans les champs et sur les routes, comme des excroissances noirâtres et mouvantes. Le général Vinoy fit tirer cinq coups de canon et, aussitôt après, donna l'ordre aux régiments de cavalerie de partir au galop. Au même instant, un changement à vue s'opéra dans la plaine ; de noire qu'elle était, elle passa au vert; c'est-à-dire que les fédérés s'aplatirent sous les couverts de verdure, ou se dispersèrent. Débarrassés de ces parasites, les champs avaient repris leur couleur naturelle. On vit distinctement les potagers, les prairies et, dans les environs de Nanterre, les enclos hérissés de piquets de blanchisseuses. Dès qu'elle eut dévalé des versants, la cavalerie se divisa en petites colonnes qui se partagèrent les villages. La colonne dirigée sur Rueil était de quarante hommes. Un homme restait à cheval sur trois : l'homme à cheval pour garder les montures de ses camarades, les deux autres à pied pour fouiller les maisons. Ils fouillaient toutes celles qui étaient sur leur route, les vidaient de tout ce qu'elles contenaient de fédérés, et parquaient leurs prisonniers dans des enclos où ils étaient gardés à vue.

Non loin de la route de Rueil, sur le territoire de Chatou, il y a un marchand de vin. Au moment où ils s'approchent de ce logis avec l'intention de le visiter, les gendarmes reçoivent la décharge d'un revolver qui leur est envoyée par la fenêtre du premier étage. Ils ne font qu'un bond sur cette demeure inhospitalière, la fouillent avec frénésie. Au premier étage, dans la chambre même d'où est parti le coup de revolver, enveloppé dans une couverture de cheval, verte, bordée de noir, un homme apparaît ; il est chaussé de grandes bottes à l'écuyère ; la couverture soulevée laisse voir une vareuse ayant au bras les traces de galons arrachés. L'homme a la tête nue ; son front de penseur est haut et large ; son visage allongé, garni d'une barbe taillée en pointe, se distingue par des tons mats et une maigreur ascétique. Lorsque les gendarmes se présentent, il fume la cigarette. Il s'avance vers eux, de façon insolente, en lançant des bouffées de fumée. Il est pris sans résistance et conduit, avec force bousculades, par l'escalier, jusqu'au capitaine de gendarmerie Desmarets qui se tient à cheval devant la maison. En l'apercevant, le prisonnier, resté libre, court au capitaine et se plaçant, par l'effet du hasard, à la droite de son cheval, il ne voit pas le sabre nu que l'officier tient dans sa main gauche, avec la bride : — Capitaine, de grâce, faites cesser ces mauvais traitements ; il est lâche de frapper ainsi un homme désarmé. Irrités par cette injure, les gendarmes répondent : — Le lâche, c'est lui : il a tiré sur nous !

J'ai dit que le prisonnier était à la droite du capitaine.

A peine les gendarmes ont-ils parlé que l'officier s'écrie :
— Ah ! tu tires sur mes gendarmes et tu demandes grâce ? Tiens, voilà ta grâce !... Saisissant, de sa main droite, le sabre nu placé dans sa main gauche, il lui en assène un coup furieux au travers du visage. Un flot de sang jaillit ; l'homme tombe, la tête fendue, et se débat dans une atroce douleur. Un gendarme s'approche et lui décharge, à bout portant, son chassepot dans la tête.

Au même instant, d'autres gendarmes entraînent un autre prisonnier qui, sous les coups de crosse qu'il reçoit, pousse des cris perçants. C'est un petit homme brun, sautillant ; il hurle dans un accent italien très prononcé. Les soldats, en visitant un cabinet obscur, donnaient des coups de sabre dans le noir ; aucun cri n'avait répondu à cette investigation ; mais un gendarme avait retiré son sabre un peu rouge à la pointe ; il l'avait replongé dans la même direction et senti qu'il l'enfonçait dans un corps humain. On avait fini par mettre la main sur le stoïque patient, qui se laissait larder ainsi sans mot dire. C'est ce prisonnier que l'on amène devant le personnage abattu par le coup de sabre du capitaine. En voyant ce cadavre, il s'écrie : — Ne me faites point de mal ! fusillez-moi tout de suite comme le *commandant*. — Quel commandant ? — Le commandant Flourens, qui est là sous votre cheval. C'était Flourens, en effet, que l'on venait de tuer de la sorte. L'Italien était Cypriani, secrétaire ou aide de camp de ce chef d'insurgés.

L'officier qui menait la colonne ordonna que l'on fouillât le mort; on trouva sur lui cette dépêche :

« *Exécutif à Flourens.*

« Ne passez pas sous le Mont-Valérien ; nous sommes trahis. »

On trouva, dans une autre poche, un pli décacheté avec l'adresse suivante : « Monsieur Flourens, rue d'Aguesseau. — Paris. » C'était une lettre de sa mère.

— C'est un beau coup de sabre ! dit un officier au capitaine Desmarets.

Tel est le récit que nous entendons dans la galerie des Tombeaux. Il nous cause une pénible impression ; mais, dans les guerres civiles, on n'est pas toujours libre de tuer son ennemi comme l'on veut. S'il n'eût pas été placé à la droite du cheval, ou si le coup qui le frappa eût été porté par un bras moins vigoureux, Flourens eût péri dans des conditions plus conformes aux lois de la guerre.

Le prétendu général Henry fut plus heureux. Pris, au

début de la lutte, près de Châtillon, ce personnage était fort jeune ; vingt-trois ans à peine. Il se donnait pour un volontaire du 161ᵉ bataillon, chargé du commandement de cinq bataillons ; il déclinait énergiquement l'honneur d'être le général Henry.

Un officier assura qu'il le connaissait et demanda à être confronté avec lui. Cette entrevue fut assez curieuse: — Mais c'est vous, beau général ! — Moi général ? — Oui, vous, le général Henry, commandant de la rive gauche. Je vous reconnais. Le 19 mars, je n'avais plus que soixante hommes. Arrivés à la barrière que nous voulions franchir, vous m'avez barré le passage avec plusieurs bataillons. Vous rappelez-vous? Vous êtes toujours aussi beau garçon, mais un peu moins crâne. Un officier n'oublie pas la face d'un autre Français qui lui demande ses armes. — Moi ? — Oui, vous m'avez dit alors : Rendez-moi votre sabre. — Mon sabre est à moi, vous ai-je répondu. — Ah ! c'est à vous? bien à vous? — Puisque je vous le dis. — Alors, gardez-le. — Eh bien, la mémoire vous revient-elle aujourd'hui, faux brave? Je vous jure que, si vous hésitez à me répondre, comme je ne veux pas être pris pour un imposteur, je vous le passe au travers du corps, mon sabre ! — En présence de ce redoutable interrogatoire, et pour qu'on le laissât tranquille, le prisonnier se décida à reconnaître qu'il était bien le général Henry.

Jusqu'à la fin de cette journée du 3 avril, les députés,

qui sont en permanence, errent par les rues et les allées du parc. Les plus curieux vont se promener du côté de Meudon, visiter Chatou et le rond-point des Bergères. Toute l'après-midi, il y a des arrivages considérables de nouveaux émigrants parisiens. L'ouverture des hostilités a fait sortir de leur demeure ceux que retenait encore chez eux l'espoir d'un arrangement ; ils se sont échappés, pêle-mêle, comme on se sauve des lieux que l'incendie commence à dévorer. Ils nous arrivent par tous les chemins, rencontrant en route les régiments de gendarmes et de marins qui reviennent bruyamment, tambours et clairons guidant leur marche, dans leurs baraquements respectifs. Les nouveaux venus s'installent où ils peuvent, heureux de se sentir sous l'égide du gouvernement et sous la protection de cette armée du Rhin que, dans le premier dépit de la défaite, il avait été d'usage de tant maltraiter.

Le soir venu, lorsque les députés sortent des restaurants pour venir assister à la séance de nuit, les environs de la cour du Maroc sont obstrués. Il y a une telle avidité de nouvelles que tout le monde voudrait pénétrer dans la salle des séances. M. Grévy est au fauteuil à neuf heures. A neuf heures et demie, les banquettes et les tribunes publiques regorgent de monde. Seul, M. Thiers se fait attendre. Les horloges marquent dix heures ; M. Thiers ne paraît pas. Quelqu'un parle de se séparer.

M. Grévy lui-même est inquiet ; il se décide à lever la séance.

Aussitôt, semblable à un acteur qui ménage son entrée sur la réplique, M. Thiers apparaît par la porte du fond ; il se débarrasse de son pardessus et monte immédiatement à la tribune. Il ouvre la bouche ; mais il n'a point de voix, c'est un petit fausset imperceptible, avec lequel il a coutume d'obtenir de l'Assemblée un de ces silences qui semblent faits pour lui. Ce jour-là, cependant, le silence ne s'impose pas du premier coup ; on s'impatiente de ne pas bien entendre. Le petit fausset de M. Thiers finit, selon sa coutume, par dominer le tumulte. Le chef du gouvernement raconte sommairement ce qui s'est passé ; il omet les détails de la mort de Flourens et de Duval ; il loue les troupes, et particulièrement la gendarmerie ; il semble ne point vouloir fermer toute issue à la conciliation. Faisant allusion aux fauteurs de la guerre civile, il annonce que la clémence du pouvoir ne fera point défaut à ceux qui la réclameront. Cette perspective charme les gauches et excite les murmures des droites : — Il est impossible, reprend M. Thiers, d'avoir de l'indulgence pour le crime ; on ne peut en rencontrer que pour l'égarement. Tout le monde applaudit à cette déclaration. On nomme une commission pour aller visiter les blessés et l'on se sépare. Cette séance, que l'on attendait avec une si fiévreuse impatience, pour laquelle on a réclamé le comité secret, n'a pas duré plus d'un quart d'heure et n'a satisfait personne.

Le lendemain, on est sous le coup des mêmes émotions. L'ouverture des hostilités entraîne ses conséquences naturelles : elle force les représentants du peuple, qui ne se sont pas encore déclarés, à prendre parti pour ou contre la Commune. Il y en a qui n'attendent pas un jour de plus pour donner leur démission de députés. Ce sont MM. Razoua, Charles Floquet, Édouard Lockroy et Millière ; ces trois derniers écrivent au président de la Chambre une lettre collective établissant qu'ils ont tout fait pour conjurer la guerre civile ; mais que, puisqu'ils n'ont pas réussi, ils considèrent que leur place à eux représentants de Paris, n'est plus à Versailles. « Nous n'avons plus, disent-ils, d'autre devoir que de défendre, comme citoyens, et selon les inspirations de notre conscience, la République menacée. »

On sait comment un de ces deux représentants entend que la République doit être défendue. Rédacteur du *Rappel*, il écrit des énormités. Ces énormités, oubliées aujourd'hui, font grand bruit à Versailles ; les journaux conservateurs jettent les hauts cris. Le *Gaulois* intitule une de ses chroniques quotidiennes : PAUVRE LOCKROY ! A la Chambre, le ministre de la justice, répondant à une question de M. Johnston, apporte à la tribune l'article de M. Lockroy et un article de M. Millière publié dans le *Vengeur*. M. Lockroy dit : « L'état de choses actuel ne peut se prolonger ; il faut que l'Assemblée cède. (Mouvement.) C'est elle qui a provoqué le peuple à

Montmartre. (Rumeurs.) C'est elle qui, par sa résistance, prolonge la crise. C'est elle qui a excité à la guerre civile. » Tel est l'avis de M. Lockroy sur la Commune. Il ne diffère pas essentiellement de celui de M. Millière. Ce député de Paris écrit dans le *Vengeur* : « Où avez-vous vu que je ne pactisais pas avec l'émeute ? Où avez-vous vu que je ne reconnaissais pas à une fraction du peuple le droit souverain ? » Il est vrai que M. Dufaure ne trouve pas, dans la lettre de M. Millière, un outrage à l'Assemblée ni même une excitation à la guerre civile. Le garde des sceaux est moins indulgent pour la déclaration de M. Lockroy ; il eût certainement demandé des poursuites contre ce député, si celui-ci ne se fût empressé de donner sa démission.

L'exemple de ces représentants n'entraîne pas le général Billot. Toujours prêt à se mêler d'affaires qui ne sont pas les siennes, dans une lettre adressée au comité directeur de la garde nationale de Paris, le célèbre Garibaldi a désigné, comme pouvant être placé à la tête des forces fédérées, le général Billot ou le général Cremer. Cette ridicule motion du condottiere italien provoque, de la part du général Billot, une petite manifestation de tribune qui mérite d'être rapportée : — J'éprouve, dit-il dans la séance du 6 avril, j'éprouve le besoin de répéter que si, par hasard, j'avais la confiance des confédérés, ils n'ont pas la mienne. Je dois à mes compagnons d'armes, qui combattent aujourd'hui, avec tant de vaillance, pour la défense du suffrage universel, notre dernière ancre de salut, de flétrir les criminels qui, sous les yeux des Prussiens, cherchent à achever la destruction de notre pays ; qui ne se composent que d'une écume sans nom et sans patrie ; dont les moyens consistent à tromper les ignorants, à terroriser les faibles, et qui, en somme, conspirent contre la République et cherchent à la déshonorer. »

On est pour la lutte vive et rapide. Je me rappelle avec quelles marques d'approbation est accueilli certain ordre du jour du général de Gallifet aux habitants de Chatou. Voici comment s'exprimait le général :

« La guerre a été déclarée par les bandes de Paris. Hier, avant-hier, aujourd'hui, elles ont assassiné mes soldats.

« C'est une guerre sans trêve ni pitié que je déclare à ces assassins. J'ai dû faire un exemple ce matin ; qu'il soit salutaire ! Je désire ne pas en être réduit de nouveau à une pareille extrémité.

« N'oubliez pas que le pays, que la loi, que le droit par conséquent sont à Versailles avec l'Assemblée nationale, et non pas à Paris avec la grotesque assemblée qui s'intitule la Commune. »

Ce document était lu dans les rues par le crieur public. Celui-ci avait ordre d'ajouter :

« Le président de la commission municipale de Chatou prévient les habitants, dans l'intérêt de leur sécurité, que ceux qui donneraient asile aux ennemis de l'Assemblée se rendraient passibles des lois de la guerre. »

Ces façons de parler répondent admirablement au courant d'idées et d'impressions que les premiers engagements ont fait naître à Versailles. La répression s'y organise sous toutes les formes. Le gouvernement fait présenter par M. Dufaure un projet de loi tendant à abréger les procédures devant les conseils de guerre. Aucune objection, si ce n'est de la part de M. Tolain, ne s'élève contre l'urgence de cette mesure.

Tandis que, sur le lieu même des combats, les chefs militaires ne ménagent point les exécutions sommaires, à Versailles, tout se prépare pour des châtiments juridiques et une rigoureuse application des lois. On dispose de vastes emplacements pour les prisonniers. Heureusement, ce n'est point l'espace qui manque. Les premiers, ramenés de Rueil, de Courbevoie, de Châtillon, sont conduits sur le plateau de Satory, dans des bâtiments isolés construits sur la lisière du bois. Les murs sont hauts et solides. Ces bâtiments n'étaient point destinés à servir de prison ; ils appartenaient à l'ancienne ferme de Satory. L'Empire en a fait un arsenal. Pour le moment, c'est un pénitencier qui contient déjà onze cents prisonniers, bien traités, avec chacun une livre de pain par jour, de la paille, de l'eau et surtout de l'air à volonté. Les officiers ont un compartiment séparé et ne sont pas mieux nourris que le commun des fédérés. Les oisifs de la rue des Réservoirs vont porter leurs pas de ce côté ; ils auront bientôt de plus tristes sujets de distraction.

C'est avec des frémissements de terreur que Versailles reçoit le contre-coup des convulsions de Paris. La Commune a déjà mis la main sur des otages de marque. Le 18 avril, nous apprenons que l'archevêque, Mgr Darboy, a été arrêté dans son palais et conduit en prison ; le lendemain, les promeneurs de la rue des Réservoirs se racontent l'arrestation de l'abbé Deguerry. On arrête aussi, vers cette même époque, M. Dardenne de la Grangerie, secrétaire général des ambulances de la presse. M. Dardenne faisait souvent le trajet entre Paris et Versailles ; protégé par la croix de Genève qu'il portait à son bras, il se croyait à l'abri de tout accident.

Le jour où il fut arrêté, il était venu à Versailles dans une voiture particulière. Je le rencontrai dans les couloirs de l'Assemblée, au moment où je venais de terminer un article destiné au *Constitutionnel*. Contrairement aux menaces que nous en avait faites le Comité central, mon éloignement de Paris avait retardé la suspension de ce journal. Je priai le secrétaire général des ambulances de vouloir bien se charger de porter mon manuscrit rue de Valois ; il partit avec ce dangereux dépôt. Ai-je besoin de dire que, dans l'article rédigé sous l'impression des colères qui avaient cours depuis une semaine, je ne ménageais point les nouveaux maîtres de Paris ?

Arrivé au Point-du-Jour, M. Dardenne de la Grangerie est informé qu'il va être conduit à Raoul Rigaut. Chemin faisant, il pense qu'il sera fouillé et que mon article va tomber entre les mains du délégué de la sûreté générale. Il n'a point lu cette prose, mais il n'a pas de peine à se figurer qu'elle est de nature à le gravement compromettre. Après avoir réfléchi longtemps, il se décide à la manger.

Le malheureux M. Dardenne tire donc du fond de sa poche chacun de mes feuillets, l'un après l'autre, et les porte à sa bouche en prenant garde de n'être point vu. Il les mâche et les avale. Il y en avait bien une dizaine de gros papier écolier. Il ne prit jamais plus coriace nourriture ; mais, si dure à digérer que fût ma prose, elle l'eût certainement incommodé bien plus dans sa poche qu'elle ne fit dans son estomac.

L'accusation dirigée contre M. Dardenne de la Grangerie portait précisément sur le rigoureux accomplissement des devoirs que lui imposait sa fonction ; il allait d'un camp à l'autre, ramassant les blessés de l'insurrection, aussi bien que les blessés de l'armée de l'ordre. On lui reprocha de trahir la Commune. Le prisonnier de Raoul Rigaut ne resta pas longtemps entre les mains de ses geôliers. Il fut assez heureux pour leur échapper avant l'heure fatale où il eût infailliblement accompagné, dans le chemin de ronde de la Roquette, ses héroïques compagnons de captivité.

En même temps que les chefs fédérés désorganisaient les ambulances de la presse et commençaient à se préparer aux derniers crimes, d'honorables et naïfs particuliers arrivaient à Versailles pour proposer au gouvernement légal du pays des moyens de conciliation. Je crois que ces émissaires se disaient représenter tantôt une ligue dite des *Droits de Paris*, tantôt un syndicat du commerce parisien. M. Jules Amigues n'avait pas encore entrepris de reformer l'ordre de succession dans la famille Bonaparte. Il figurait dans cette ligue ou dans ce syndicat ; on n'a jamais bien su ce que c'était. Ceux qui en faisaient partie, ne le savaient peut-être pas davantage. Tout ce qu'on peut dire, c'est qu'ils avaient bien le désir de se rendre utiles et de jouer un rôle sympathique dans le drame odieux qui se déroulait.

M. Thiers les reçut avec un peu de froideur et ne leur dit rien d'encourageant ; ils parurent dans les rues, faisant, au coin de la rue de la Pompe et de la rue des Réservoirs, de petits rassemblements au milieu desquels ces conciliateurs ébauchaient des harangues pacifiques.

Ils n'avaient guère de succès. De guerre lasse, ils se rabattirent sur des députés dont les âmes correspondaient à leurs âmes, et leur exposèrent qu'ils étaient porteurs des vœux de 8,000 gros commerçants parisiens, tous plus désireux les uns que les autres de voir cesser la guerre civile. Les bons députés de leur répondre : « Que messieurs les insurgés désarment, et ce sera tout de suite fini. » — Les délégués répliquent : « Les Parisiens veulent la confirmation de la République ; ils sont tous républicains. » — « Qu'à cela ne tienne ! ripostent les députés, la République existe. » — « Oui, mais il faut aux Parisiens des franchises municipales. » — « Comme ça se trouve ! justement l'Assemblée discute en ce moment une loi sur la matière. » — « Paris veut faire lui-même sa constitution ; Paris, qui contient deux millions d'âmes, veut être une ville privilégiée. » Les aimables délégués ajoutent que toutes les grandes villes de France se révolteront si on ne satisfait immédiatement Paris par d'opportunes concessions. Les députés trouvent cette conversation assez intéressante pour renvoyer les délégués à M. Thiers. Celui-ci les renvoya où Louis XI envoyait les délégués de la république de Gênes, lorsqu'il leur disait : « Les Génois veulent se donner à moi ; je les donne au diable. »

Cette comédie de la ligue des droits de Paris durait encore, lorsqu'on apprit à Versailles que certaines menaces qu'elle avait faites commençaient à se réaliser. Des tentatives de soulèvement se manifestèrent à Limoges, à Marseille, à Toulouse et à Bordeaux. Dans les deux premières villes, elles eurent un caractère sanglant. Les insurgés de Limoges mirent à mort le brave colonel Billet. C'était une des gloires de l'armée. Il avait échappé aux balles prussiennes, à Reischoffen et à Villersexel. Le colonel Billet périt de la main d'un assassin français. L'insurrection de Limoges fut l'objet de débats à l'Assemblée de Versailles. Un député de cette ville, l'honorable M. de Peyramont, y vint déclarer que le préfet de la Haute-Vienne, M. Massicault, avait donné 6,000 fusils aux habitants. Les ministres s'efforcèrent de dégager la responsabilité de ce préfet. Les débats furent animés de part et d'autre.

Les affaires de Marseille ne passionnent pas moins les esprits. C'est là que Gaston Crémieux, que l'on avait entendu, à Bordeaux, traiter la Chambre de *rurale*, se donnait du large. Il aspirait au rôle de Masaniello dans la cité phocéenne ; mais il fut pris avant d'avoir triomphé et, peu de temps après, passé par les armes. Toulouse et Bordeaux ne donnèrent pas les mêmes sujets de mécontentement ; mais on pouvait craindre que l'incendie communaliste ne vînt bientôt embraser ces deux cités, et que, dans toute la France, les prévisions des délégués parisiens ne se réalisassent.

Ce danger donnait de l'inquiétude à M. Thiers ; il le montra par l'acrimonie qu'il apporta dans le débat soulevé, alors, au sein de l'Assemblée par la loi municipale ; il voulut absolument que la nomination des maires, dans les villes au-dessus de vingt mille âmes, fût laissée au pouvoir exécutif. Il en fit une question de gouvernement. Du reste, M. Thiers commençait à le prendre de haut avec la majorité versaillaise. Comme il était loin de ces humbles façons dont il avait usé à Bordeaux, lorsque les représentants de la France tenaient entre leurs mains la suprême ambition de M. Thiers ! Dans ce temps, il eût promis, et il promit, dit-on, de favoriser une restauration monarchique ; c'était la condition de son élection. Un mois après, à Versailles, le bruit court déjà qu'il n'est pas éloigné de promettre aux républicains, qui tiennent dans leurs mains les municipalités des grandes villes de France, de s'employer énergiquement pour assurer le maintien de la République.

CHAPITRE III

Sommaire. — M. Jules Favre rapporte de Rouen la permission du général Fabrice d'élever l'effectif de l'armée. — Joie de M. Thiers. — Il songe à remplacer le général Vinoy par le maréchal de Mac-Mahon. — Le duc de Magenta. — Son retour à Paris le 16 mars. — Son départ de Paris le 18 pour Versailles et Saint-Germain. — Il refuse, une première fois, le commandement en chef que lui offre M. Thiers. — M. Thiers revient à sa proposition. — Difficultés avec le général Vinoy. — M. Thiers met tout le monde d'accord. — Le duc de Magenta est nommé commandant en chef des cinq corps formant l'armée de Versailles. — Ce choix est bien accueilli par l'armée et par les conservateurs. — Les opérations militaires commencent. — Physionomie de Versailles au milieu du mois d'avril. — La messe au camp de Satory, le jour de Pâques. — On apprend, à Versailles, l'arrestation des premiers otages. — Le continuel tapage des batteries de Montretout et de Breteuil. — But de nos promenades. — On se fait à cette vie. — Premiers convois de prisonniers. — Types de prisonniers et de prisonnières. — L'accueil qu'ils reçoivent. — M. Louis Ratisbonne. — Arrestation de M. Édouard Lockroy. — Il est emprisonné à l'hospice. — Les autres prisonniers sont logés d'abord aux Petites-Écuries. — Leurs interrogatoires par les commissaires de police. — La prison des femmes de la rue des Chantiers. — L'Orangerie. — Les largesses du marquis de L.... — Une épouse et une fille. — Les perspectives de ces prisons. — Distractions des émigrés. — Les journaux. — Le *Drapeau*, de M. Sarcey. — Le club des Réservoirs. — Coblentz.

M. Jules Favre s'est rendu à Rouen, pour obtenir du

général allemand de Fabrice la permission d'élever l'effectif de l'armée que M. Thiers voulait employer à la délivrance de Paris. Le retour de ce négociateur rapportant une réponse affirmative, mais entourée de réserves et de prévisions désobligeantes, marque pour M. Thiers une véritable entrée en campagne. Il invite à dîner les diplomates étrangers, pour leur apprendre le succès de la démarche de M. Jules Favre auprès de l'autorité militaire allemande. M. Thiers voit se réaliser un de ses rêves les plus chers : il va pouvoir commander une armée, faire mouvoir des soldats et jouer au Napoléon. Depuis longtemps, les lauriers de ce héros l'empêchaient de dormir.

La satisfaction que ces perspectives de gloire militaire apportent à M. Thiers, est complète; elle efface, un moment, les pénibles tourments que lui causent les hontes et les malheurs de la patrie. M. Thiers oublie même, dans une certaine mesure, les sollicitudes bien légitimes qu'il éprouve pour lui-même, pour ses immeubles de Paris et pour ses trésors artistiques, exposés aux déprédations des insurgés auxquels il va livrer bataille. Depuis l'étude qu'il a faite de l'époque militaire du premier Empire, il a dans la tête des plans stratégiques dont il va pouvoir poursuivre, tout à son aise, la réalisation. Il lui faut un peu de temps pour cela ; il importe de ne pas aller trop vite et de ne point délivrer les Parisiens de la Commune, avant que les opérations conçues par le chef de l'État n'aient suivi un cours régulier et ne soient arrivées à bonne fin. Au demeurant, n'est-il pas nécessaire aussi de reconstituer l'armée, singulièrement débandée par nos défaites successives et dont la longue captivité a un peu abattu le moral? En se donnant le temps nécessaire pour la réintégrer dans ses cadres, pour la remettre en présence de ses chefs revenus, avec les soldats, des forteresses allemandes, pour la discipliner à nouveau et lui fournir l'occasion de remporter, sur les ennemis du dedans, de petites victoires partielles, M. Thiers pensait faire un acte de bon patriote. Il ne doutait pas non plus qu'en procédant de la sorte, il acquerrait un certain prestige vis-à-vis des soldats et un grand ascendant sur tout le monde.

Le général Vinoy s'était aperçu, dès le premier jour, que le chef du pouvoir exécutif mettait beaucoup plus d'empressement à lui donner des avis qu'à recevoir les siens. Peut-être y eut-il entre M. Thiers et le brave général des dissentiments sur la manière de prendre Paris. Fallait-il établir un siège en règle? Fallait-il enlever l'affaire par un coup de main? Le général Vinoy était-il pour un coup de main? Dans tous les cas, il devait souhaiter qu'il fût mieux combiné et mieux conduit que ne l'avait été la tentative de Montmartre. D'autre part, tout en professant la plus haute estime pour le général qui avait si bien mené la retraite des trente-trois mille hommes, échappés au désastre de Sedan, M. Thiers ne pouvait se tirer de l'esprit que le général Vinoy avait signé, à la place du général Trochu, la capitulation de Paris. Cet antécédent, réuni à l'échec des buttes, n'était-il pas de nature à lui nuire dans l'opinion publique et à diminuer son autorité sur les soldats ?

Bref, il jugea que le commandement en chef serait mieux placé en d'autres mains. Il songea au général Ducrot, qui était alors très en lumière ; mais le caractère entier et un peu cassant du général Ducrot éloigna bien vite de l'esprit de M. Thiers le projet de placer la conduite des troupes entre ses mains. Il s'arrêta avec plus de complaisance à la pensée de confier le commandement en chef au maréchal de Mac-Mahon. Vaincu comme tant d'autres chefs de corps, le maréchal de Mac-Mahon avait du moins eu la chance de recevoir, sur le champ de bataille, une glorieuse blessure qui lui faisait, parmi les soldats et parmi les généraux, une position privilégiée. M. Thiers se décida pour lui.

Le duc de Magenta, aussitôt la paix conclue, avait quitté Wiesbaden où il était resté six mois captif; il avait repris, avec un empressement bien naturel, le chemin de la France. Il pensait enfin pouvoir se reposer des épreuves cruelles qu'il venait de traverser. Le 16 mars, plein de ces illusions, il était arrivé à Paris avec la duchesse de Magenta et leurs enfants; il s'était installé dans son hôtel de la rue Bellechasse. C'est là qu'il passa la journée du 17 assez tranquillement ; mais, le 18 au matin, il entendit battre le rappel de la garde nationale et vit la garde nationale ne point bouger. Il ne connut point d'abord l'inutile expédition du général Vinoy contre les canons de Montmartre ; plus tard, on était venu lui raconter que cette expédition avait réussi et que tout allait au mieux. Vers la tombée du jour, la vérité pénétra jusqu'à la rue Bellechasse ; on y apprit en même temps l'échec du général Vinoy sur les canons et l'assassinat des généraux Lecomte et Clément Thomas.

Ce fut un moment de cruelles angoisses, d'indignations contenues. La famille du maréchal empêcha qu'il se montrât dans les rues ; mais on ne put longtemps le retenir. Il alla chez le général Le Flô, ministre de la guerre, pour l'avertir de son retour et se mettre à ses ordres. Là, il apprit que le général Le Flô et tout le gouvernement avaient plié bagage et se trouvaient à Versailles. Le maréchal rentra chez lui avec l'intention bien arrêtée de suivre l'exemple du gouvernement. La maréchale fut un peu surprise de cette résolution si prompte. Mme de Mac-Mahon, ce jour-là, n'eut pas un sentiment très exact du danger que pouvait courir son mari ; elle ne savait à quelle faiblesse subite et inaccoutumée de son esprit elle devait attribuer ce singulier empressement à quitter Paris. C'est à grand'peine qu'elle obtint qu'il renonçât à son projet.

La famille entière s'alla coucher, assez confiante et persuadée que, le lendemain, le maréchal verrait les choses sous un jour meilleur; mais le maréchal n'attendit pas au lendemain. Comme il allait lui-même prendre du repos, on lui remit un billet du général Le Flô l'engageant à quitter Paris sans retard et à faire connaître son adresse au ministre de la guerre, à Versailles. Le duc de Magenta vint aussitôt réveiller la duchesse et lui apprendre que décidément il fallait s'éloigner : « J'augure mal de tout ceci, dit-il ; il ne faut pas exposer nos enfants; d'ailleurs, ma place est où est le gouvernement. Nous partons. »

Cette volonté était formelle. On se leva, on s'habilla en toute hâte, on prit quelques objets et l'on se dirigea vers la gare Montparnasse, où toute la maison, enfants et domestiques, arriva vers une heure du matin. Heure propice ! les fédérés qui gardaient la gare dormaient pêle-mêle dans les salles d'attente et dans les escaliers ; il fallut enjamber ces dangereux gardiens et prendre garde à ne les point réveiller. Le maréchal était, cela va sans dire, en tenue bourgeoise; il avait cependant emporté une épée. C'est la maréchale qui la tenait sous son bras dans un étui de parapluie. On se présenta au chef de gare à qui le maréchal se fit reconnaître. Cet employé prit soin de ne point trahir l'incognito du maréchal de Mac-Mahon; il le retint, avec sa famille, dans son cabinet, jusqu'au départ du premier train qui ne devait avoir lieu qu'à cinq heures du matin. Cette attente de trois heures fut pleine d'angoisses. Cependant, on put s'embarquer sans encombre. Une heure plus tard, comme le jour commençait à paraître, le duc, la duchesse de Magenta, leurs deux fils et leur petite fille débarquaient dans la gare des Chantiers. Ils ne surent d'abord où porter leurs pas, à cette heure matinale. Ils trouvèrent, au coin de la rue Royale et de l'avenue de Sceaux, un restaurant où ils s'installèrent et se réconfortèrent de leur mieux. C'était un dimanche : le maréchal et les siens allèrent, de ce restaurant, entendre la messe à Saint-Louis.

Pendant ce temps, que se passait-il à l'hôtel de la rue Bellechasse ? Les fédérés y pénétraient avec fracas ; ils y cherchaient partout le maréchal de Mac-Mahon pour s'emparer de lui et ne l'y trouvaient pas. Ils se dédommagèrent, en occupant militairement son logis, d'avoir manqué un si bel otage.

Dans l'après-midi, lorsqu'il eut fait un peu reposer tout son monde, le duc de Magenta se rendit chez le ministre de la guerre, selon la recommandation qui lui en avait été faite. Il est bon de dire qu'il se trouvait, avec le général Le Flô, dans les meilleurs termes ; ils étaient camarades d'Afrique. Ces liens de réciproque sympathie expliquent le soin, qu'avait pris le général Le Flô, de prévenir le maréchal et de réclamer son adresse. Il prévoyait, dès ce temps-là, que l'occasion se présenterait bientôt où il faudrait recourir à lui. Au sortir de chez le ministre de la guerre, le maréchal de Mac-Mahon, pour ne point paraître se jeter au-devant d'une situation que peut-être il n'enviait pas, s'empressa de quitter Versailles; il se fit transporter à Saint-Germain où il arriva, le soir même, avec tous les siens. Il s'installa dans l'hôtel du Pavillon Henri IV, dans ce même appartement où plus tard M. Thiers devait mourir.

Ce n'était pas tout que d'avoir un toit où s'abriter. La famille de Mac-Mahon, partie nuitamment en toute hâte, n'avait emporté que fort peu de bagages et d'argent. Il fallut dépêcher une femme de chambre anglaise, qui, munie d'un passeport de sa nationalité, pénétra dans Paris et même dans l'hôtel de la rue Bellechasse; toutefois, elle ne put arriver à ses fins sans avoir essuyé un long interrogatoire et le contrôle indiscret de M. Paschal Grousset, alors ministre des affaires étrangères, au lieu et place de M. Jules Favre. M. Grousset ne put faire autrement que de reconnaître à une Anglaise le droit d'aller et de venir entre Saint-Germain et Paris. C'est grâce au zèle de cette personne dévouée que le maréchal se trouva pourvu de tout ce qui lui manquait au moment de son départ, sans en excepter son uniforme, qui lui fut apporté soigneusement caché au fond d'une malle, parmi des effets de femmes.

Cet uniforme, précisément, allait bientôt lui servir. Un jour le duc de Magenta reçut un télégramme de M. Thiers qui l'appelait à Versailles. Il s'y rendit sur l'heure. Le chef du pouvoir exécutif de la République française fit connaître au maréchal la nécessité où il était d'augmenter considérablement l'effectif des troupes destinées à reprendre Paris à l'insurrection, et l'intention qu'il avait de lui en confier le commandement supérieur. Le maréchal de Mac-Mahon ne semblait nullement préparé à cette communication. Sa première pensée fut de décliner la proposition de M. Thiers : « Il y a d'autres généraux qui ont été moins malheureux que moi, lui répondit-il ; ils auront plus d'autorité sur les troupes. » M. Thiers expliqua à son interlocuteur que sa dignité de maréchal, la blessure qu'il avait reçue, et qui l'avait soustrait aux responsabilités de la capitulation de Sedan, sa captivité en Allemagne avec les autres prisonniers de guerre, étaient des titres incontestables qui le désignaient pour conduire l'armée, et que ces titres ne se trouvaient réunis chez aucun autre général. Le duc de Magenta reconnut qu'il croyait en effet pouvoir rendre encore quelques services, mais qu'il lui suffisait d'être placé à la tête d'une division. Il pria M. Thiers de se borner à ce témoignage de confiance. Le chef de l'État ne s'attendait pas à une résistance aussi sérieuse ; il n'insista point et dit au maréchal qu'il pèserait les motifs de son refus et que, de son côté, il voulût bien réfléchir à la gravité de la situation.

Les choses en restent là jusqu'aux premiers jours de la semaine sainte. Un nouveau télégramme de M. Thiers arrive à Saint-Germain et appelle le maréchal à Versailles.

— Décidément, maréchal, je vous nomme commandant en chef. J'ai formé six corps d'armée, vous les aurez sous vos ordres. L'armée s'appelle l'armée de Versailles; vous commanderez en chef l'armée de Versailles. Il n'y a que vous. Dites-moi que vous acceptez, et vous allez immédiatement prendre la direction des troupes.

Ces paroles, M. Thiers les débite tout d'une haleine. Le maréchal de Mac-Mahon en est un peu décontenancé; un moment il ne sait que répondre. Il voit bien que le parti de M. Thiers est pris. Il se réserve cependant d'aller voir le général Vinoy et de bien s'assurer que sa nomination ne lui cause aucun froissement.

L'entrevue du duc de Magenta et du général Vinoy n'est point sans nuages. Ce dernier, en apprenant qu'on lui retire le commandement, déclare qu'il ne peut accepter d'être en sous-ordre après avoir commandé en chef. Le duc de Magenta ne s'élève point contre cette répugnance; il la trouve au contraire fort bien placée, et dit à son vieux compagnon d'armes, qu'il ne demande pas mieux que de décider M. Thiers à lui laisser le commandement en chef; que, si tel est son désir, il va refuser cette position pour qu'elle lui soit conservée. La question, compliquée de ce nouvel embarras, est de nouveau portée devant le chef du pouvoir. Le général Le Flô, très partisan de la nomination du duc de Magenta, ne comprend qu'une chose dans les circonstances critiques où l'on est : il veut que le Gouvernement soit obéi. M. Thiers est bien de cet avis ; mais il tient aussi à ne point froisser le général Vinoy ; il imagine une combinaison qui va laisser ce dernier, du moins en apparence, indépendant du commandant en chef. Il détache le sixième corps d'armée, ne laisse au maréchal de Mac-Mahon que cinq corps, et constitue avec le sixième une armée de réserve dont il laisse le commandement supérieur au général Vinoy. C'est ainsi que la difficulté est heureusement tournée, et que tout le monde est content.

Le vendredi saint, ces dispositions prennent la forme définitive d'un triple décret instituant le corps de réserve, nommant le duc de Magenta au commandement en chef de l'armée de Versailles et le général Vinoy commandant en chef du corps de réserve. La grande chancellerie de la Légion d'honneur est dévolue, à partir de ce jour, au général Vinoy. Quant au duc de Magenta, ce n'est pas sans une très vive émotion qu'il connaît la mission qui lui est définitivement confiée. Il ne se croyait pas appelé de sitôt à jouer un pareil rôle ; il fléchit devant une si terrible responsabilité.

De son côté, la maréchale de Mac-Mahon est occupée de l'embarras où va se trouver le maréchal pour se tenir

5.

à cheval. Depuis l'éclat d'obus qu'il a reçu, il ne s'est point remis en selle, et les médecins lui ont annoncé qu'il ne pourra, sans danger, remonter avant un mois. Il n'y a pas à hésiter cependant. On fait venir un poney fort doux; le maréchal l'essaye sur la terrasse de Saint-Germain et déclare qu'il ne ressent aucune souffrance. Le sort en est jeté. Le lendemain, le nouveau commandant en chef se présente à Versailles chez M. Thiers, et installe provisoirement son quartier général dans un hôtel de l'avenue de Paris portant le n° 19, habité par le général de Courtigis.

Où l'émotion du duc de Magenta fut la plus grande, ce fut lorsqu'il parut pour la première fois devant les troupes. Il ne savait trop comment il serait accueilli par ces hommes qu'il avait conduits aux déroutes de Reichshoffen et de Sedan. Cette présentation eut lieu, un matin, par un magnifique soleil, dans l'avenue du Grand-Trianon. Les soldats étaient rangés en bataille. Lorsqu'ils virent arriver, monté sur un poney, avec sa tête blanche, sa physionomie martiale, le chef qu'ils avaient si souvent rencontré en Afrique, en Crimée et en Italie, sur le chemin de la victoire, un cri s'éleva des rangs : « Vive le maréchal de Mac-Mahon ! » Les clairons sonnèrent et les tambours battirent aux champs. C'est ainsi que le duc de Magenta reprit possession de l'armée. Il était accompagné du général Borel et d'un nombreux état-major.

Tout le monde trouvait son avantage au choix de

M. Thiers. L'armée tout entière, chefs et soldats, en témoigna sa satisfaction. Les généraux qui avaient des vues sur le commandement supérieur, ne purent se formaliser de se voir préférer un maréchal de France qui leur était bien supérieur par l'ancienneté et par le grade, et à qui sa blessure avait laissé presque tout son prestige. Il n'y avait pas jusqu'à la situation personnelle du Maréchal, jusqu'à ses relations de famille et jusqu'au milieu politique auquel il tenait, qui ne fussent considérés comme très favorables à la répression d'une insurrection révolutionnaire.

Le duc de Magenta pouvait passer comme le porte-drapeau et l'expression vivante des forces conservatrices du pays ; il avait pu conquérir ses grades et ses dignités sous l'Empire, sans s'inféoder à ce régime qui n'était pas moins en défaveur parmi les conservateurs de Versailles que parmi les révolutionnaires de Paris. De tous les maréchaux de France, il était le seul, au sortir de la guerre, qui eût su se tenir sur cette réserve et de qui l'on pût rendre un pareil témoignage.

Par les marques d'approbation qu'il recueillit de tous côtés à Versailles, et par les avis qu'il reçut de Paris, M. Thiers vit bien qu'il n'avait qu'à se féliciter de sa résolution. Les insurgés surtout étaient fort troublés de voir le commandement placé en de pareilles mains ; ils comprirent qu'ils n'auraient plus affaire à des troupes débandées, prêtes, comme à Montmartre, à parlementer avec le peuple ; mais à une armée véritable placée sous les ordres d'un chef qui s'entendait à la discipline, qui n'avait point l'habitude de faire quartier, et dont le nom commandait la confiance à la population. Comme ils regrettèrent d'être arrivés trop tard, le 19 mars, à l'hôtel de la rue Bellechasse ! Au lieu de marcher contre leurs bandes, à la tête de cent mille soldats, le duc de Magenta aurait été retenu dans une cellule de Mazas, en compagnie de l'archevêque de Paris et du curé de la Madeleine. Au gré des communards, il eût été là bien mieux à sa place.

Pour ne parler que des satisfactions personnelles qui pouvaient lui revenir, M. Thiers avait trouvé dans le maréchal de Mac-Mahon le commandant en chef qu'il lui fallait : ferme avec l'armée, plein de courtoisie et d'égards envers les autorités civiles. M. Thiers suivait, avec délices, son penchant pour l'art de la guerre ; il préparait ses petites combinaisons à lui tout seul, sans recourir jamais au ministre. Celui-ci ne faisait que transmettre les ordres du président. C'est avec le général Valazé, chef d'état-major du général Le Flô, et non avec le ministre lui-même, que M. Thiers avait coutume de travailler. Il se servait du général Valazé pour faire approuver ses plans. Quand il les avait bien arrêtés, il les soumettait à un conseil de guerre où figuraient le maréchal de Mac-Mahon, les généraux Ladmirault, Douai, Borel, Le Flô, et l'amiral Pothuau. Ce conseil se réunissait tous les jours sous la présidence de M. Thiers, mais il ne servait en réalité qu'à couvrir de son autorité des mesures prises par M. Thiers tout seul. C'est M. Thiers, lui, qui traitait avec les chefs de corps, oubliant souvent de consulter le commandant en chef. Il avait l'amiral Krantz, frère de l'ingénieur, pour porter et pour faire exécuter ses ordres. — C'est ainsi que l'armée de Versailles s'engageait dans une série d'opérations et de combats où le sang français coulait à flots. Le second siège de Paris menaçait d'être presque aussi meurtrier et aussi long que le premier.

Nous sommes en plein avril. La capitale provisoire de la France a pris peu à peu l'aspect d'une ville de guerre. On n'y voit qu'officiers et soldats, à pied ou à cheval, partant ou arrivant par les avenues qui mènent sur les points où l'on se bat. Les convois de blessés et de prisonniers se succèdent sans relâche ; les hôpitaux deviennent trop étroits pour les contenir ; il faut former des ambulances et improviser des prisons. Les rues et les boulevards sont sillonnés d'équipages militaires ; des affûts de canon encombrent la place d'armes et semblent alignés pour défendre la résidence du grand roi. Sur l'avenue de la mairie, ce sont des tombereaux d'obus dont les curieux examinent, avec une sollicitude inquiète, la forme conique, et se font expliquer l'agencement redoutable.

L'effectif des troupes s'augmente tous les jours et le moral de l'armée se relève peu à peu ; son énergie s'accroît au fur et à mesure que la lutte se prolonge. Le Gouvernement et l'Assemblée ne lui épargnent ni les encouragements ni les récompenses. On prend à tâche surtout d'entretenir le soldat dans des sentiments absolument contraires à l'esprit qui anime les défenseurs de la Commune. Le jour de Pâques, une importante cérémonie religieuse est organisée sur le plateau de Satory. Là, un autel est dressé en plein air ; il est orné de feuillages et entouré d'attributs militaires. Toute une division se déploie en avant et forme un immense carré : à droite, les régiments de l'artillerie ; à gauche, les régiments du génie ; aux extrémités, des canons, couchés sur leurs affûts, reluisent au soleil matinal. C'est un spectacle vraiment grandiose que celui de cette armée déployée devant des horizons de forêts, sous un ciel resplendissant, autour d'un prêtre qui bénit et qui prie. Les tambours et les clairons remplissent l'air d'harmonies guerrières ; les cloches sonnent aux églises de la ville. Dans le lointain, le Mont-Valérien jette, par intervalles, un sombre éclat de tonnerre. C'est l'abbé du Marhallac'h, député du Morbihan, qui célèbre cette messe militaire. Le général Vinoy est présent, avec le général de Maudhuy et tous les généraux ou officiers supérieurs que leur service ne retient pas devant l'ennemi.

Pendant cette semaine de Pâques tombèrent les dernières illusions que l'on pouvait avoir encore sur une issue prochaine de la guerre civile. Par les nouvelles qui arrivaient tous les jours de Paris, il fut bien avéré que les insurgés étaient engagés dans une lutte à outrance et qu'ils se porteraient aux derniers excès. Plus l'armée de l'ordre obtenait d'avantages sur eux, plus ils commettaient d'attentats contre les personnes et contre les propriétés. Aux otages déjà pris étaient venus s'ajouter les dominicains de la maison d'Arcueil, le proviseur de Saint-Louis, le digne abbé Sabatier de l'église Notre-Dame-de-Lorette. Les journaux nous apportent encore les noms du frère ignorantin Calixte, que l'on a pris à défaut du frère Philippe ; du président Bonjean, une de leurs plus fières et de leurs plus regrettables victimes. La rumeur de ces attentats faisait courir des frissons de colère dans tous les rangs de l'Assemblée et répandait une véritable terreur parmi les émigrants. Coup sur coup, et sans nous donner le temps de respirer, on nous contait les choses les plus effrayantes : les églises livrées au pillage et à la profanation, les sépultures violées, les chefs de la Commune se vautrant dans l'orgie, pillant les caisses des ministères, prenant vingt millions à la Banque, prélevant partout un tribut pour leurs besoins et pour leurs plaisirs.

Ajoutez à l'effet de ces horribles nouvelles et des sombres tableaux que le voisinage des champs de bataille nous mettait constamment sous les yeux, le continuel grondement des batteries faisant trembler toutes les vitres de nos maisons. Du matin au soir, nous l'avions dans les oreilles. Ce terrible grondement de bataille fut, un mois durant, l'accompagnement obligé de tous nos entretiens. L'Assemblée délibérait au bruit des salves de canon ; de son théâtre, elle entendait ces vagues et menaçants murmures. La guerre civile était dans l'air ; nous la respirions ; elle était devenue notre élément.

Après avoir rempli nos nuits d'affreux cauchemars et nous avoir fait des journées d'angoisses, ces sinistres échos nous trouvèrent un peu plus calmes ; nos oreilles s'y accoutumèrent comme les oreilles des passagers aux roulements continus des flots. Il arriva même un moment où l'on ne prenait plus garde au bruit, si ce n'est lorsque, par hasard, il cessait de se faire entendre. L'accalmie de l'air devenait alors un sujet d'inquiétude. On observa même un phénomène, qui peut-être était particulier à la qualité des personnes réunies, en ce temps-là, dans le chef-lieu de Seine-et-Oise : les divers groupes d'émigrants tâchaient de s'accommoder, dans le voisinage de ces désastres et de ces périls, une existence relativement paisible, visant à restreindre autant que possible la sphère des émotions et des désagréments, y cherchant même des plaisirs.

De ce qui est un objet d'horreur, ils font un sujet de curiosité. On va voir comment tirent les batteries ; on se met sous le tertre de Montretout pour compter les coups des soixante-dix pièces de gros calibre, rangées au-dessus, et pour saisir le vol des obus. J'ai passé moi-même tout un après-midi adossé à ce tertre, les oreilles déchirées par les cris stridents de tous ces bronzes en furie ; je regardais les projectiles, partis de quelques mètres au-dessus de moi, tomber par delà le bois de Boulogne sur le poste-caserne de la Muette. Le coup avait à peine retenti, que je voyais s'effondrer, au milieu d'un tourbillon de fumée blanche, un pan de muraille ; un trou béant s'ouvrait à chaque coup de canon.

La batterie de Breteuil est posée sur le versant du parc de Saint-Cloud qui domine le cours de la Seine, non loin du joli pavillon qui porte ce nom ; un lieu touffu et pittoresque d'où l'on découvre le plus beau panorama du monde. Blottis sous la feuillée, comme une nichée de rossignols, une douzaine d'engins poussent des hurlements affreux et bombardent le Point-du-Jour. Vers les Hautes-Bruyères, d'autres canons ajoutent au bacchanal meurtrier. C'est un colloque enragé de ces coteaux charmants, transformés en redoutes ; toute la campagne est en révolte ouverte contre Paris.

Du haut du moulin de Montmartre, de l'avenue de Neuilly, le tir des fédérés répond mal à ces provocations ; le plus souvent il porte bien au delà du but, et leurs obus s'en vont jusqu'au milieu du plateau de Montretout, se perdre dans la terre ou ricocher contre quelque masure abandonnée.

Nous étions là, hommes et femmes, touristes et amateurs d'émotions diverses, armés de lunettes d'approche, comme nous aurions pu être aux exercices du polygone. C'était si intéressant, que nous ne songions pas toujours que ces tirs faisaient répandre des flots de sang français.

Plus clémente que les hommes, la température se prêtait admirablement à ces excursions guerrières ; le printemps, en prodiguant autour de nous ses charmes languissants, nous avait préparés à ce bienheureux état de l'âme où s'étaient endormies peu à peu les indignations et les angoisses des premiers jours. Il faisait une douce chaleur d'été. Ce n'était pas seulement agréable aux désœuvrés de Versailles ; c'était surtout profitable aux soldats qui, du moins, n'avaient point à lutter contre les intempéries. Ils pouvaient bivouaquer la nuit, et même se coucher à terre sans trop d'inconvénients.

Comme ils étaient aimés et choyés, ces bons soldats ! Si nous en rencontrions, revenant de quelque combat ou allant à la rencontre des insurgés, nous leur faisions donner à boire dans les cabarets de la route ; nous leur glissions des cigares et du tabac. A Versailles, c'étaient de continuelles attentions et les meilleurs échanges de procédés entre civils et militaires. La capitale provisoire de la France avait des tendances à devenir une petite Capoue ; il y avait même, pour les officiers, au retour des expéditions, des intermèdes galants qui leur faisaient prendre en patience les lenteurs du siège.

Une des choses que l'on aimait beaucoup à aller voir, c'était l'arrivée des convois de prisonniers. Ce spectacle nous était donné à toute heure du jour. On se rendait sous les grands ormes de l'avenue de Paris ; on se promenait ou l'on s'asseyait sur les banquettes. On ne tardait pas à voir paraître à l'extrémité de l'allée principale, non loin de la barrière de Viroflay, une masse confuse s'avançant dans un pêle-mêle de cavaliers et de chariots. La poussière, soulevée par les pas des gens et des chevaux, entourait d'une sorte de nuée flamboyante ces groupes éclairés par le soleil: « Les voilà ! les voilà ! » criaient les promeneurs et les promeneuses en se précipitant vers la chaussée. Au bout de quelques instants passe, devant nos yeux, un troupeau humain, hâve, déguenillé, tout en loques, mélange d'hommes robustes, de vieillards encore fermes, de pauvres diables pliés en deux et se traînant douloureusement appuyés sur leurs voisins. Les uns ont des chaussures, les autres des savates, les autres sont pieds nus ; ceux-ci portent des képis, ceux-là des chapeaux déformés ; il y en a beaucoup qui marchent les cheveux au vent, la barbe flottante, l'œil ardent. Ceux qui sont vêtus ont des pantalons à bandes rouges et de vieilles capotes de drap marron ; après avoir recouvert, six mois durant, les mêmes épaules et avoir été roulés un peu partout, ces costumes n'ont plus ni forme ni couleur.

Une tenue plus indescriptible encore que celle des

prisonniers, c'est la tenue des prisonnières. La plupart ont à peine des jupons rajustés tant bien que mal par des épingles ; d'autres, en marchant, retiennent les leurs avec la main. Ce sont cheveux dénoués et ébouriffés, visages suant le vice et la colère, regards bas et suppliants. Parmi ces bacchantes débraillées, j'ai aperçu quelquefois des maritornes et des viragos comme je n'en eusse point rêvé. Celles-ci, robustes et le visage émérillonné, représentent assez bien le type de la Liberté tel que l'a conçu le poète de *la Curée :*

Qui du brun sur la peau, du feu dans les prunelles,
Agile et marchant à grands pas.

Il en est dont le sexe n'est plus reconnaissable : Elles ont ajusté des coiffures d'hommes à des corsages de femmes ; le tout se termine par des pantalons bouffants et des guêtres de zouaves. Le visage est noir de la fumée des bassinets. C'est la femme guerrière, celle qui déverse sur la société les colères de sa nature bestiale et le trop plein de ses hystéries. Comme contraste à ces furies exubérantes, on peut voir se dresser, au milieu du troupeau grouillant, une personne rigide, étroitement enfermée en sa pauvre robe noire de quakeresse, comme un parapluie dans son fourreau ; elle a des bandeaux de cheveux plats et grisonnants, un chapeau de feutre pointu planté droit sur son occiput ; elle marche sans regarder de côté, du pas ferme et résigné des martyrs que l'on mène au supplice. Cette prisonnière est évidemment exténuée ; elle est blême ; une transpiration malpropre coule le long de ses joues ; sa robe a des plaques de poussière blanche. Je crois que c'est une libre penseuse, quelque pauvre femme dont les charmes et l'esprit furent toujours incompris.

Tout le troupeau est mené, tambour battant, par les cavaliers, le revolver ou le sabre au poing. Durant le trajet, la moindre tentative de rébellion ou d'évasion est réprimée à coups de sabre. Dans le chariot qui suit le convoi, quelques malheureux ont reçu, de cette manière, des blessures qui ne les ont pas mis seulement hors d'état de fuir, mais qui les ont même empêchés de continuer à marcher.

Un jour que je m'étais avancé jusqu'en dehors de la ville, je fus témoin d'un coup de sabre donné par un gendarme à une jeune citoyenne qui, au moment d'entrer dans Versailles, avait voulu rompre les rangs et s'enfuir dans la campagne. Arrêtée, elle essaya de se sauver encore et tira un couteau pour frapper le cavalier à la jambe. C'est en faisant ce geste qu'elle reçut un coup de tranchant de sabre entre les deux doigts mitoyens de la main gauche et qu'elle eut cette main fendue jusqu'à la naissance du poignet. Le sang ruisselait par la fente béante, comme par un tuyau ; on voyait les deux lambeaux séparés pendre au bout du bras. La malheureuse ne put faire que quelques pas. Elle allait tomber sur la route, lorsque le sous-officier lui dit de monter dans la carriole ; elle fit un effort ; elle posa le pied sur le marche-pied et saisit le bord du véhicule avec la main qui n'était point blessée. Elle ne put s'enlever seule; on la souleva. Par un mouvement instinctif, elle chercha, de sa main gauche, la barre du devant ; je vis deux horribles mains, l'une de trois doigts et l'autre de deux doigts seulement, décrire une courbe en répandant du sang. Le mouvement les fit se fendre et se disjoindre. La femme poussa un cri et retomba sous les roues ; on la ramassa évanouie et on la coucha dans la carriole parmi les autres blessés.

La foule qui voit défiler devant elle ces prisonniers ne sait point modérer ses transports ; elle voudrait se ruer sur eux et les mettre en pièces. J'ai vu des dames, d'apparence bien douce, au comble de l'exaspération, s'oublier jusqu'à frapper, de leur ombrelle, de pauvres diables à qui ces traitements semblaient puérils à côté de ceux qui les attendaient. Tous ceux qui nous arrivaient ainsi sous bonne escorte, étaient aussi mal traités que s'ils eussent été coupables de tous les crimes qui se commettaient à Paris.

C'est pour avoir voulu faire entendre en faveur des prisonniers quelques paroles de pitié, que quelques assistants se font un mauvais parti. Tel fut le cas d'un journaliste que je suis censé avoir sauvé d'un grand péril. Ce journaliste, témoin d'un coup d'ombrelle donné à un prisonnier, ne put contenir un mouvement de réprobation ; aussitôt, on lui cria qu'il était lui-même un communard ; on l'entoura ; on le menaça. Un officier se trouva là, qui intervint contre le protecteur des communards. Il ne le connaissait point ; personne, dans cette mêlée, ne le connaissait. C'est pourquoi on le traîna au poste de police de la rue Jouvencel. En voyant enlever un confrère, je me mêlai à l'escorte de ses persécuteurs. Je le connaissais de nom et de vue ; de nombreux dissentiments séparaient nos journaux et nos partis respectifs. Lui, m'apercevant, me dit : « Monsieur, je vous en prie, ne me quittez pas. » Je l'assurai qu'il pouvait compter sur moi. Devant le commissaire, plusieurs personnes, parlant à la fois, déclarèrent qu'elles amenaient un insurgé pris sur l'avenue de Paris.

Le magistrat ne douta point que ce ne fût un évadé du train des prisonniers : « Que faisiez-vous là, Monsieur ? dit-il sévèrement, qui êtes-vous ? votre nom ? » — « Monsieur va vous le faire savoir », répondit le confrère en me désignant. C'est ainsi que j'intervins dans l'interrogatoire. Je dis au commissaire et à toutes les personnes présentes : « Monsieur est un rédacteur du *Journal des Débats* ; il s'appelle Louis Ratisbonne. » Cette révélation termina le drame. M. Ratisbonne fut rendu à la liberté ; ceux qui l'avaient arrêté ne furent point sans éprouver, je crois, quelque confusion de leur méprise.

Ici se place naturellement l'assez plaisante aventure qui arriva à M. Édouard Lockroy et qui eut aussi son dénouement à Versailles. Ce fut, pendant tout un jour, un intéressant sujet de conversation. Depuis que, suivant l'exemple de MM. Millière, Razoua et Floquet, il avait donné sa démission de député, M. Édouard Lockroy était beaucoup plus à Paris qu'à Versailles; il finit même par ne plus bouger de Paris; mais là, il ne tarda pas à comprendre à quel point il s'était fourvoyé; il n'y avait décidément rien à faire pour lui dans cette mauvaise compagnie des gens de la Commune. Avec un flair qui fait honneur à sa perspicacité, M. Lockroy dut se dire à part lui : « Je voudrais bien m'en aller. »

C'est ce qu'il fit dans la matinée du dimanche 16 avril. Il imagina de sortir de Paris en voiture; muni d'un laissez-passer de la Commune, il s'aventura sur la route de Vanves. Bientôt il fit la rencontre d'un poste de cavalerie dont le chef lui demanda qui il était : — Je suis Édouard Lockroy, député. — Lockroy peut-être, mais député nullement; vous avez donné votre démission. — Le voyageur baissa la tête. — Et où allez-vous ainsi? reprit l'officier. — Où je vais?..., dit Lockroy, je vais dans une maison de campagne que je possède dans ces environs.

On le conduisit au général commandant qui l'interrogea, et auquel il fit de si charmantes réponses qu'il fut sur le point d'être relâché ; mais quelqu'un émit l'avis qu'il serait peut-être bon d'en référer à Versailles. — Soit ! dit le général commandant. Et voilà M. Édouard Lockroy dirigé sur Versailles. Il parut moins ému de ce voyage que si on l'eût réintégré dans Paris. Cette prise en rase campagne le ramenait heureusement à son point de départ. Beaucoup de personnes jugèrent qu'en allant errer sur la route de Vanves, l'ex-député marchait au-devant de cette mésaventure.

Ce petit plan ressortit encore davantage des explications que M. Lockroy sut donner aux autorités militaires et à M. Thiers lui-même. Il s'arrangea d'abord pour ne point rester dans la prison où on l'avait conduit ; il obtint d'être amené, sous bonne escorte, à la résidence du chef de l'État. Là, il exposa que sa santé lui interdisait le séjour de la prison. De même que, sous l'Empire, ce tempérament, déjà bien délicat, avait obtenu de passer, chez le docteur Duval, du côté de Neuilly, le temps qu'il était condamné à vivre, en compagnie d'autres réfractaires, dans les préaux de Sainte-Pélagie ; de même à Versailles il sut échapper au sort du commun des prisonniers. M. Thiers, croyant entrer dans le système de défense de M. Lockroy, lui voulut accorder qu'il n'était point réellement démissionnaire de l'Assemblée, à cause d'une formalité qui, disait-il, n'avait pas été remplie : sa démission n'était point acceptée dans les formes.

Le prisonnier ne demandait pas une si grande faveur ; il se fit donner une chambre séparée à l'hôpital militaire. Il y fut à peine gardé et ne tarda pas à pouvoir en sortir. Quand il eut reconquis sa liberté, le seul usage qu'il n'eut pas envie d'en faire, ce fut de retourner au siège de la Commune. M. Lockroy est redevable, sinon au stratagème qu'on lui prête, du moins à un heureux hasard, d'avoir échappé, en temps opportun, à deux périls également redoutables : aux représailles de ses amis de l'Hôtel de Ville et à la justice du conseil de guerre.

Les autres pauvres diables des deux sexes, ramassés autour de Paris ou pris dans les rencontres, devinrent très encombrants ; on les entassa d'abord dans les grands bâtiments qui font face au château. Séparés par l'avenue de Paris, ces édifices jumeaux et symétriques furent primitivement destinés à loger les équipages du roi. Ils ont eu, depuis ce temps, diverses destinations. J'y ai vu installer, en 1851, l'institut agronomique ; j'y ai vu des expositions florales et des comices agricoles. Néanmoins, on les désigne toujours sous le nom de Grandes et de Petites-Écuries. Ce sont deux palais. Ils se creusent en fer à cheval et contiennent, à tous les étages, des salles immenses, froides et nues, où il semble que l'on pourrait faire manœuvrer une armée.

Le mois d'avril n'était pas encore fini que ces bâtiments regorgeaient de prisonniers; on les laissait là, plusieurs jours, dans les salles basses et dans les caves, avec quelques brassées de paille sur lesquelles ils se couchaient, nourris de pain de munition, abreuvés d'eau fraîche et assez rudement traités par tout le monde. Cette incarcération préalable et comme préventive était une sorte de dépôt d'où chaque prisonnier ne sortait que pour comparaître, à la file, devant un des commissaires de police installés dans une des pièces du premier étage. Il y avait un nombre considérable de ces commissaires; on avait recruté tous ceux de Paris ou de la banlieue, qui avaient dû céder leur place à des personnages étranges, installés par les nouvelles autorités. Ils siégeaient devant une table, dans un coin de la vaste salle, assistés d'un secrétaire et de deux ou trois gardiens de la paix. Sur des bancs rangés le long des murailles froides et nues, des gendarmes alignaient les prisonniers pris au hasard dans les entassements humains des sous-sols.

C'est là que Callot et Daumier eussent pu faire, sur le vif, des études de physionomies, de tournures et de tenues. Ce sont des collections de visages barbus, blêmes, encrassés de souillures de toute sorte; visages moroses, bêtes, quelques-uns féroces, le plus grand nombre accablés ; têtes blanches, brunes ou blondes, sordides, ébouriffées, appliquées, comme des taches, sur le mur blanc de chaux ; des amas de costumes moitié civils, moitié militaires ; capotes sans boutons, képis sans visière, pantalons en ruines, chaussures déjetées ou crevées ; friperie sans forme et sans couleur, mais non sans odeur, traînée dans les rues, dans les bouges, frottée à tout ce qui use et à tout ce qui salit ; affreux déguisements sous lesquels se cachent des corps amaigris d'ouvriers en rupture de famille et de travail, des squelettes de bandits étiolés, calcinés et altérés.

M. Macé, commissaire de police, dirige ces interrogations. Chaque prisonnier est poussé par devant le commissaire qui lui dit : — Votre nom ? — Votre âge ? — Où êtes-vous né ? — Votre profession ? — Pourquoi vous êtes-vous mis parmi les insurgés ? Ces cinq questions ouvrent invariablement tous les interrogatoires. A la cinquième question, il n'y a pas beaucoup de prisonniers qui ne répondent : — Je me suis mis avec les fédérés parce que je n'avais pas d'ouvrage et que l'on me donnait trente sous par jour. Quelquefois, selon qu'il est investigateur et intelligent, le magistrat pousse plus loin l'interrogatoire.

On permettait à quelques personnes, curieuses par nature ou par état, de s'asseoir auprès du commissaire instructeur : je me rencontrai là, souvent, soit avec M. Ludovic Halévy, l'esprit le plus observateur que je connaisse ; soit avec M. Alexandre Dumas qui n'en était pas encore aux femmes qui votent et qui tuent ; soit avec Cham le caricaturiste, dont l'examen de tous ces types bizarres excitait au plus haut point la verve et l'intérêt. Ces trois philosophes d'espèce différente les voyaient chacun avec ses lunettes. Le premier excellait à saisir les côtés burlesques ou excentriques de la physionomie et de la mise ; le second semblait chercher quelque chose de plus profond et de plus impénétrable. Cham ne voyait que les côtés tristes et moroses.

Ce qui nous captivait surtout, c'étaient les courts dialogues entre les commissaires et les prisonniers. La déclaration de l'âge, du lieu de naissance, de la profession avait bien son importance. J'y voyais qu'on pouvait aimer la guerre civile à tout âge, mais particulièrement au sortir de l'adolescence. C'est à ce moment que toute chimère semble réalisable, que l'on a d'autant plus d'audace qu'on est pourvu d'une moindre connaissance des difficultés et des périls. La vie, à son début, permet de tout espérer et de tout entreprendre. Il y a aussi l'insurgé par désespoir ; c'est le vieil insurgé qui a manqué sa vie ; joueur en continuelle déveine, qui risque sa peau comme suprême enjeu. Ce dernier, si on lui demandait : « Pourquoi vous êtes-vous mis avec les insurgés ? » regardait fixement le magistrat, souriait et ne répondait pas.

Le lieu de la naissance n'était pas indifférent. Il y

avait, parmi les prisonniers, des Parisiens en nombre, quelques Gascons, des masses de Provençaux, fort peu de Normands, point de Bretons. Les professions avouées par les insurgés n'étaient pas moins dignes de remarque ; pas un ne se dit jardinier ou cultivateur. Des mécaniciens, des cordonniers, des couvreurs, des gens de lettres ou se disant tels, un très grand nombre de fainéants, des déclassés, des propres à rien, il y en avait à plaisir.

Où nous fûmes le plus vivement intéressés, c'est lorsque, le commissaire ayant demandé à un individu de mine assez fûtée : « Pour qui avez-vous voté aux élections de 1869 ? » l'infortuné, baissant les yeux, d'un air repentant, répondit : « J'ai voté pour Picard ! » Le ton sur lequel il fit cette confession est intraduisible ; il y avait de l'ironie, du regret, du reproche, du désenchantement amer. Évidemment, ce citoyen avait fait du chemin depuis M. Picard. Le commissaire nous dit : « Si c'était à recommencer, il ne voterait plus aujourd'hui pour Picard. »

L'interrogatoire des femmes était le plus laborieux ; dominées par un besoin de mentir qui les faisait balbutier devant les questions les plus simples, elles trompaient sur leur pays, sur leur profession et surtout sur leur âge.

Ce qui ressortait le plus clairement de cette instruction sommaire, c'était une certaine incohérence, un vague incroyable dans les idées de ces premières épaves de la guerre civile. Ceux-là seulement savaient bien pourquoi ils s'étaient battus, qui l'avaient fait pour la solde de trente sous. Quant aux autres, ils donnaient un terrible démenti à cette proposition attribuée à un fervent républicain de notre temps : « La guerre civile est la seule guerre raisonnable, parce que c'est là seule où l'on sache pourquoi l'on se bat. » Dans la guerre civile de 1871, c'était précisément ce que l'on savait le moins.

Au sortir de ces interrogatoires, les prévenus sont classés par catégories et dirigés sur divers points de la ville, où des prisons ont été improvisées. Les femmes ont leurs domiciles tout préparés dans le quartier des Chantiers. Là, s'élève, spécialement réservée pour elles, une maison de détention, habituellement déserte, qui, tout à coup, s'emplit et déborde. Ce personnel féminin est affreusement mêlé ; on y entend des cris, des gémissements et des imprécations. Il faut deux jours à une femme pour prendre son parti de sa nouvelle situation. Ce temps écoulé, elle rentre dans son naturel ; si elle est laborieuse, elle demande du travail ; elle cherche par tous les moyens des occupations qui lui rappellent son intérieur perdu. On y trouve la mère de famille arrachée, par la tourmente du siège et de la guerre civile, à ses habitudes pacifiques et correctes. Ce qui lui fait le plus défaut, ce n'est point la liberté, c'est un mari à soigner, un petit ménage à gronder et à conduire. Il y a des mégères, des pétroleuses, des créatures innomées, sorties de l'orgie des cabarets borgnes ; mais plus nombreuses sont les vraies femmes, victimes expiatoires de l'égarement de leurs époux ou d'une passagère exaltation.

Une de ces égarées fut amenée aux Chantiers dans un état de grossesse très avancée. Elle ne tarda pas à être prise de douleurs. On voulut la conduire à l'hôpital pour y faire ses couches ; mais elle refusa de quitter la prison ; d'autres prisonnières insistèrent beaucoup pour qu'on la laissât parmi elles, promettant de faire le nécessaire. Il fut accédé à ce désir. Cet accouchement éclata comme une fête ; la malade était entourée des soins les plus empressés. Cette première délivrance sembla d'un heureux présage pour celle que la prisonnière attendait de la clémence des tribunaux. Elle avait toujours près d'elle dix servantes empressées qui, au moindre signe, allaient et venaient, portaient des tisanes ou des bouillons, obéissaient ponctuellement au médecin. Pendant que les unes étaient à la mère, d'autres s'occupaient de l'enfant. Tout à coup soumises et domptées par la pratique du devoir maternel, ces insurgées passaient la nuit dans ces occupations et dans ces tendresses, plus alertes et plus dévouées assurément qu'elles ne l'eussent été, en tout autre lieu et en tout autre moment, si pareille occasion se fût offerte d'obliger une voisine.

Le nouveau-né posséda donc autant de mères que sa mère véritable avait de compagnes de captivité. Il fut lui-même, en entrant dans la vie, un pauvre petit captif. Il ne fit point seulement la joie de celle qui le mettait au monde ; il consola aussi toutes celles qui l'aidèrent à y venir !

On a trouvé, pour mettre les hommes en sûreté, un lieu charmant et historique : c'est l'Orangerie. Encaissée entre les deux titanesques escaliers de pierre formés chacun de cent marches, dominée par les grandes plates-bandes de la terrasse du château, l'Orangerie s'ouvre au sud-est, sur la pièce d'eau des Suisses. Elle est formée d'un large préau, où s'alignent en été, dans leurs caisses vertes, les arbustes odorants et séculaires qui ont vu les dernières monarchies. L'hiver, les orangers trouvent un abri dans des cryptes vastes et profondes. C'est dans ces asiles charmants que la férocité du gouvernement de Versailles logea d'abord les insurgés pris les armes à la main. Ils attendirent, parmi les fleurs, la justice des conseils de guerre, que devaient suivre de près les terribles angoisses de la déportation. Combien regrettèrent plus tard ces premières heures de leur prison préventive !

Le jour, par le beau temps et à certaines heures, il leur est permis de se promener par les allées, le long des plates-bandes. Il s'est trouvé, parmi ces captifs, des amateurs de jardinage qui ont obtenu la faveur de ratisser, d'émonder, d'arracher et même de faire de petites cueillettes. Comme ils se fussent volontiers consacrés, pour le reste de leur vie, à ce genre de travaux forcés ! Ils y oubliaient, pour un moment, le mauvais cas où ils s'étaient mis en prenant les armes contre le gouvernement de leur pays. Leurs mains, hier encore noires de poudre et durcies au contact du fusil, se sentaient comme purifiées et soulagées par le maniement de la bêche et du rateau.

La nuit, tous les prisonniers, rentrés sous les voûtes, trouvaient de la paille fraîche. Ils étaient dans des compartiments formés par des barrières de bois à hauteur d'appui. Je ne sais plus ce que signifiait cette division ; mais elle avait certainement sa raison d'être et l'on comprend que, dans ce débordement tous les jours grossissant de prévenus, la justice, pour ne point s'y perdre, ait dû faire une sorte de classification des crimes. Qu'ils fussent dans leurs salles ou dans leurs préaux somptueux, ces captifs, hier encore si ardents au combat, semblaient aussi inoffensifs que des bergers de Florian. Ils avaient presque tous des visages qui prévenaient en leur faveur ; ils souriaient aux curieux qui les venaient voir. On avait beau examiner leurs traits, on n'y trouvait point ces marqués phrénologiques de perversité que l'on remarque toujours chez les pensionnaires des maisons centrales. Le cadre charmant et pittoresque où ces types nous apparaissaient contribuait, pour une bonne part, à leur donner cette couleur d'innocence ; mais nous connûmes, par d'autres signes, que ces criminels étaient d'une qualité toute particulière.

Parmi les personnes de marque qui obtinrent la permission de les visiter, il y eut un jour le marquis de L..., Anglais d'une grande opulence et d'une largesse à l'avenant. Les prisonniers étaient dans les salles. Le marquis de L... s'approcha des barrières et sonda du regard la profondeur des voûtes. Pris d'un élan de philanthropie pour ces malheureux, il demanda et obtint la permission de leur faire quelques dons. Appuyé contre la barrière, il plongea ses deux mains dans les poches de son pantalon, les retira pleines de pièces d'or et d'argent et les tendit largement ouvertes aux prisonniers, leur disant qu'il était heureux de pouvoir leur procurer le moyen de s'acheter du tabac ou toute autre chose dont ils auraient envie. Un grand nombre regarda curieusement l'étranger et ne bougea point ; ceux qui acceptèrent ses offres, en usèrent avec une telle discrétion que l'Anglais eut beau faire : il ne trouva que le placement de ses pièces de cent sous et de la menue monnaie. Du reste, les captifs furent touchés au dernier point du procédé de l'insulaire ; pour lui montrer leur reconnaissance, les jardiniers cueillirent de splendides bouquets qu'ils offrirent aux deux dames qui accompagnaient le marquis de L...

Un autre jour, je fus témoin d'une singulière alerte : deux femmes éplorées, l'une d'âge mûr et l'autre beaucoup plus jeune, arrivèrent en poussant des cris devant la grille de l'Orangerie ; c'était une mère et sa fille. Elles venaient de Paris à la recherche d'un mari et d'un père. Pauvres femmes suant la misère, en haillons, pâles, l'œil hagard ! Depuis le matin elles étaient envoyées de Caïphe à Pilate.

Devant cette prison où le regard et la voix pouvaient pénétrer, un espoir leur était venu ; elles scrutaient les groupes de prisonniers ; elles appelaient l'homme dont la perte les mettait au désespoir. La sentinelle les voulut écarter ; ce fut en vain. On les interrogea ; la mère, suffoquée de sanglots, répondit que son mari lui avait été pris par les fédérés, qu'elle ne l'avait point vu depuis une semaine, qu'il ne pouvait être que prisonnier ou mort. Pouvait-on se refuser à lui faire connaître son sort ? Si on la violentait, elle allait se tuer là, avec sa fille.

Celle-ci, pendant le récit affolé de sa mère, courait éperdue devant la grille ; à chaque instant, elle croyait apercevoir celui qu'elle était venue chercher. Elle l'appelait ; mais aucun de ces captifs, errant par les allées ou adossés aux hautes murailles, ne répondait à la voix de la pauvre enfant. Les deux femmes passèrent une longue demi-heure à appeler et à se lamenter ; on ne put faire autrement que de laisser un libre cours à cette poignante douleur. Elles finirent par abandonner la place et prirent le chemin de Satory, où elles ne doutaient point qu'elles trouveraient leur prisonnier.

Il y était en effet; mais elles ne purent le voir que le lendemain. Ce furent des cris et des joies, des reproches, des larmes. Des scènes de cette nature se renouvelaient souvent; ce n'étaient pas toujours des épouses éplorées, c'étaient quelquefois aussi de féroces vésuviennes qui demandaient à partager le sort de leurs maris ou de leurs amants, des mères irritées invectivant leurs fils et leur criant, du dehors, combien ils étaient misérables.

Que de choses n'avons-nous pas vues au fond de ce verdoyant préau de l'Orangerie? — Le spectacle était bien différent de ce que l'on apercevait autrefois dans ce décor somptueux, alors que des seigneurs en longues perruques, poudrés à frimas, vêtus de velours ou de soie gorge de pigeon, l'épée en verrou, le tricorne sous le bras, le mollet tendu, descendaient l'escalier royal des cent marches. Ils saluaient les duchesses à longues traînes, minaudant sous les mouches et le fard. Nous sommes loin certainement de ce fourmillement d'élégantes et vives couleurs; mais il n'est pas moins digne d'intérêt de contempler ces péripatéticiens en blouse et en casquette, circulant dans leur jardin enchanté.

Au-dessus d'eux, un monde très mêlé et bigarré se penche sur les balustres de pierre comme dans les

7

grandes architectures de Paul Véronèse. Au bord des hautes terrasses incendiées par le soleil, parmi des messieurs coiffés de petits chapeaux ronds, de gracieuses contemporaines, en robes voyantes, agitent des ombrelles printanières. Comme fond de tableau, un large espace d'ombre, l'immense miroir de la pièce d'eau des Suisses, couché dans son cadre de verdure, reflète les cimes inclinées des grands arbres et le groupe solitaire du cavalier Bernin. Des soldats en pantalons rouges et en bras de chemise trempent leurs hardes dans l'eau verte; ils ont des refrains de chansons et des appels sonores qui font parler tous les échos. De ses forts avancés, Paris envoie, sur ces tableaux étranges, des souffles lointains d'artillerie. Ces brutales giboulées ajoutent à la grandeur de ce tragique printemps.

Nos journées déjà longues sont remplies de tous ces loisirs; on va de distraction en distraction; c'est une perpétuelle émotion et un perpétuel divertissement. Chacun, peu à peu, a pris ses habitudes et s'est installé dans la guerre civile comme si elle ne devait plus finir. Les Parisiens, toujours gais philosophes, ont trouvé, à Versailles, leurs journaux, leurs restaurants, leurs cercles, leurs relations galantes, et jusqu'à leurs banquiers.

Chassé de Ville-d'Avray par le voisinage importun des canonnades, j'avais pu me loger au quatrième étage d'une vieille maison de la rue de la Paroisse. Là, tous les matins, j'entendais une voix qui déclamait et un bruit de pas qui arpentaient la chambre voisine. C'était M. Gregory Ganesco élaborant un article pour la *Liberté*. M. Ganesco n'était pas, il s'en faut, un désagréable compagnon. Dès l'aurore il allait voir M. Barthélemy Saint-Hilaire et il en rapportait toujours quelque intéressante nouvelle. Très perspicace, il voyait tout, entendait tout, écrivait sur tout et donnait, l'après-midi, des consultations politiques à des députés républicains. On serait étonné si je citais les noms de ceux que j'ai vu venir lui demander des idées et des plans de discours. M. Ganesco, dans ce temps-là, ne doutait point de l'avenir de la République ; il croyait aussi à la destinée de M. Thiers et il n'avait pas encore désespéré de la sienne, à lui Ganesco.

Ce fut également vers cette époque que le libraire Lachaud arriva lui aussi à Versailles. Il avisa M. Francisque Sarcey et conçut, avec cet écrivain, le plan d'un pamphlet populaire qu'il baptisa : *Le Drapeau tricolore*. « Ils ont pris pour symbole, disait M. Sarcey dans son premier article, le drapeau rouge, un haillon couleur de sang : cette brochure s'appellera *Le Drapeau tricolore;* c'est le drapeau de la nation française. » Heureuse idée qui fut bien accueillie du public. Tourmenté par les courants impétueux qui déchiraient l'atmosphère, le *Drapeau* de M. Sarcey s'enflait et claquait sous la tourmente ; il allait un peu à tous les vents, mais ne se laissa jamais effleurer par aucun vent d'anarchie. Un jour, le *Drapeau* nous rapportait le jugement de M. Thiers sur M. Jules Ferry, maintenu préfet de la Seine : « Pour un homme fort, je ne crois pas que ce soit un homme bien fort, bien fort. C'est un pauvre administrateur, mais il n'est pas sans mérite ; je vous assure qu'il n'est pas sans mérite... Et d'ailleurs, je n'en avais pas d'autre sous la main. » Ainsi parlait M. Thiers de l'homme à qui de récentes tentatives ont donné tant de relief.

Un autre jour, on lisait dans un des plis du *Drapeau* : « On pleure beaucoup dans ce gouvernement : M. Thiers pleure ; M. Jules Favre pleure ; M. Trochu pleure ; le général Changarnier pleure ; M. Simon, le plus tendre de tous, a des larmes dans la voix. » M. Sarcey ne replia son *Drapeau tricolore* que vers le mois de juillet. Le jour de l'entrée des troupes, il le porta dans Paris et l'y planta victorieusement.

Les journaux que l'on pouvait avoir, soit de Versailles, soit de Paris, on les lisait partout, plus souvent dans les rues qu'ailleurs. On avait cependant de petits cercles où, pour les commenter, on était plus à l'aise. En dehors des réunions de députés, groupés selon leurs opinions, nous eûmes une réduction du Jockey-Club. M. Charles Laffitte avait rencontré, presque en état de vagabondage, par les rues de Versailles, des membres de ce cercle; il les rassembla dans les bâtiments de l'ancienne préfecture, contigus à l'hôtel des Réservoirs dont ils font partie; il leur donna un domicile confortable, un couvert, matin et soir, et la partie de whist.

La haute finance fréquentait aussi ces salons. On y rencontrait le baron de Rothschild, M. Frémy et le baron de Soubeyran, gouverneur du Crédit foncier. Le gouverneur de la Banque de France se montrait aussi parfois dans ces environs; M. Rouland avait dû abandonner notre premier établissement de crédit à un honnête communard, M. Beslay, qui n'abusa point du dépôt. Le marquis de Plœuc et M. Marsaud étaient d'ailleurs restés à leurs postes.

Des personnes d'une autre catégorie se réunissaient, à l'heure des repas, dans un petit salon de l'hôtel des Réservoirs, voisin de la salle commune. Je retrouvai là une partie de la société que j'avais vue, soit à Tours, soit à Bordeaux, groupée autour de M. Thiers. Il y avait M. Genty, M. Gibiat, l'infortuné Guyot Monpayroux, le commandeur Nigra, ministre d'Italie et quelques anciens fonctionnaires, admis aux entretiens de cette table qui ne fut pas hospitalière à tout le monde.

Autour de ces convives gravitait une rayonnante constellation de femmes aimables, très empressées auprès des riches amateurs de la rue des Réservoirs, et toutes prêtes à charmer leurs loisirs.

Il y en avait d'une autre sorte appartenant à un monde des plus distingués; pauvres exilées de la grande vie parisienne à qui les deux sièges successifs faisaient une villégiature trop prolongée. C'étaient la princesse de M..., Mme de P..., la marquise de G..., et d'autres dames de beauté ayant donné le ton aux élégances du dernier règne. Elles attendaient, avec une angélique patience, que l'anarchie eût pris fin, et ne semblaient point trop s'ennuyer à Coblentz. Les loisirs qu'elles laissaient à ceux de leurs cavaliers qui n'étaient point belligérants, étaient employés par ces derniers à fomenter de petits complots politiques du caractère le plus anodin. Je puis, sans trahir aucun secret, rapporter ici que le club des Réservoirs était un véritable petit antre de conspiration. On s'y accordait volontiers, mais de façon platonique et spéculative, entre hommes et femmes. L'avis général était que, la Commune vaincue, la monarchie était imminente. On chercha par quel moyen on pourrait bien rétablir cette chose si désirable; mais on ne trouva ce moyen que deux ans plus tard, lorsque l'occasion fut perdue.

CHAPITRE IV

Sommaire. — Les complots de l'Assemblée et les difficultés de la conférence de Bruxelles préoccupent M. Thiers. — Les ruses de M. de Bismarck. — Il menace M. Thiers d'une restauration napoléonienne. — Arrestation de M. Rouher. — M. Thiers veut faire arrêter aussi M. Gambetta. — Il se décide à précipiter le dénouement du siège de Paris. — Ses intelligences dans la place. — Le docteur Troncin-Dumersan courrier de cabinet et agent de M. Thiers. — Ses voyages quotidiens. — Son influence dans les deux camps. — L'armistice de Neuilly. — M. Thiers entreprend le trafic des consciences. — L'affaire dite des *brassards* tricolores. — Le docteur Troncin est sur le point d'être arrêté. — Il obtient un sauf-conduit de Dacosta, secrétaire de Raoul Rigaut. — Fausses alertes données à l'armée. — Le colonel Laperche et Rossel. — Effet de terreur produit à Versailles par les nouvelles de Paris. — M. Pessard jure de ne plus faire d'opposition. — Déclarations de M. de Bismarck dans le Reischstag en faveur de la Commune. — Bonheur inaltérable des Français. — M. Thiers fait toutes les concessions possibles à l'Allemagne. — Signature du traité de Francfort. — L'Allemagne nous rend tous nos prisonniers.

M. Thiers n'avait point trop de peine à préserver son âme de tout excès de sensibilité ; il avait bien entrevu quelques trains de prisonniers, passant sous ses fenêtres ;

mais il n'avait pas visité les prisons ni suivi, comme nous, les interrogatoires. On lui rendait compte, le soir, d'une façon sommaire de ce qui avait été dit de saillant devant les commissaires, des découvertes que le pénétrant M. Macé croyait avoir faites ; c'était tout ce que le chef de l'État pouvait et désirait connaître. Il avait la tête ailleurs que dans les prisons ; il s'occupait d'autres sujets que du malheur des veuves et des orphelins de la guerre civile.

Lorsque le mois d'avril tirait à sa fin, M. Thiers avait moins de souci des opérations militaires, que de ce qui se tramait dans l'Assemblée et particulièrement de la mauvaise tournure que sembla prendre, un moment, la conférence de Bruxelles.

L'Assemblée nationale avait achevé, le 14 avril, de discuter et de voter sur la loi municipale ; elle avait fabriqué cette loi qui laisse aux communes de moins de vingt mille âmes le droit de choisir leurs maires. C'était comme une convention tacite, depuis l'incident des maires de Paris, de ne point mêler aux débats quotidiens des questions irritantes sur ce qui occupait exclusivement tous les esprits. L'effort était méritoire ; le pouvoir exécutif n'eut point sujet de se plaindre de ce que le pouvoir législatif entravât son action. Cependant s'ils ne s'occupaient, en séance, ni de la guerre civile, ni des opérations de M. Thiers, ni des insolents défis des feuilles communardes, les membres de l'Assemblée, dans leur particulier, ne pouvaient se désintéresser de ce qui touchait, de si près, au salut de la France. Certains petits conciliabules de la majorité, d'accord avec les groupes mondains du cercle des Réservoirs, ne mettaient pas en doute l'impossibilité où l'on allait se trouver de faire durer la République. On se séparait, tous les soirs, avec la conviction qu'il était indispensable au salut de la France de préparer le retour d'un autre régime ; mais, le lendemain, on se retrouvait au même point sans que personne eût pu dire quelle sorte de régime il était indispensable de restaurer. L'on ne s'était pas encore entendu sur la fusion ; quant à l'Empire, c'était ce qu'il fallait surtout éviter.

De ce côté, M. Thiers n'était donc pas trop inquiet. Un plus grave motif de sollicitude lui venait du côté de l'Allemagne. Cette puissance affectait de penser que l'issue de la lutte, engagée entre la Commune de Paris et le gouvernement de Versailles, était pour le moins douteuse ; dans une séance du Reischtag, M. de Bismarck avait déclaré que le gouvernement impérial s'abstiendrait de toute immixtion dans les affaires de la France, à la condition toutefois que les principes posés par les préliminaires du 26 février, ne courraient aucun risque d'être compromis par le gouvernement de M. Thiers ou par tout autre. Dans le cas où M. Thiers ne pourrait venir à bout de l'insurrection, le cabinet de Berlin, pour éviter que les résultats territoriaux et financiers, obtenus par

7.

l'Allemagne, fussent en péril, sortirait de son abstention et mènerait ce dernier acte de la guerre avec la même vigueur qu'il avait mené les autres.

M. de Bismarck ne se contenta point de ces vagues menaces. Il crut ou feignit de croire que les plénipotentiaires français à Bruxelles, M. de Goulard, M. le baron Baude, M. de Clercq et M. le général Caillé cherchaient à gagner du temps et apportaient quelque mauvais vouloir dans le règlement de certaines questions de détail. Partant de cette hypothèse, il résolut de frapper sur M. Thiers un de ces coups dont il savait, par avance, que l'effet était assuré. J'ai appris, par un livre de M. J. Valfrey sur le traité de Francfort (1), quel fut le stratagème de M. de Bismarck. Il fit faire ostensiblement des démarches auprès de l'empereur Napoléon comme s'il eût pensé à conclure avec lui les arrangements que M. Thiers hésitait à accepter. Cette tactique avait admirablement réussi au cours de la guerre ; ceux qui ont été initiés au secret des premières négociations de Versailles, racontent que, tandis qu'il tenait M. Jules Favre dans une chambre de son habitation de la rue de Provence, le chancelier allemand tenait, dans la chambre en face, M. Clément Duvernois. Celui-ci, dissimulé sous le nom de M. Duparc, représentait les intérêts de la dynastie

---

(1) *Histoire du Traité de Francfort et de la libération du territoire*, par J. Valfrey. (Première partie.)

impériale. Il allait de l'un à l'autre ; pour faire accepter au ministre républicain à peu près toutes les clauses qu'il voulait, il lui suffisait de dire que l'agent impérial es avait acceptées. Lorsque arrivèrent les événements de mars, M. de Bismarck jugea opportun de recourir à ce même expédient.

M. Thiers apprit donc que des démarches avaient été tentées à Londres auprès de Napoléon III de la part du cabinet allemand, et que, de ces démarches, il résultait que, s'il plaisait à l'empereur de rentrer en scène, il ne tenait qu'à lui : il lui suffisait d'assumer la responsabilité de la paix entre la France et l'Allemagne par un traité final. S'il eût mieux connu l'empereur Napoléon, M. Thiers eût été bien tranquille sur le sort de propositions auxquelles ni son intérêt ni sa dignité n'autorisaient l'empereur à souscrire. Le souverain détrôné pouvait-il sanctionner un démembrement territorial qui résultait de désastres accomplis après sa chute ? Il eût plutôt exigé que Metz fût rendue à la France. Il ne pouvait convenir à M. de Bismarck d'acheter la paix à ce prix.

A la seule idée d'une restauration bonapartiste, M. Thiers était si troublé, qu'il en perdait le discernement. S'il voulait rentrer en possession de lui-même, d'habiles indiscrétions commises par des agents qu'il croyait à sa solde, et qui étaient bien plus encore à la solde de M. de Bismarck, lui apportaient d'effrayantes indiscrétions sur les relations de Berlin avec Chislehurst. Sous l'influence d'une telle panique, le chef autoritaire de cette république provisoire ordonna l'arrestation de M. Rouher qui venait de débarquer à Boulogne. Il ne doutait point que l'ancien ministre de l'empereur ne portât, sur lui, quelque papier révélateur du complot qui tant l'agitait ; c'est dans une des poches de M. Rouher qu'il en espérait découvrir la preuve matérielle.

Aussi M. Rouher fut-il fouillé si brutalement par la populace, malgré les efforts apparents de la police, qu'il en eut sa redingote toute déchirée. On raconte qu'il fut mis presque nu. L'ex-ministre d'État se montrait fort étonné d'être l'objet d'une si grande animosité de la part des gens de Boulogne. Quand il eut été suffisamment fouillé et vidé de tout ce qu'il avait sur lui, il fut rendu à la liberté. Encore qu'il n'eût point trouvé sur M. Rouher ce qu'il cherchait, M. Thiers n'en resta pas moins sous le coup des appréhensions que M. de Bismarck avait su faire naître en son esprit. Ce qui les accrut démesurément, et jusqu'à la terreur, ce fut la déclaration formelle, qui fut transmise à Versailles dans les derniers jours d'avril, portant que l'Empire avait décidément les préférences de la Prusse, et que les prisonniers de guerre, restés en Allemagne, n'étaient pas dans d'autres sentiments. Je ne sais comment lui fut signifiée cette sorte d'*ultimatum* ; il est à croire cependant que ce fut par un message spécial. Toujours est-il que le pauvre M. Thiers fut plusieurs jours à se désoler sur les périls de la situation et à s'irriter un peu contre tout le monde. Il s'en prenait à la majorité, aux républicains, à ses meilleurs amis. Les menaces que lui adressaient les journaux de la Commune mettaient le comble à son désarroi ; il ne craignait guère pour sa vie, mais il craignait pour ses immeubles et particulièrement pour ses collections. Il voyait déjà sa maison en ruines et tous ses objets d'art mis au pillage.

Il cédait à des épanchements attendris, suivis de retours subits vers des résolutions énergiques, quelquefois voisines de la violence. Il eut un jour la fantaisie de faire arrêter M. Gambetta. Je ne saurais dire à quelle date précise de la fin d'avril ou du commencement de mai, correspond la mesure de rigueur projetée contre l'ancien ministre de Tours et de Bordeaux ; mais je puis assurer que, sur des indices fournis par la correspondance du ministère de l'intérieur, M. Thiers crut découvrir un lien de complicité entre M. Gambetta et les chefs de l'insurrection. Un ordre fut préparé et allait être envoyé, par le télégraphe, au préfet des Basses-Pyrénées de faire arrêter l'ex-dictateur, un jour qu'il repasserait, selon sa coutume, la frontière espagnole pour se promener à Bayonne ou à Biarritz. Cet ordre, un fonctionnaire du ministère de l'intérieur que je pourrais nommer, l'a eu entre les mains. Au moment de l'expédier, M. Picard le reprit, et persuada au chef de l'État qu'il serait peut-être bon de soumettre le cas au conseil des ministres. C'est par ce déclinatoire que M. Gambetta put éviter un désagrément qui certainement eût modifié du tout au tout le cours de sa destinée.

De tous les sentiments patriotiques ou simplement égoïstes qui, dans les derniers jours d'avril, se disputèrent le cœur de M. Thiers, il sortit une volonté unique qui fut comme la résultante de ses combats intérieurs. Il ne s'occupa plus que de précipiter le dénouement de la lutte engagée contre Paris. Sans doute il comptait, avant tout, sur l'action militaire que, du reste, il continuait à diriger presque seul avec le général Valazé. Le maréchal de Mac-Mahon acceptait, avec une résignation muette, cette direction occulte, se réservant à l'occasion de montrer qu'il n'ignorait ni les prérogatives ni les responsabilités de son commandement supérieur. Pour le moment, le duc de Magenta ne voyait point d'inconvénient à ce que M. Thiers conduisît le siège de Paris selon les vieilles méthodes, au moyen de travaux d'approche, de tranchées et de parallèles.

Un jour, le président de la République manifesta l'intention de se servir d'échelles pour s'emparer des remparts. Quelque déférence qu'il eût pour les avis et pour la personne du chef de l'État, le maréchal ne put s'empêcher de combattre cette manière de donner l'assaut; il démontra combien elle serait dangereuse, meurtrière et d'un résultat douteux. Il fallut bien renoncer aux échelles. Pour tout le reste, M. Thiers put agir à son gré.

Cependant, quelque bonne opinion qu'il eût de sa stratégie, quelle que fût sa confiance dans le bon esprit des troupes et de leur commandant supérieur, le chef du pouvoir exécutif jugea qu'il ne devait point négliger des moyens moins héroïques, mais peut-être plus sûrs, d'arriver à ses fins.

Pour surveiller de près les faits et gestes des communards et pour bien connaître, jour pour jour, ce qui se passait dans Paris, M. Thiers avait la bonne fortune de posséder un homme que sa position, ses relations, une bonne humeur soutenue et liante, rendaient propre à ce rôle difficile, souvent périlleux. J'ai déjà prononcé le nom de ce personnage; c'était M. le docteur Troncin-Dumersan. Docteur un peu déclassé, M. Troncin avait fait un peu de tout dans sa vie, même de la médecine. A Tours et à Bordeaux, pendant la période de la guerre, nous l'avions vu se rendre utile de diverses manières et élever, peu à peu, le niveau de ses services. A Versailles, le zèle du docteur atteignit les limites du plus aventureux dévouement.

Il avait conservé, auprès du ministre de l'intérieur, une position officielle très humble et de peu de relief.

Le 4 septembre, le 18 mars, pour contribuer aux emménagements et aux déménagements qui correspondent à ces deux dates, et pour aider les ministres arrivant ou partant à se débrouiller, il n'y eut pas comme le docteur Troncin. J'ai expliqué de quelle manière, après le 18 mars, il avait subtilisé la correspondance du ministère de l'intérieur, au nez et à la barbe du délégué du comité central. Depuis ce temps, M. Troncin s'était appliqué à trouver d'autres stratagèmes. Je me hâte de dire qu'il n'imagina rien, qu'il n'entreprit rien, au péril de sa liberté et de sa vie, qui ne fût pour la bonne cause.

Lorsque les communications par les voies ferrées furent interrompues, c'est-à-dire dès les premiers jours d'avril, M. Troncin-Dumersan ne renonça point pour cela à ses allées et venues quotidiennes. Alors que les fédérés ne laissaient plus entrer dans Paris quiconque en était sorti, et n'en laissaient plus sortir quiconque y était entré ; alors qu'ils refusaient même son libre parcours au personnel des ambulances, un employé du gouvernement, un affidé de la maison présidentielle, tout docteur qu'il fût, devait avoir moins de chance que personne d'échapper à cette rigoureuse consigne. M. Troncin, cependant, avait imaginé un moyen de se ménager, à Paris, une porte toujours ouverte. D'accord avec M. Thiers et avec le ministre de l'intérieur, il s'était constitué le messager de presque tous les représentants étrangers en résidence à Versailles. Il eut de l'ambassadeur d'Autriche, des ministres d'Italie, de Portugal et d'Espagne, dès pouvoirs en règle pour communiquer, tous les jours, avec leurs chancelleries ; il portait les dépêches de ces personnages, et tout ce qu'il leur plaisait d'expédier, sous le couvert inviolable de l'immunité diplomatique.

Cette manière de courrier de cabinet partait donc de Paris, chaque matin, de fort bonne heure, en un léger phaéton qu'il conduisait lui-même ; une personne de la légation d'Italie prenait place à ses côtés ; un domestique s'asseyait derrière. Sur un écriteau placé en évidence, on lisait : *Service des Ambassades* ; et, fouette cocher ! L'équipage filait par les quais et le plus souvent sortait par la porte de la Muette. Là, un citoyen, largement écharpé de rouge, le nommé Oudet, délégué à ce poste, abordait le phaéton ; il voyait les sauf-conduits, faisait ouvrir les portes, baissait les ponts-levis et saluait jusqu'à terre le service des ambassades. Le citoyen Oudet ou quelqu'un de ses subordonnés se fût bien donné de garde de faire la moindre investigation soit dans le véhicule, soit sur l'un des trois voyageurs. Ce délégué avait cependant une consigne, c'était de ne rouvrir la porte à M. Troncin et à ses compagnons pour leur retour à Paris, que si ce retour avait lieu le soir même, avec le même cheval et les mêmes personnes. On comprend quel soin prit toujours le docteur de donner au gouvernement de la Commune cette juste satisfaction.

Ces voyages profitèrent beaucoup plus à M. Thiers

qu'ils ne profitèrent aux diplomates pour lesquels ils étaient entrepris. Le but principal ne tarda pas à devenir le but secondaire de ces expéditions quotidiennes. Le président de la République, si on l'eût écouté, eût tellement accaparé M. Troncin-Dumersan qu'il ne lui eût point laissé un moment pour s'occuper des chancelleries. Il ne le chargea point seulement d'acheter et d'apporter tous les jours, à Versailles, le *Journal officiel* de la Commune et tous les journaux qui se publiaient alors à Paris ; il lui donna aussi pour mission spéciale d'établir une surveillance très active autour de l'hôtel de la place Saint-Georges, déjà mis sous séquestre.

M. Troncin faisait toutes les commissions du chef de l'État et bien d'autres encore que des personnes de marque lui confiaient. Il en avait souvent de fort délicates et de fort scabreuses. Je ne veux pas parler de M. l'avocat Liouville, dont il dut, un jour, charger son phaéton et qu'il porta jusqu'à Versailles dans les bras de son beau-père, M. Ernest Picard. Là seulement, M. Liouville fut à l'abri des haines que sa parenté lui attirait de la part des communards parisiens.

M. le docteur Troncin eut d'autres trésors confiés à sa garde. M. Marsaud lui donna cent mille francs en espèces pour compte de la banque de France; un autre jour, ce fut M. de Rothschild qui le pria de rapporter pareille somme. La Société générale et le Crédit foncier ayant des paiements à faire pour fin avril, ce fut le messager diplomatique qui porta les pièces administratives et les signatures des gouverneurs de ces sociétés financières. Pour des malfaiteurs comme il y en avait alors en si grand nombre autour des barrières de Paris, le phaéton du docteur eût été de meilleure prise que ne le fut, en son temps, la malle du courrier de Lyon.

Le messager du service des ambassades risquait sa vie de beaucoup d'autres manières. Les marins qui servaient les batteries du Mont-Valérien avaient la consigne de tirer toutes les fois qu'ils verraient une porte s'ouvrir et le pont-levis s'abaisser. Ce fut en vain que M. Troncin sollicita des autorités militaires qu'il fût fait une exception en sa faveur ; à son départ et à son arrivée, il était salué par un ou deux obus qui ne manquaient jamais d'éclater sur son chemin. Il devait alors mesurer le temps nécessaire pour parcourir l'espace découvert, entre les allées du bois, sous lesquelles il cheminait invisible, et la porte par où il voulait entrer. Il calculait aussi les secondes qui s'écoulaient entre deux coups de canon et tâchait de franchir cet espace de terrain en cet espace de temps. S'il manquait son départ, si son attelage ne s'enlevait pas avec la rapidité nécessaire, le projectile l'atteignait et le mettait en péril de mort. Un jour qu'il sortait de Paris, il eut son cheval tué ; il dut rétrograder et s'en procurer un autre, qui eut le même sort. Lui ne fut pas atteint ; il semblait que l'immunité diplomatique le préservât à la fois des communards et des projectiles.

Lorsque le siège tirait à sa fin, M. Troncin-Dumersan eut plusieurs fois la mission de parcourir les chemins de ronde des fortifications, pour s'assurer dans quel état étaient les postes-casernes et comment ils étaient occupés. Il faisait cette tournée en amateur, dans sa petite voiture. En feignant de se diriger vers une des portes, il pouvait aller de celle-ci à celle-là, de la porte de Saint-Ouen à la porte du Point-du-Jour, en passant par Clichy, Batignolles, Courcelles, Neuilly, Passy et Auteuil. Cette promenade circulaire avait d'autant plus d'intérêt, que les fédérés étaient plus nombreux sur les remparts et qu'on leur tirait dessus avec plus de vigueur. Le mandataire de M. Thiers sortit toujours sain et sauf de ces bagarres meurtrières.

Un matin, comme il se présentait, avec son équipage, à la porte de la Muette, le citoyen Oudet lui dit : « Vous pouvez passer, mais votre cheval ne passera pas. » C'était le moment où la Commune avait interdit la sortie des chevaux. M. Troncin se résigna, ce jour-là, à ne point quitter Paris. Le lendemain, après avoir levé cette petite difficulté, il reprenait sa navette.

Ce qui faisait la force de cet interlope personnage, et

ce qui établissait son crédit dans les deux camps, c'est qu'il avait eu l'art de donner des gages aux uns et aux autres, sans jamais trahir personne. J'ai raconté dans quels liens il avait enlacé M. Thiers et le gouvernement de Versailles ; je vais dire par quelles complaisances il avait su capter la confiance des communards.

A la suite des combats à outrance qu'ils avaient soutenus à Neuilly contre les troupes versaillaises, les fédérés étaient à bout ; ils avaient des victimes de tous les côtés : sur les routes, dans les rues, dans les maisons. La lutte continuait sans trêve ni merci, avec un si grand acharnement qu'ils n'avaient pas même le temps de ramasser leurs morts. Ils désirèrent un armistice. Les habitants de Neuilly, enfermés dans leurs caves sous les ruines de leurs demeures écroulées, en proie aux plus terribles angoisses, épuisés de fatigue et de faim, imploraient les combattants pour qu'ils voulussent bien les laisser s'enfuir. Cette situation douloureuse et terrible, les citoyens Loiseau-Pinson, Bonvalet, Floquet et Stupuy eurent mission des fédérés de la faire cesser ; mais M. Thiers ne voulut pas entendre parler d'armistice avec des insurgés. Tout en reconnaissant la gravité de la situation et les bonnes raisons qu'il y avait de suspendre le combat, le chef du pouvoir exécutif n'eût jamais consenti à des arrangements qui eussent fait profiter les bandes de la Commune des droits de la guerre. M. Thiers refusait donc de recevoir les quatre délégués de ce qu'on appelait alors l'*Union républicaine*. Ceux-ci ne pouvaient même entreprendre le voyage de Versailles.

Dans cette extrémité, ils consultent le maître Jacques de la présidence ; ils le supplient d'obtenir pour eux un sauf-conduit de M. Thiers. Le docteur est assez heureux pour leur apporter, un soir, le sauf-conduit qu'ils demandent, et, le lendemain, il les emmène. C'est lui, Troncin, qui présente à M. Thiers les citoyens Bonvalet, Floquet, Stupuy et Loiseau-Pinson. Cette entrevue ne donne lieu à aucune entente ; M. Thiers ne démord point de son idée de ne point accorder un armistice dans les formes usitées entre belligérants ; mais il admet, en se plaçant au point de vue de l'humanité, la nécessité d'affranchir les habitants de Neuilly des angoisses et des ravages de ces terribles combats. Grand embarras !

C'est l'ancien directeur des Bouffes qui trouve le moyen d'en sortir. Il imagine un cérémonial tout à fait nouveau qui dégage la responsabilité du gouvernement versaillais et sauve tous les amours-propres. Les délégués se partagent : M. Loiseau-Pinson et M. Floquet s'en vont du côté des troupes régulières ; M. Bonvalet et M. Stupuy du côté des fédérés. Les uns sont à la porte Maillot ; les autres sur le pont de Courbevoie. A neuf heures sonnant, ils sortent des rangs et s'avancent entre les deux armées en agitant des drapeaux blancs.

Aussitôt, le feu cesse pour ne se rouvrir que vingt-quatre heures après cette démonstration. Les pauvres habitants de Neuilly sortent de leurs tanières; ils s'éloignent précipitamment de ces ruines, de ce vacarme, de ces cris de mort, de ces lamentables gémissements de blessés, de ces râles d'agonisants. Deux heures après la cessation du feu, Neuilly est désert; il n'y reste que les sœurs de charité. De leur côté, les fédérés emploient cette suspension d'armes à relever des cadavres et à donner à leurs héros de hâtives sépultures. Ils respirent enfin et peuvent se donner un jour de repos.

On comprend qu'ils aient témoigné leur reconnaissance à l'homme auquel ils se croyaient, non sans raison, redevables de ce bienfait? Puisqu'il avait mené à bien cette première négociation, il y avait lieu d'espérer qu'il ne serait pas moins heureux dans une seconde, et ils se ménageaient son intervention par toutes sortes de tolérances et d'égards.

On sait que la Commune, et, après elle, le Comité de salut public, faisaient beaucoup de mécontents; les divers délégués étaient suspects les uns aux autres. C'était, chaque jour, quelque révocation et quelque arrestation nouvelle. Les loups se mangeaient entre eux. Faut-il s'étonner que quelques-uns fussent pris du désir d'échapper à ces fraternelles agapes?

Parmi tant de gens galonnés, condottieri, chercheurs d'aventures lucratives, ne serait-ce point jouer de malheur si l'on ne rencontrait personne pour faciliter la victoire de l'armée versaillaise? M. Thiers s'arrêtait d'autant plus volontiers à ces espérances, qu'il avait reçu de Versailles quantité d'ouvertures encourageantes. Des gens, s'attribuant quelque surface financière, proposaient de prendre la trahison à forfait. Il n'y avait pas si petit traitant qui ne se fît fort d'acheter une ou plusieurs consciences. On sait que M. Thiers eut toujours un faible pour ce genre de trafic. En 1832, lorsque la duchesse de Berry lui fut livrée, n'est-ce pas lui qui tendit à Deutz, au bout d'une pincette, le prix de sa trahison? Devant les gens de la Commune, M. Thiers sentit se réveiller tous ses instincts commerciaux.

Le premier pas qu'il fit dans cette voie ne dut pas lui paraître de favorable augure. Parmi les troupes fédérées gardiennes de la porte d'Auteuil, il y avait un bataillon dont la fidélité à la Commune ne passait pas pour inébranlable. Le truchement de M. Thiers s'aboucha, sans hésiter, avec le nommé X..., un très avenant citoyen, commandant de ce bataillon. On commença par bien établir que le gouvernement de la Commune tombait dans une horrible décomposition, qu'il était patriotique de mettre fin à ces saturnales, que c'était un devoir de favoriser l'entrée des troupes. A ces considérations échangées de part et d'autre, l'agent de la présidence ajouta la promesse de verser entre les mains du commandant X..., pour prix de son patriotisme, une somme de cent mille francs. Il donna une provision de dix mille francs.

Toutes sortes de bonnes dispositions furent prises. Il y eut, comme dans les moindres conspirations d'opéra-comique, un signe de ralliement; c'était le brassard tricolore. Chaque conjuré serait reconnaissable à ce brassard tricolore. L'affaire devait se passer la nuit et tout le monde se trouver sur pied à un signal donné par un coup de sifflet de marine; un de ces coups de sifflets perçants qui retentissent au loin et dominent le bruit des tempêtes. Dans le lac desséché du bois de Boulogne, se trouvait posté un bataillon de gendarmerie; un peu plus loin, un escadron de cavalerie était tout prêt.

Comment arriva-t-il que, le soir même qui précéda la nuit du complot, le bataillon qui devait prendre le brassard tricolore reçût l'ordre de quitter la porte d'Auteuil? Ce contretemps fit tout échouer. Le commandant X... ne toucha point ses cent mille francs, mais il ne fit point à M. Thiers l'affront de lui restituer les dix mille francs qu'il avait reçus. Ce brave homme jugea sans doute que c'était un meilleur marché et une action plus morale de voler M. Thiers, que de livrer ses amis. On aurait mauvaise grâce à trop critiquer cette philosophie.

Le docteur Troncin, cependant, la trouva mauvaise. C'est lui surtout qui fut atteint dans son crédit et dans la confiance des chefs de la Commune. A partir de ce jour, il leur devint suspect. Le commissaire de police des Champs-Élysées reçut l'ordre de l'arrêter. Dans certains quartiers, on demandait la tête de M. Troncin-Dumersan et l'on y mettait le prix. Devant ce péril, l'agent versaillais conçut une idée de génie. Il fit de ses deux noms deux personnages. Nous eûmes M. Troncin et M. Dumersan. Celui-ci resta muni du sauf-conduit diplomatique.

Lorsqu'il connut l'ordre donné à un commissaire de police d'arrêter M. Troncin, M. Dumersan se garda bien de fuir; il alla droit à la préfecture et voulut parler au redoutable Raoul Rigaut. Il ne put voir que son chef de cabinet, l'aimable Gaston Dacosta. Il exposa son cas à Dacosta et paya d'une audace sans nom. « Comment donc! dit le secrétaire de Raoul Rigaut, nous allons vous donner tous les permis que vous souhaiterez. » Le lendemain, en effet, l'agent de M. Thiers reçut la lettre suivante, en belle écriture ronde. Je la copie exactement sur le texte, avec ses en-tête, ses cachets et sa signature :

Commune de Paris. — Comité de sûreté générale.

Paris, le 29 avril 1871.

« Nous vous envoyons, sous ce pli, le permis que vous nous avez demandé. C'est probablement *par erreur* que le commissaire des Champs-Élysées avait un mandat d'arrestation contre vous. *Nous nous empressons de réparer l'erreur et nous vous prions d'accepter l'expression de nos sentiments les plus dévoués.*

« *Le chef de cabinet,*

« Gaston Dacosta. »

Et, au-dessous, un timbre rouge portant en exergue : *Commune de Paris, comité de la sûreté générale.* Au milieu du rond, en trois lignes légèrement courbes : *Cabinet du délégué à la direction générale.*

On n'est pas plus régence que ne l'étaient ces fonctionnaires à l'égard de l'émissaire versaillais. Ils ne se bornent pas à lui présenter des excuses pour l'erreur dont il a failli être victime, ils l'assurent encore de leurs sentiments les plus dévoués (1). Si je n'avais eu sous les yeux le document que je viens de reproduire, je n'aurais jamais pu supposer que les gens de la bande de Raoul Rigaut pussent allier tant de férocité à tant de candeur.

Quelques négociations de même espèce que la négo-

(1) Depuis que ces événements se sont accomplis, M. Troncin-Dumersan a traversé des aventures diverses et contraires : il a

ciation des brassards n'eurent point de meilleurs résultats. M. Thiers, cependant, se croyait toujours sûr de réussir, à telles enseignes que, trois fois, dans un intervalle de quinze jours, il envoya, nuitamment, prévenir le maréchal de Mac-Mahon qu'il eût à se disposer à entrer dans Paris le lendemain matin. Le commandant en chef de l'armée de Versailles donnait ses ordres en conséquence à tous les chefs de corps; on faisait partir les troupes de tous les côtés à la fois et on les conduisait à marches forcées jusqu'à une petite distance des forts. Là, il fallait bien s'arrêter. Les portes que M. Thiers avait assuré devoir s'ouvrir restaient hermétiquement closes. On était reçu à coups de fusil, on perdait du monde et l'on rebroussait chemin précipitamment vers les campements. Le maréchal de Mac-Mahon commençait à prendre de l'humeur de ces alertes nocturnes; il représentait un jour à M. Thiers, avec la plus grande énergie, qu'il ne répondrait plus des troupes si on les exposait encore à des mystifications de cette sorte.

Était-il sous l'influence d'une de ces illusions du chef de l'État, ce brave colonel Laperche qui, le 30 avril, adressa, de la tranchée, au commandant du fort d'Issy, la sommation de se rendre dans le délai d'un quart d'heure? Ce fut Rossel qui répondit; et sa réponse, sauf les termes

---

été décoré, il a subi la reclusion; il se trouve aujourd'hui dans une compagnie de voitures de louage.

mieux choisis, rappelle un peu celle que fit Cambronne aux Anglais sur le champ de bataille de Waterloo : « Mon cher camarade, disait Rossel, la prochaine fois que vous vous permettrez de nous envoyer une sommation aussi insolente que votre lettre autographe d'hier, je ferai fusiller votre parlementaire, conformément aux usages de la guerre. Votre dévoué camarade, Rossel. » — Rien n'est plus charmant que cette petite riposte ; elle montre bien que, s'il a fondé quelque espoir de ce côté, M. Thiers s'est trompé ou a été trompé. Nonobstant, peu de jours après, ce même Rossel, qui rembarrait si superbement le colonel Laperche, n'en fut pas moins obligé, non seulement de se résigner à l'évacuation du fort, mais encore de se démettre lui-même de ses fonctions de délégué de la guerre. La lettre qu'il écrivit à ce propos se terminait par ces mots : « J'ai deux partis à prendre : briser l'obstacle qui entrave mon action ou me retirer. Je ne briserai pas l'obstacle, car l'obstacle c'est vous et votre faiblesse ; je ne veux pas attenter à la souveraineté publique. Je me retire et j'ai l'honneur de vous demander une cellule à Mazas. » — C'était peut-être un homme que ce Rossel ; un caractère comme le sien se fût développé sous un jour plus honorable et plus brillant dans l'armée de l'ordre, que parmi les bandes insurgées.

C'est la réflexion que l'on se fit à Versailles et que

j'entendis formuler le long de la galerie des Tombeaux. Les journaux de la Commune nous avaient apporté le texte de ces documents que toutes les gazettes de notre chef-lieu reproduisaient à l'envi. C'est par eux aussi que nous connaissions les affreux désordres dont le prétendu gouvernement de la Commune était le théâtre. Quelques-unes des mesures prises, soit par le comité central, soit par le comité de salut public, ou proposées à la Commune, nous faisaient dresser les cheveux sur la tête. C'était une motion ne tendant à rien moins qu'à la destruction du Grand-Livre où sont inscrits les titres de rente ; c'était une indemnité allouée aux concubines des gardes nationaux, assimilées aux femmes légitimes ; c'était une étrange et toute primitive simplification de la cérémonie civile du mariage ; c'était la légitimation des bâtards. Plus d'enfants naturels. Ceux que leurs parents ont abandonnés, la Commune les adopte et les légitime. On croit entendre des craquements dans les profondeurs de l'édifice social.

Il est vrai que le canon gronde toujours et que l'armée de Versailles gagne du terrain. Elle semble devoir être assez forte pour arrêter ces débordements qui menacent de tout submerger. Cette perspective seule suffit à calmer des inquiétudes qui se manifestent principalement dans le sein de la représentation nationale, parmi ces braves députés, de quelque nuance qu'ils soient, qui n'ont jamais envisagé de pareilles horreurs de si près.

En dehors de l'Assemblée, il y a aussi quelques personnes qui prennent la chose, sinon au tragique, du moins fort au sérieux. Des rédacteurs de journaux, qui se sont signalés, sous le précédent régime, par une opposition intraitable, éprouvent une sorte de honte devant des excès qu'ils considèrent un peu comme leur ouvrage. Un des plus en évidence alors, — pourquoi ne le point nommer? — M. Hector Pessard, m'aborde, un jour, d'un air tout à fait désolé et me dit ces paroles remarquables :
« En présence de ce qui se passe, nous devons être corrigés, pour longtemps, de faire de l'opposition. » M. Pessard est d'autant plus sincère dans l'expression de ce beau sentiment, qu'il possède enfin la république de ses rêves. Ce n'est pas tant l'opposition qui tue un pays ; c'est la révolution qui la suit et la réalise ; c'est cela, je crois, que, s'il avait la puissance d'y réussir, M. Pessard devrait se faire un devoir de supprimer.

Quelque chose encore troublait un peu les esprits et chagrinait les membres du gouvernement, c'était la crainte que les Prussiens n'eussent des intelligences avec les communards. Nos vainqueurs ne semblaient point animés, à l'égard de ces derniers, de haines suffisamment vigoureuses. On était bien loin de les traiter, dans le Reichstag de Berlin, comme on les traitait dans l'Assemblée de Versailles. M. de Bismarck même, avec un raffinement cruel, parla d'eux, un jour, en des termes qui blessèrent et alarmèrent, au plus haut point, le président de notre république et tous ses ministres. Le grand chancelier reconnaissait qu' « il y avait, au fond du mouvement parisien, quelque *noyau* de raison. » Pour donner à son auditoire une idée approximative de ce prétendu noyau, il parlait « d'un vœu d'organisation municipale comme celle qui existe en Allemagne ». La Commune ne pouvait qu'être très flattée de ces compliments. Ce qui leur donnait du poids, c'étaient les services de toute nature que l'Allemand et le fédéré, nos deux ennemis, échangeaient entre eux. On n'était point sans savoir, à Versailles, que les insurgés avaient trouvé dix-huit mille chassepots, Dieu sait où. Les Prussiens ne trafiquaient point seulement de fusils avec les rebelles; ils leur vendaient aussi des chevaux. Le 3 mai, Rossel n'en acheta pas moins de 1,000 à raison de 400 francs.

Qu'est-ce qui garantit que ces complaisances ne seront pas poussées plus loin et que, après avoir essayé de peser sur M. Thiers avec le spectre de l'Empire, l'Allemagne, pour achever de nous détruire, ne secondera point l'entreprise des communards? Elle a suspendu le rapatriement des prisonniers de guerre; c'est encore une manière de favoriser l'insurrection et de rendre sa répression plus lente et plus difficile. Voilà comme, dans le commencement de mai, on est en proie à toutes sortes de tourments.

Seuls, les touristes élégants, qui errent par les allées du parc et autour de l'Orangerie, ne voient point tous ces pénibles dessous de cartes. Ils ne s'inquiètent que des incidents de la lutte, du tir des canons, des forts qui capitulent, des prisonniers que fait l'armée de Versailles. Ils vont et viennent presque gaiement, à travers des spectacles de plus en plus variés et de plus en plus écœurants. Ils vivent, tous les jours, dans une émotion nouvelle. Versailles varie leurs angoisses, comme Paris, autrefois, variait leurs plaisirs. Ils se sont faits à l'atmosphère des batailles et ne semblent pas s'apercevoir que leur pauvre patrie est au bord de l'abîme. Sous ce rapport, l'esprit de Versailles ne diffère point de l'esprit de Paris ; dans cette dernière ville, il y a des encombrements de sépultures qui n'empêchent ni les joyeux concerts ni la représentation, au Palais-Royal, du *Canard à trois becs* et de la *Vieillesse de Brididi*. Il y a une chose, hélas ! que rien ne peut interrompre, en France, c'est l'entrain de l'amusement.

Et pourtant, si jamais nous fûmes près de périr, ce fut bien lorsque les Prussiens nous tenaient d'un côté et les communards de l'autre. Au moindre mouvement des premiers, nous étions écrasés entre ces deux étaux. Lorsqu'il nous voit réduits à cette extrémité, M. Thiers se hâte de passer sous les fourches caudines de M. de Bismarck. Il obtient, en cinq jours, à Francfort, la paix qu'il a marchandée, un mois, à Bruxelles ; il l'obtient en

accédant à toutes les conditions que nos premiers plénipotentiaires ont eu mandat de refuser. Grâce à cette
soudaine soumission aux exigences du vainqueur, la
Prusse rompt tout pacte avec la Commune et n'en reçoit
plus que les satisfactions spontanées et peut-être gratuites
de la dernière heure. L'Allemagne nous rend les prisonniers de guerre sans lesquels peut-être le maréchal
de Mac-Mahon eût tardé longtemps encore à pénétrer
dans Paris.

CHAPITRE V

Sommaire. — Augmentation de l'effectif de l'armée. — Proclamation de M. Thiers aux Parisiens. — Effet de cette proclamation à Versailles et à Paris. — M. de Rochefort, dans le *Mot d'Ordre*, désigne à la fureur populaire la maison de M. Thiers. — Décret de la Commune ordonnant cette démolition. — Arrivée à Versailles des trophées d'Issy. — M. Thiers apprend la démolition de son hôtel. — Crise de désespoir bientôt suivie d'une patriotique résignation. — Les bibelots de M. Thiers. — On s'est arrangé pour les sauver. — Le petit musée de la Présidence. — Scène violente à la Chambre. — On se raccommode sur l'indemnité accordée pour la reconstruction de l'hôtel de la place Saint-Georges. — Un manifeste du comte de Chambord. — La Commune est en péril. — La colonne Vendôme. — Les détails de sa démolition ; la complainte de la colonne. — Indignation des députés. — Les hommes du 4 septembre jettent sur Courbet toute la responsabilité de ce crime. — Séance le jour de l'Ascension. — M. Thiers, parlant sur le traité de paix et sur la cession de Belfort, revient sur ce sujet et sur son *Histoire du Consulat et de l'Empire*. — Des allées du parc et des couloirs de la Chambre on entend l'explosion de la poudrière de l'avenue Rapp.

Il n'y a plus un moment à perdre. M. Thiers, qui a tout combiné pour faire traîner en longueur les opérations du siège de Paris, cherche maintenant le plus court chemin pour s'emparer, par la ruse ou par la force, de la capitale de la France. Il pense toujours à Winditsch-graetz et le veut imiter jusqu'au bout. Dans les derniers jours d'avril, l'Allemagne lui a rendu de nouveaux détachements de prisonniers, qui ont été groupés d'abord à Auxerre, à Cambrai et à Cherbourg. Après avoir passé dans ces villes le temps nécessaire pour se former, ils ont été dirigés sur Versailles et répartis dans les 4me et 5me corps de l'armée active. Ces deux corps furent ainsi solidement constitués; ils eurent chacun deux divisions. Le 4me corps, commandé par le général Douay, comprenait la division du général Berthaut, nommé depuis ministre de la guerre, et la division du général l'Hériller. Chaque division avait deux brigades, deux batteries de quatre et une compagnie du génie. Elle avait aussi, pour s'éclairer, deux escadrons de lanciers et le 4me hussard. Le 5me corps avait pour commandant en chef le général Clinchant et pour divisionnaires, les généraux Duplessis et Garnier. Ce corps était composé de la même manière que le précédent, avec le même nombre de batteries et une compagnie du génie. Il était éclairé par le 6me chasseurs.

M. Thiers se sentait fort. Comme il était résolu, dans la phase suprême où il allait pousser la répression, à ne point faire de quartier, il adressa aux habitants de Paris une proclamation qui fut comme la dernière sommation du gouvernement à l'insurrection et à ses complices. Ce document a une importance historique ; je me rappelle qu'il produisit une très vive impression à Versailles, et qu'à Paris il eut pour conséquence un redoublement de fureur de la part des rebelles, la confiscation et la démolition de la maison de M. Thiers.

Voici donc ce que disait M. Thiers aux habitants de Paris : — « La France a élu un gouvernement qui est le seul légal, le seul qui puisse commander l'obéissance. Il vous a donné les mêmes droits que ceux dont jouissent Lyon, Marseille, Toulouse et Bordeaux ; vous n'en pouvez demander plus. La Commune vous opprime ; elle se couvre de l'infâme drapeau rouge ; elle veut imposer à la France ses violences. Elle viole les propriétés, emprisonne les citoyens, pour en faire des otages ; elle transforme en déserts vos rues et vos places publiques, suspend le travail dans Paris, le paralyse dans toute la France, retarde l'évacuation du territoire par les Allemands, et *vous expose à une nouvelle attaque de leur part, attaque qu'ils se déclarent prêts à exécuter sans merci si nous ne venons pas nous-mêmes comprimer l'insurrection.* »

Ce trait de la proclamation que j'ai souligné, répondait précisément aux menaces que M. de Bismarck avait signifiées au chef du pouvoir exécutif et dont j'ai fait mention dans le précédent chapitre. On ne jugea point que cette manière de faire intervenir les Allemands fût bien opportune ; les conservateurs de l'Assemblée estimèrent que le devoir de réprimer une insurrection aussi criminelle que la Commune, était par lui-même assez impérieux et n'avait besoin, pour être accompli, ni des avis, ni des menaces de l'étranger.

Après avoir ainsi posé la question, M. Thiers continuait en ces termes :

« Nous avons écouté toutes les délégations qui nous ont été envoyées, et pas une ne nous a offert une condition qui ne fût l'abaissement de la souveraineté nationale devant la révolte, le sacrifice de toutes les libertés et de tous les intérêts. Nous avons répété à ces délégations que nous laisserions la vie sauve à ceux qui déposeraient les armes, que nous continuerions le subside aux ouvriers nécessiteux. Nous l'avons promis ; nous le promettons encore ; mais il faut que cette insurrection cesse, car elle ne peut se prolonger sans que la France y périsse.

« Le gouvernement qui vous parle aurait voulu que vous pussiez vous affranchir vous-mêmes de quelques tyrans qui se jouent de votre liberté et de votre vie. Puisque vous ne le pouvez pas, il faut bien qu'il s'en charge, et c'est pour cela qu'il a réuni une armée sous vos murs, armée qui vient, au prix de son sang, non pas vous conquérir, mais vous délivrer. »

Le chef du pouvoir exécutif poursuit en expliquant de quelle manière il va bombarder Paris ; il ne tirera le canon que pour forcer une des portes et s'efforcera de limiter, au point attaqué, les ravages de cette guerre dont il n'est point l'auteur. Il sait, il a appris de diverses sources qu'aussitôt que les soldats auront franchi l'enceinte, les habitants de Paris se rallieront au drapeau national pour détruire « une sanguinaire et cruelle tyrannie ».

Puis vient l'invitation à favoriser le succès de l'armée régulière et à lui ouvrir les portes ; c'est de cet appel à la révolte contre la Commune, que les chefs de l'insurrection ont été le plus irrités :

« Vous êtes, poursuit M. Thiers, cent fois plus nombreux que les sectaires de la Commune ; réunissez-vous ; ouvrez-nous les portes qu'ils ferment à la loi, à l'ordre, à votre prospérité, à celle de la France. Les portes ouvertes, le canon cessera de se faire entendre. Le calme, l'ordre, l'abondance, la paix, rentreront dans vos murs ; les Allemands évacueront votre territoire et les traces de vos maux disparaîtront rapidement. Mais, si vous n'agissez pas, le gouvernement sera obligé de prendre, pour vous délivrer, les moyens les plus prompts et les plus sûrs ; il vous le doit à vous, mais il le doit surtout à la France, parce que les maux qui pèsent sur vous pèsent sur elle ; parce que le chômage qui vous ruine s'est étendu à elle et la ruine également ; parce qu'elle a le droit de se sauver si vous ne savez pas vous-mêmes vous sauver. Parisiens, pensez-y mûrement ! Dans très peu de jours, nous serons dans Paris. La France veut en finir avec la guerre civile. Vous pouvez contribuer à vous sauver vous-même *en rendant l'assaut inutile* et en reprenant votre place dès aujourd'hui, au milieu de vos concitoyens et de vos frères. »

On voit dans quel cercle un peu étroit roule la pensée de M. Thiers, quelles répétitions d'idées et de phrases, quelle lourdeur et quelle pauvreté de style marquent cette harangue. Il n'y a aucun souffle généreux et puissant, aucun de ces grands cris que profèrent, aux heures de suprême péril, les cœurs vraiment patriotes. Les promesses de pardon ressemblent à des pièges, et le conseil donné aux Parisiens d'ouvrir leurs portes affecte le ton et les allures d'une vulgaire tentative d'embauchage. Nous trouvâmes aussi fort étrange que M. Thiers pensât à donner l'assaut à Paris, et nous nous rappelâmes la discussion qu'il avait eue avec le maréchal de Mac-Mahon, au sujet d'échelles dont le chef de l'État voulait que les soldats se servissent pour monter sur les remparts. Il n'y eut qu'une voix dans les pas-perdus de l'assemblée, dans la rue des Réservoirs et sur le Tapis-Vert pour déclarer que M. Thiers avait été bien au-dessous de son sujet.

A Paris, la proclamation présidentielle produisit une impression encore plus fâcheuse. Je crois bien que l'agent ordinaire de Versailles s'était chargé de l'introduire tout imprimée, sous le couvert inviolable de son phaéton diplomatique; mais je ne saurais dire comment il put réussir à la faire afficher sur les murs. Elle fut répandue à profusion, lue et commentée. Tels étaient la lassitude et le dégoût que les Parisiens éprouvaient pour la Commune, qu'ils trouvèrent les ouvertures de M. Thiers tout à fait à leur gré. Cette prose banale leur parut avoir la suavité d'une manne céleste ; ils jugèrent que le chef du gouvernement, dont l'abandon, le 18 mars, leur avait semblé si coupable, parlait d'or en ce moment ; ils se raccrochèrent à toutes les espérances dont il les berçait, hormis cependant à l'espérance de lui ouvrir eux-mêmes les portes par où il pourrait les venir délivrer.

Quant aux chefs de la Commune, ils tinrent une réunion tumultueuse. S'ils avaient eu M. Thiers sous la main, comme ils avaient les otages, ils l'eussent fait massacrer séance tenante. Depuis quelque temps déjà, quelques-uns d'entre eux convoitaient sa maison ; ils la trouvaient charmante, cette demeure de la place Saint-Georges, qui semblait les narguer derrière ses grilles, dans l'entourage de ses pelouses et de ses arbres verdoyants ! Il faut voir comme M. Henri Rochefort, dans le *Mot d'Ordre*, parlant de ce logis, avec un art raffiné, savait exciter les convoitises de la bande communarde.

« M. Thiers, disait cet écrivain délicat, possède, place Saint-Georges, un merveilleux hôtel plein d'œuvres d'art de toute sorte. M. Picard a, sur ce pavé de Paris qu'il a déserté, trois maisons d'un formidable rapport, et M. Jules Favre occupe, rue d'Amsterdam, une habitation somptueuse qui lui appartient. Que diraient donc ces propriétaires hommes d'État si, à leurs effondrements, le peuple de Paris répondait par des coups de pioche, et si, à chaque maison de Courbevoie couchée par un obus, on abattait un pan de mur du palais de la place Saint-Georges ou de l'hôtel de la rue d'Amsterdam?.... Je suis convaincu qu'à la première nouvelle que le marteau de sa porte a été seulement endommagé, M. Thiers ordonnerait de cesser le feu.

« Dût-on nous appeler Tamerlan, nous avouons que ces représailles ne nous répugneraient pas outre mesure si elles ne présentaient un inconvénient capital. En affirmant que la justice populaire démolit l'hôtel de M. Thiers, qui a coûté deux millions, l'Assemblée siégeant à Versailles lui en voterait probablement un autre qui en coûterait trois ; et, comme ce sont les contribuables qui paieraient la facture, nous nous voyons forcé de déconseiller ce mode d'opération. — Henri Rochefort ».

Les chefs de la Commune s'en prirent donc à ce logis.

« Considérant, disait leur décret, l'affiche du sieur Thiers se disant chef du pouvoir de la République française ; considérant que cette affiche, imprimée à Versailles, a été apposée sur les murs de Paris par les ordres dudit sieur Thiers ; que, dans ce document, il déclare que son armée ne bombarde pas Paris, tandis que chaque jour des femmes et des enfants sont victimes des projectiles fratricides de Versailles ; qu'il y est fait un appel à la trahison pour pénétrer dans la place, sentant l'impossibilité absolue de vaincre par les armes l'héroïque population de Paris, arrête :

« Art. 1er. Les biens-meubles des propriétés de Thiers seront saisis par les soins de l'administration des domaines. — Art. 2. La maison de Thiers, située place Saint-Georges, sera rasée. — Art. 3. Les citoyens Fontaine, délégué aux domaines, et J. Andrieu, délégué aux services publics, sont chargés, chacun en ce qui le concerne, de l'exécution immédiate du présent décret. »

Telle fut la réponse du comité du salut public à la proclamation du chef de l'État. Dans le recueil des actes officiels de la Commune, ce document porte les signatures des citoyens Arnaud, Eudes, Gambon et Ranvier.

Cependant, M. Thiers et l'Assemblée étaient tout entiers aux opératoins de l'armée de Versailles. Les cinq corps manœuvraient à ravir ; ils prenaient tour à tour les positions importantes occupées par les insurgés, le fort de Vanves, le moulin Saquet, le fort d'Issy, que Rossel défendait, et qu'il fut injustement accusé d'avoir livré à prix d'or.

L'arrivée à Versailles des vainqueurs d'Issy fut l'occasion d'une double manifestation officielle. L'on vit déboucher, par l'avenue de Paris, des détachements des 70e, 109e, 75e, 34e, 39e, 65e de ligne, 17e et 22e bataillons de chasseurs à pied, de la division Faron, et les batteries de deux divisions. C'était dans l'après-midi du 11. Ces fragments d'armée revenant du combat, formaient un ensemble assez imposant et d'un aspect martial. Un chef de bataillon chevauchait à leur tête; des colonnes de petits soldats trapus, vigoureux, poudreux, la tunique ouverte sur la poitrine, le képi un peu en arrière ou sur l'oreille, marchaient en longues files sur la chaussée de l'avenue, coupée de zones obliques d'ombre et du lumière. Sur leurs lignes noires apparaissaient, comme de larges déchirures sanglantes, sept lambeaux d'étoffe rouge, tristes trophées enlevés aux défenseurs du fort d'Issy. Entre les deux rangs de soldats, roulaient cinq mitrailleuses et une demi-douzaine de canons cachés sous des branches d'arbre. Ces engins avaient la gueule bourrée de verdure. Le front et le poitrail des chevaux étaient ornés de bouquets champêtres; ces parures rappelaient les couronnes funéraires placées sur les cercueils. Couverts de cette végétation printanière, les canons prisonniers, s'arrêtèrent devant l'hôtel de la présidence; la musique sonna une fanfare guerrière, et le sabre du commandant s'abaissa pour saluer M. Thiers et le maréchal de Mac-Mahon debout à l'entrée du palais. M. Thiers harangua, le maréchal complimenta les troupes. On apporta les drapeaux rouges dont chacun se détournait avec des gestes affectés de répugnance. On cria : Vive l'armée! Vive la France! et même : Vive la République!

Après cette halte, le cortège se remit en marche et fut conduit dans la cour du château pour une cérémonie de même nature, organisée, un peu à la sourdine, par des membres de la majorité de l'Assemblée. Les chasseurs, les artilleurs, les cinq mitrailleuses et les sept canons de douze montèrent, avec fracas, la pente raboteuse de la cour d'honneur; ils s'arrêtèrent, avec les drapeaux rouges, devant Louis XIV qui, du haut de son cheval de bronze, semblait les passer en revue. Les troupes s'étaient rangées en bataille autour des pièces d'artillerie; au milieu, la musique et les tambours reprenaient l'air de bravoure exécuté devant la maison de M. Thiers. C'est à ce moment que l'on vit sortir, par une des portes latérales de la cour de marbre, une foule de personnes, les unes nu-tête, les autres en légers chapeaux de paille; celles-ci en jaquettes, celles-là revêtues de longues lévites. C'était la représentation nationale qui venait, à son tour, recevoir l'hommage des trophées enlevés au fort d'Issy. Ils étaient environ deux cents députés; quelques-uns s'étaient mis à la boutonnière des insignes d'orphéons. Un vice-président les conduisait. Ils se rangèrent dans la cour d'honneur, le long du bâtiment, et l'on fit avancer les officiers et une partie des soldats. Le vice-président délégué n'était autre que M. Léon de Malleville. Il avait médité une petite harangue qu'il débita; il y exprimait aux troupes les félicitations et les remerciements de l'Assemblée nationale.

Les deux cents députés, parmi lesquels s'étaient con
fondus un grand nombre de particuliers sans titre e
sans insignes, répétèrent les cris de : Vive l'armée
Vive la France! Les troupiers ne savaient trop ce qu
tout cela voulait dire ; ils ignoraient la qualité de ce
personnages civils qui leur faisaient fête, et se deman
daient pourquoi l'un d'eux se mêlait de les haranguer
Ils comprirent mieux l'ordre du jour que leur adressa
le 10 mai, le maréchal de Mac-Mahon, et qui fut affich
dans les baraquements et dans les casernes. Cet ordr
du jour résumait, en une phrase, tout le discours d
M. de Malleville : « Vous avez répondu à la confianc
que la France avait mise en vous. »

M. Thiers était d'avis que tout allait pour le mieux ; i
dominait la Chambre et dirigeait l'armée au gré de se
désirs. Les généraux obéissaient, les soldats se battaient
tuaient, mouraient avec discipline et courage; la ba
taille faisait rage et se poursuivait sans merci ni pitié
Jamais M. Thiers n'avait éprouvé de bonheur plus com
plet; jamais il n'avait satisfait, avec une telle plénitude
les diverses ambitions de sa vie.

M. Troncin-Dumersan vint, un jour, apporter un bie
gros nuage dans le beau ciel de M. Thiers et de sa fa
mille. Depuis quelques jours, il donnait au chef de l'Éta
de mauvaises nouvelles de Paris; il ne lui laissait pa

ignorer que l'impulsion donnée aux hostilités depuis le 1er mai, et les pertes nombreuses infligées aux défenseurs de la Commune, préparaient de terribles représailles contre l'auteur de ces violentes répressions. Déjà, dans le commencement d'avril, il lui avait montré un pronostic de mauvais augure ; c'était l'article de M. Rochefort indiquant aux rebelles, comme un butin à portée de leur vengeance, l'hôtel de la place Saint-Georges. M. Troncin avait appris aussi au président à quel point le conseil fourni par le rédacteur du *Mot d'Ordre* avait souri aux insurgés et à leurs chefs, et il ne lui avait point caché la crainte qu'il éprouvait de voir bientôt cet affreux projet suivi d'exécution. Mme Thiers et Mlle Dosne écoutaient en frémissant ces horribles présages ; elles considéraient comme fondées les craintes que M. Troncin leur exprimait.

Seul, M. Thiers se montrait rassuré ; il essayait de calmer les inquiétudes de son entourage : « Ne croyez pas ce que vous dit M. Dumersan ; il veut nous faire peur. » C'est ainsi qu'il accueillait les ouvertures qui lui étaient faites ; il persistait à ne point s'alarmer de malheurs qui n'étaient pas encore arrivés. Il n'y avait rien d'affecté dans ces dispositions d'esprit ; M. Thiers, au pouvoir, eut toujours une tendance naturelle à un certain optimisme ; il n'était pessimiste que dans l'opposition.

Il ne veut donc pas croire que les gens de la Commune se décident jamais à démolir sa maison ; il s'abandonne à cette trompeuse sécurité lorsque, le 10 mai au matin, il apprend que M. Dumersan n'a point paru à son heure accoutumée. M. Thiers sonne dix fois l'huissier de service pour qu'il aille s'informer si M. Dumersan est enfin arrivé ; il interroge M. Barthélemy Saint-Hilaire. Il veut qu'on aille voir à la légation d'Italie, à la préfecture de police, au ministère de l'intérieur. Il n'y a personne à la présidence qui n'éprouve la plus vive sollicitude pour le fidèle messager ; on a toujours peur qu'il ne soit arrêté ou qu'il ne tombe dans quelque guet-apens. Enfin, vers les deux heures et demie, le fameux phaéton s'arrête devant l'hôtel de la présidence ; il est au complet. L'employé de légation, le valet de pied et M. Dumersan en personne mettent pied à terre ; aucun d'eux n'a rien de cassé.

Toutefois, au lieu de monter directement chez le président, comme il en a l'habitude, M. Troncin se rend chez Mme Thiers. Il y trouve Mlle Dosne. Ces dames sont fort inquiètes. En le voyant entrer, la mine un peu déconfite, elles s'écrient à la fois : « Qu'y a-t-il ? Il est arrivé un malheur ? » M. Troncin de répondre : « Ils démolissent l'hôtel. » Ce sont des cris de douleur et des transports de colère. Mais, comment apprendre la terrible nouvelle à M. Thiers ? Il n'y a pas un moment à perdre ; le président connaît déjà l'arrivée de M. Troncin ; il a pu voir le phaéton par la fenêtre de son cabinet. On appelle M. Barthélemy Saint-Hilaire ; M. Barthélemy est consterné : il craint que M. Thiers ne puisse supporter ce malheur ;

ces dames sont aussi de cet avis. Elles n'auront jamais le courage de lui porter ce coup terrible; M. Barthélemy ne l'aura point davantage. C'est à qui évitera la corvée. M. Dumersan se dévoue; mais à la condition que Mme Thiers sera présente à l'entretien. Ils entrent tous les deux dans le cabinet présidentiel.

Le chef de l'État est seul; il se promène d'un petit pas précipité et impatient. En voyant paraître Mme Thiers et son compagnon, il a compris qu'il se passe quelque chose d'extraordinaire. Il va questionner; mais M. Dumersan le devance : « M. le président, dit-il, je viens, un peu brusquement peut-être, vous annoncer... — Quoi? qu'est-ce que vous avez à m'annoncer? — Il s'agit de l'hôtel! — Que veulent-ils faire à mon hôtel? — M. le président, ils ne veulent pas faire : ils font. — Qu'est-ce qu'ils font? — Lisez ce décret. Le docteur Troncin-Dumersan présente à M. Thiers le décret du 9 mai. M. Thiers saisit le journal; il lit. Il est très pâle; il se laisse tomber sur un fauteuil; il froisse le journal dans sa main crispée; il le rejette loin de lui; il prend sa tête dans ses mains; il éclate en sanglots.

C'était prévu. Mme Thiers s'approche de son mari; elle lui adresse quelques mots de consolation que celui-ci ne paraît pas entendre. On le laisse donner un libre cours à sa douleur. Peu à peu, les petits sanglots du vieillard cessent de se faire entendre; ses larmes cessent de couler. Après un moment de silence, il relève la tête, et

d'une voix très raffermie il dit ces paroles textuelles :
« Le pays vaut bien ce sacrifice. » Ce fut comme une subite transfiguration, un état de résignation calme et ferme succédant brusquement à un éclat sans retenue et sans dignité. Peut-être, tout en pleurant, M. Thiers avait-il réfléchi qu'il fallait bien, aux yeux de la France, courir lui aussi quelques risques personnels ? Avec cette rapidité de coup d'œil et cette mobilité de sensation qui est la marque particulière de son caractère, avait-il entrevu les avantages qu'il pouvait retirer de ce sinistre, au point de vue de sa popularité, et les compensations matérielles que, sans doute, il ne manquerait pas de recevoir ?

Le préjudice causé à M. Thiers ne se bornait pas seulement à la destruction d'un immeuble de jolie apparence, construit sur un terrain spacieux, dans un des plus élégants quartiers de Paris ; ce qui le touchait plus encore que cette perte, c'était la disparition des objets d'art et des précieuses collections qu'il y avait réunies. C'est par ce côté surtout que son sacrifice à la patrie lui semblait douloureux. Il donne des instructions secrètes et détaillées à M. Dumersan pour que le déménagement de ces richesses artistiques et bibliographiques s'opère sans trop de dégâts et pour qu'on lui rapporte à Versailles tout ce qu'on pourra détourner du pillage. Pendant une semaine, la sollicitude du chef de l'État se partage entre les ordres donnés aux généraux pour activer la guerre et les recommandations faites à M. Dumersan pour sauver un bibelot.

Au sortir de la lecture d'un rapport militaire racontant les massacres du pont d'Asnières ou les ravages des obus sur les habitants de Neuilly, M. Thiers s'occupait de rédiger la liste des objets qu'il eût bien désiré retrouver. Il était curieux de l'entendre donner ses instructions à son messager quotidien : « Vous me rendrez compte de ce qui reste de fédérés à la Porte-Maillot... Vous n'oublierez pas le petit coffret flamand... Faites votre possible pour savoir si les fédérés ont perdu hier beaucoup de monde, s'ils sont découragés... J'avais une petite boîte d'or émaillée du seizième siècle, si vous la retrouviez, il faudrait me la rapporter, cher M. Dumersan... On m'assure que les gens de la Commune ont des canonnières sur la Seine ; tâchez donc de savoir ce qu'ils veulent faire avec ces canonnières... Ne pourriez-vous donc leur acheter une porte ? ... Que fait M. Oscar Planat avec son ami Veysset ?.. Vous me direz cela... Bonne chance, cher M. Dumersan, veillez à ce qu'il ne vous arrive rien de fâcheux. Surtout rapportez-moi la petite boîte. »

Avec son habitude des hommes, le docteur Troncin avait tout de suite compris que, pour se faire bien venir de M. Thiers, il devait surtout flatter son culte pour ses objets perdus, il lui en rapportait, chaque matin, qu'il avait l'art de retrouver, à point nommé, comme s'il eût connu leur cachette. Il la connaissait peut-être, car tout fait supposer que le pillage de l'hôtel de la place Saint-Georges ne s'était pas opéré sans une certaine règle et sans des plans concertés d'avance.

On sait que les hommes de la Commune avaient pris souci de cette dévastation. Dans une séance qui se tint le 12 mai, le citoyen Courbet avait dit à ses collègues : « Le *sieur* Thiers a une collection de bronzes antiques ; je demande ce que je dois en faire ? » Et, comme on l'avait prié de donner lui-même son avis, le citoyen Courbet, faisant l'estimation approximative de ces bronzes, avait déclaré qu'ils valaient 1,500,000 francs. Il avait conseillé de les déposer soit au musée du Louvre, soit à l'Hôtel de Ville. Le citoyen Cournet les avait voulu faire mettre au garde-meuble ; une autre forte tête avait dit : « Ces petits bronzes sont l'histoire de l'humanité... Nous ne sommes pas des barbares. » On avait fini par nommer une commission de « spécialistes » pour recueillir et classer le butin arraché à l'hôtel de la place Saint-Georges ; mais, tandis que cette commission de spécialistes cherchait un refuge pour les collections de M. Thiers, quelqu'un s'était occupé d'associer au pillage de sa maison des mains intelligentes et dévouées.

Dans la bagarre du 12 mai, parmi les émissaires du citoyen Fontaine, directeur des domaines, dévalisant au nom du Comité de salut public, il se mêlait un certain nombre de francs pillards dévalisant, en apparence du moins, pour leur compte personnel. Ils n'étaient point du quartier et paraissaient surveillés, de très près, par un officier de la garde nationale fédérée, dont le nom, en ce temps-là, eut quelque notoriété. C'était M. Barral de Montaud. Celui-ci parut prendre un intérêt particulier à ce déménagement ; il ne quitta la place que lorsque la maison fut entièrement vidée. Ce fut peut-être grâce aux renseignements que lui fournit cet officier fédéré, que le docteur Troncin put se remettre sur la trace d'une certaine quantité d'objets dérobés à l'hôtel de la place Saint-Georges. Il en reçut beaucoup des mains d'individus pensionnaires des Quinze-Vingts, pères, fils ou frères d'aveugles, que l'on avait vus déployer un singulier acharnement à piller M. Thiers. On avait remarqué qu'ils se guidaient fort bien dans l'intérieur de la maison, marchaient droit aux bons endroits et ne s'occupaient que des collections.

En dirigeant de ce côté ses investigations, M. Troncin avait pu rendre à M. Thiers presque tous les objets qu'il avait perdus ; les seuls qui lui manquèrent et qu'on ne retrouva jamais, furent précisément ceux que la sollicitude éclairée des chefs de la Commune avait fait mettre en lieu sûr, c'est-à-dire dans le palais des Tuileries. Il y avait là des manuscrits précieux, toute une correspondance avec les membres de la famille d'Orléans, des documents dont M. Thiers s'était servi pour écrire l'*Histoire du Consulat et de l'Empire*. L'incendie dévora cette partie de ses richesses ; mais le butin résultant du pillage des jeunes aveugles afflua en si grande abondance au palais présidentiel de Versailles, que M. Thiers eut l'idée de se ménager, derrière son cabinet de travail, une sorte de petit musée où il classait soigneusement les débris de sa collection. M. Thiers aimait à s'enfermer seul, dans ce *buen retiro* pour s'y livrer à une contemplation solitaire et prolongée des épaves de son trésor artistique. C'était l'extase douloureuse des veuves de l'antiquité, se cloîtrant, à certaines heures, dans la sépulture de leur époux et embrassant leur urne avec des torrents de larmes. M. Thiers se préservait, avec soin, des attendrissements qu'auraient pu causer à une âme vulgaire les ravages et les deuils de la guerre civile ; mais que de pleurs ne laissa-t-il point couler de ses yeux sur ses bibelots perdus ! Au plus fort de ces crises, il s'abandonnait à des soliloques touchants.

Il fallait bien se garder de l'interrompre. S'il entrait dans le cabinet présidentiel et s'il n'y trouvait point M. Thiers, M. Barthélemy Saint-Hilaire se faisait un devoir pieux de ne point l'aller chercher dans son lacrymatoire ; il savait comme il eût été reçu. Il empêchait même qu'aucun huissier pénétrât jusque-là. Quelque urgente communication qu'un ministre ou un général eût à faire à ces heures terribles, il fallait attendre la fin du spasme sentimental qui retenait le président de la République dans le doux tête-à-tête de ses ivoires et de ses bronzes florentins.

Lorsqu'il éprouva le dommage dont je viens de parler, le chef du pouvoir exécutif était en d'assez mauvais termes avec l'Assemblée nationale. Il y avait eu, la semaine précédente, une scène des plus vives à propos d'une mise en demeure adressée à M. Thiers par M. Mortimer Ternaux, de désavouer certains propos que le chef de l'État était accusé d'avoir tenus à des membres de la municipalité de Bordeaux, au sujet de la Commune. Il avait tout simplement promis à M. Fourcand, maire de cette ville, à M. Simiot, adjoint, et à M. Gallet, conseiller municipal, qu'il maintiendrait la République. La confidence transpira dans la galerie des tombeaux ; elle ne tarda pas à exciter le courroux d'une majorité monarchique qui se targuait d'avoir reçu de M. Thiers, lorsqu'elle l'avait élevé au pouvoir suprême, des engagements tout contraires.

Naturellement, lorsqu'il s'était vu interpellé sur ce sujet, le chef du pouvoir exécutif avait éludé la question ; il l'avait pris de très haut avec M. Mortimer Ternaux et avec ses collègues, leur reprochant leur défiance, leurs tracasseries jalouses, et même leur ingratitude. Comme c'était sa coutume, lorsqu'il se voyait à bout d'arguments, il leur mit le marché à la main : « Je ne puis plus gouverner... si je vous déplais, dites-le moi. Il faut nous compter ici et nous compter résolument. » Comme il avait cru comprendre, à l'attitude des députés, que la majorité ne craignait rien tant que de le perdre, il était monté au paroxysme de la colère et avait couronné sa petite sortie par cette impertinence : « Il y a parmi vous des imprudents qui sont trop pressés. Il leur faut encore huit jours ; au bout de ces huit jours, nous serons à Paris, il n'y aura plus de danger, et la tâche sera proportionnée à leur courage et à leur capacité. »

M. Thiers avait eu néanmoins son vote de confiance ; mais ses rapports avec la majorité étaient restés tendus ; il pensa que l'accident arrivé à sa maison allait lui fournir une bonne occasion de se réconcilier avec les membres de la droite. Il n'avait point trop mal auguré de leur bonté d'âme. A peine eurent-ils connu l'acte de vandalisme exercé par les communards, qu'ils n'eurent rien de plus pressé que de réaliser les prévisions de M. Henri Rochefort dans le *Mot d'Ordre* : « En apprenant que la justice populaire démolit l'hôtel de M. Thiers qui a coûté deux millions, l'Assemblée siégeant à Versailles en votera probablement un autre qui en coûtera trois. » L'avisé pamphlétaire ne se trompait que sur le chiffre ; mais il avait bien deviné les sentiments que devait faire naître, dans l'Assemblée, l'attentat qu'il avait si admirablement prévu, et auquel, dans son journal du 13 mai, il avait applaudi de la façon charmante que voici : « Il est de toute justice que le vieil évadé voie tomber sa maison... A partir de demain, M. Thiers aura tout le bénéfice de sa généreuse conduite. S'il continue à ne pas bombarder le quartier Saint-Georges, nous reconnaîtrons tous que c'est par grandeur d'âme et non par spéculation. »

Quoi qu'il en soit, le journaliste ne s'était point fourvoyé sur le principe des compensations que la Chambre offrirait au *vieil évadé*. Le lendemain même du jour où parut le décret de la Commune ordonnant la confiscation et la destruction de l'hôtel de la place Saint-Georges, le comte Jaubert et M. Depeyre, deux royalistes, proposèrent de relever cet immeuble aux frais du Trésor. L'Assemblée tout entière se rallia, d'un bel élan, à ce projet, elle vota l'urgence dans la même séance où, sur une motion de M. Cazenove de Pradines, elle avait voté des prières publiques pour appeler la miséricorde de Dieu sur les déchirements de la France. Ces deux votes se confondirent dans le même mouvement patriotique, et M. Thiers put se dire, une fois de plus dans sa vie : « A quelque chose malheur est bon. »

Nous eûmes dans le même temps une autre diversion aux sanglantes mêlées dont les environs de Paris étaient le théâtre ; ce fut une fort belle lettre écrite par M. le comte de Chambord. Cette lettre se terminait par les déclarations suivantes :

« Croyez-le bien, je serai appelé, non seulement parce que je suis le droit, mais parce que je suis l'ordre ; parce que je suis la réforme ; parce que je suis le fondé de pouvoirs nécessaires pour remettre en sa place ce qui n'y est pas, et gouverner avec la justice et les lois dans le but de réparer les maux du passé et de préparer enfin un avenir. On se dira que j'ai la vieille épée de la France dans les mains et, dans la poitrine, ce cœur de roi et de père qui n'a point de parti. Je ne suis point un parti et je ne veux point revenir pour régner par un parti. Je n'ai ni injure à venger, ni ennemi à écarter, ni fortune à refaire, sauf celle de la France ; et je puis choisir partout les ouvriers qui voudront loyalement s'associer à ce grand ouvrage. Je ne ramène que la religion, la concorde et la paix, et je ne veux exercer de dictature que celle de la clémence ; parce que dans mes mains, et dans mes mains seulement, la clémence est encore la justice. Voilà, mon cher ami, pourquoi je ne désespère pas de mon pays et pourquoi je ne recule pas devant l'immensité de la tâche.

« La parole est à la France et l'heure est à Dieu.

« Henri. »

Cette voix résonnait dans nos tumultes, pareille à une voix de l'autre monde ; on y prêtait, un moment, l'oreille comme à un bruit nouveau que venait interrompre la sombre harmonie du canon. On n'y ajoutait aucun commentaire. Ces dogmes royalistes ne sont point de ceux que l'on discute ; on les adopte ou on les rejette. On n'en était pas encore à les adopter ; mais, si l'Assemblée avait pu s'emparer de M. Thiers, le tenir en charte privée, et si elle eût pris sur elle de proclamer Henri V, Paris n'en eût pas moins capitulé devant l'armée du maréchal de Mac-Mahon, et la France repentante eût courbé la tête devant le roi comme elle la courba devant M. Thiers victorieux. On se plaisait à raconter que certains complots se négociaient et que l'héritier des Bourbons n'était pas loin de Versailles. Les uns le plaçaient au château de Dampierre, dans la vallée de Chevreuse ; les autres dans un des hôtels aristocratiques du quartier Saint-Louis.

Cependant les affaires des gens de la Commune sont au pire ; je parle de leurs affaires militaires et de leurs petites affaires politiques. On leur fait des prisonniers par milliers ; un ordre du jour du général en chef, daté du 12 mai, accuse 3,000 prisonniers et la capture de 150 canons. Il n'y a pas de jour sans combat. Toutes les batteries donnent à la fois ; on ne laisse pas aux fédérés une heure de répit ; l'armée de l'ordre s'avance pas à pas. Les soldats du génie ont poussé la tranchée jusqu'à 200 mètres seulement du rempart. Les beaux vainqueurs du 18 mars ont fini de rire sous leurs écharpes rouges. Ils veulent néanmoins faire bonne contenance et s'étourdir dans des débauches suprêmes ; ils organisent un grand festival patriotique dans le palais des Tuileries, que bientôt ils vont incendier. Après le concert, le bal : les officiers galonnés, parés de la sanglante livrée de la Commune, mènent cette danse macabre en compagnie de bourgeois idiots. L'orgie nocturne redouble de fureur ; elle remplit les cabarets de rugissements et de délires.

En voyant arriver l'heure suprême de l'expiation, la Commune, comme une bête enragée, déchire ses propres flancs. Ses membres se poursuivent de mutuels soupçons ; ils s'accusent tous de trahison et s'emprisonnent à tour de rôle. Trois délégués se sont déjà succédé à la Guerre : Rossel a obtenu sa cellule à Mazas, et s'est enfui avec Gérardin ; Cluseret a cédé la place au sombre Delescluze. Où est le comité central ? où est le comité de salut public, toutes parodies du passé ? où est la Commune elle-même ? Il y a déjà vingt-deux membres démissionnaires ; six sont en prison. Blanqui est pris et M. Thiers a refusé de l'élargir en échange de la liberté des otages. Flourens et Duval ont été tués dans les combats ; d'autres sont déjà en fuite. La Commune est comme un serpent coupé en plusieurs tronçons, mais ces tronçons épars s'agitent et se tordent en des convulsions terribles. Il n'y a plus de sécurité pour les personnes, plus de mesure, plus de retenue dans le crime et dans l'ivresse brutale. C'est l'heure où les églises et les maisons sont mises au pillage, où les vases sacrés sont enlevés et portés à la Monnaie, où l'on arrête le gouverneur des Invalides, le brave et vieux général de Martimprey, et M. Schœlcher lui-même ; où l'on traque les citoyens comme des bêtes pour les enrôler de force dans les bataillons fédérés. On commence à ne plus faire cas de la vie humaine, et les dernières lueurs du sens moral viennent de s'éteindre.

On ne nous met pas au courant de ces délires. Dans le calme relatif de notre beau parc et de nos longues avenues, nous ne pouvons soupçonner vers quels abîmes sombres notre malheureux pays est entraîné. Nous avons eu vent cependant du sinistre projet qui fut déjà en faveur au lendemain du 4 septembre et que la Commune vient de reprendre ; je veux parler du renversement de la colonne Vendôme! Nous savions que la fureur des communards s'était tournée contre la colonne. Tout les poussait à cet acte sacrilège.

Sous le coup de cette menace, nous nous demandons, chaque matin, si le crime est consommé. Quelques-uns d'entre nous, plus inquiets que d'autres, vont, à la tombée du jour, sur les hauteurs de Ville-d'Avray, d'où l'on domine Paris, pour bien s'assurer que le glorieux trophée est encore debout. C'est, à chaque voyage, une émotion cruelle ; nous osons à peine nous placer devant la longue-vue au bout de laquelle se dresse la colonne surmontée de son empereur. Quel soulagement et quelle joie lorsqu'en arrivant à notre observatoire, nous apercevons le faîte arrondi du monument et César couronné trônant encore sur Paris et sur la France ! Serait-il possible que toute vertu patriotique ne soit pas éteinte dans le cœur de ces hommes, et qu'au moment de porter une main impie sur le monument de nos gloires, ils aient été pris de remords ?

Le 16 mai, nous fîmes notre visite quotidienne à la Côte d'argent ; sous un rayon oblique de soleil et par un ciel rutilant de nuages d'or, la colonne nous apparut comme dans une apothéose. Chacun de nous la contempla longuement. Nous regardions aussi d'autres points de Paris : les Tuileries, la ligne des boulevards, le riant panorama de Montmartre, d'où l'insurrection était descendue. Il y avait un intérêt poignant à promener notre longue-vue sur cette surface de Paris, aussi calme et aussi somptueuse que dans les plus beaux jours de prospérité publique. Le dôme d'or des Invalides étincelait ; sur les toitures de cristal du palais de l'Industrie s'allumaient d'éblouissants éclats de lumière. Plus loin, le Panthéon élevait au-dessus de la ville son architecture imposante. Le fleuve s'écoulait, avec des miroitements joyeux, à travers les maisons et les monuments vivement éclairés. Des lignes sombres de verdure marquaient les avenues et les massifs des jardins publics. Sous des dehors aussi gracieux et aussi magnifiques, pouvait-on soupçonner les sinistres apprêts d'une orgie de feu et de sang? Ce jour-là, le superbe aspect de Paris nous avait presque rassurés sur la destinée de la colonne.

L'un de nous faisait de remarquables exposés dans le sens de ces espérances; un autre comptait les coups de canon tirés de Montretout et relevait les dégâts causés par chaque obus. De temps en temps, nous retournions à la lunette.

Je m'en approchai, à mon tour, vers quatre heures et demie. Je n'eus jamais plus affreuse vision; ce que j'aperçus, par le petit trou de cet instrument, me fit reculer d'épouvante. J'en fus comme étranglé. Cependant, mes yeux ne pouvaient se détacher de la lunette; mon corps avait acquis une sorte d'immobilité subite et de fascination haletante. Ramenée par moi à son premier objectif, la longue-vue avait rencontré la colonne et son César couronné; mais ils m'étaient à peine apparus que soudain je vis le César chanceler sur son sommet de bronze; puis le sommet lui-même osciller et s'abîmer... Puis, je ne vis plus rien! Il me sembla que j'entendis un sourd mugissement; un obscurcissement de l'air se produisit à la place même où le monument venait de s'engloutir. Était-ce un trouble, une illusion de ma vue, un effrayant mirage de mon imagination? Je restai encore longtemps devant le petit orifice, retenu par un vague besoin de vérifier l'exactitude de ma vision. Qu'attendais-je? Pouvais-je espérer que la colonne, se redressant au-dessus des édifices, revînt prendre sa place auprès du soleil?

Mes compagnons se disaient :

— Que peut-il faire dans sa lunette?

L'un d'eux me tira par le bras et me fit retourner. Il vit mon visage tout pâle.

— Qu'avez-vous vu? me dit-il.

— Je l'ai vue tomber!

Il se précipita frémissant sur la longue-vue. Il la fit aller et venir à la recherche de la glorieuse colonne. Hélas! il eut beau manœuvrer dans tous les sens, il ne la trouva plus!

Ce que cet appareil ne pouvait nous faire voir, et ce que nous ne pûmes connaître que le lendemain, ce fut le cérémonial de l'attentat. Ceux qui s'en rendirent coupables n'eurent point la pudeur de venir nuitamment et à la dérobée commettre ce larcin au préjudice de l'honneur national; ils voulurent agir en plein jour, à la face du ciel, au milieu d'un concours de peuple et au son de la musique. De tous les spectacles que donna la

Commune, ce fut à la fois le plus odieux et le plus burlesque.

Quoique décidé et même décrété depuis plus d'un mois, le déboulonnement de la colonne avait été retardé et semblait abandonné; mais, sous l'influence d'une haine croissante, stimulés aussi peut-être, du côté des Prussiens, par un genre de sollicitations auquel ils n'avaient point coutume de résister, quelques membres de la Commune avaient réclamé énergiquement l'exécution de l'arrêt. Il fallut leur donner cette satisfaction. Leur *Journal officiel*, paré de la date du 26 floréal, présenta la chose comme « une rupture avec le militarisme, avec cette sanglante négation de tous les droits de l'homme ». Il faisait le procès à Bonaparte, « qui avait immolé des millions d'enfants du peuple à sa soif de domination; qui, fils de la Révolution, s'était entouré des privilèges et des pompes grotesques de la royauté; qui avait voulu river un collier de servitude au cou des peuples, afin de trôner seul, dans sa vanité, au milieu de la bassesse universelle ». Ils apprenaient encore à la France étonnée que, après avoir débuté par le parjure et le carnage, l'Empire n'avait laissé derrière lui que des ruines, un long abaissement moral et l'amoindrissement de la France, sans parler du 2 décembre et de Sedan. Voilà pourquoi la Commune de Paris jugeait à propos d'abattre la colonne. « Que le monde en soit bien convaincu, disait en terminant leur

10.

journal officiel, les colonnes qu'elle pourra ériger ne célébreront jamais quelque brigand de l'histoire ; mais elles perpétueront le souvenir de quelque conquête glorieuse dans le champ de la science, du travail et de la liberté. »

Forts de ces belles raisons, ces doux citoyens, ennemis du carnage, s'en vinrent, tambours en tête et d'un pas joyeusement cadencé, par cette rue de la Paix que, deux mois avant, ils avaient tachée de sang. Il leur fallut la musique du 190° bataillon pour exécuter la *Marseillaise;* il leur fallut la musique du 172° bataillon pour exécuter le *Chant du Départ*. Ils avaient tout pavoisé de drapeaux rouges ; ils avaient mis du monde aux fenêtres comme pour une fête ; ils avaient placé au balcon du ministère de la justice, des dignitaires en écharpe rouge ; ils avaient mené là un vieillard inconscient, M. Glais-Bizoin, qui ôta son chapeau pour saluer la chute du monument. Avec leurs clairons, leurs tambours, leur *Marseillaise*, leur Glais-Bizoin, leurs cris de toutes sortes, ils menaient un bruit étourdissant et tâchaient de se donner du cœur. Ils avaient noué des câbles autour du fût de la colonne ; ils tiraient sur ces câbles à l'aide d'un cabestan. Pour amortir le choc formidable qui se préparait, ils avaient étendu sur le pavé de la rue de la Paix, un lit de fumier.

C'est là-dessus que la colonne d'Austerlitz, cédant à l'effort de ces forcenés, après avoir décrit dans l'air une courbe immense, vint se coucher majestueusement en brisant ses bas-reliefs. Dans cette chute, César perdit sa tête couronnée et le bras qui portait la Victoire se rompit. Fière de son exploit, la fraction de peuple présente à cet attentat poussa des cris de Peaux-Rouges. Elle voulut se précipiter sur sa proie, l'escalader en tous sens, comme les gens de Lilliput firent sur la personne de Gulliver; elle eût même poussé la haine du despotisme jusqu'à s'approprier les fragments de bronze, arrachés à ce fût qui le symbolisait. Il fallut mettre des sentinelles pour modérer ce zèle et ce pillage. Le général Bergeret se donna la gloire de piétiner sur les ruines du monument et d'y débiter je ne sais quelle sotte harangue. Il y eut aussi un speech du citoyen Ranvier, au nom du Comité de salut public. Le citoyen Miot résuma la situation par ces mots : « Jusqu'ici, notre colère ne s'est exercée que sur des choses matérielles, mais le jour approche où les représailles seront terribles et atteindront cette réaction infâme qui cherche à nous écraser. »

De son côté, Félix Pyat écrivait dans le *Vengeur* :

« Enfin ! on va donc la dévisser une bonne fois, cette colonne Vendôme, *trophée ridicule et monstrueux*, érigé sur la commande d'un despote aveugle, pour perpétuer le souvenir de ses conquêtes insensées, de sa gloire coupable.

« Monument, d'ailleurs, dépourvu de toute valeur

artistique, cantate de bronze, croûte léchée sur le métal au lieu de l'être sur la toile ; en somme, mauvaise copie de la colonne Trajane.

« L'art ne perdra rien à sa destruction ; le bon sens, le patriotisme y gagneront, car il n'est pas bon de laisser sous les yeux des ignorants et des simples la glorification bête d'un passé maudit.

« *Cette colonne Vendôme!* je n'ai jamais pu la regarder sans que le cœur *se levât d'indignation et de dégoût.* Du temps de l'Empire, il y avait toujours, pendues à la grille et se dépiotant à la pluie, d'innombrables couronnes d'un jaune criard ou d'un blanc sale : *Souvenirs, regrets, gloire, victoire.*

« Sans le factionnaire qui veillait sur ce bric-à-brac avec un soin jaloux, on eût dit l'échoppe traditionnelle qu'on voit près du cimetière, à côté de la boutique du marbrier. »

Il y eut aussi une hideuse complainte. La *Complainte de la Colonne*, par trois bons bougres (style du temps), fut improvisée, vendue à cinquante mille exemplaires et chantée dans les carrefours et sur les places ; elle retentit jusqu'à Versailles..

En voici deux ou trois couplets, sur l'air de *Fualdès :*

> Muni de son protocole,
> Courbet va trouver Rigaut,
> Ce procureur des plus chauds,
> Lui dit : Faut que Protot colle

Cette affiche-là, sans quoi
Ça n'serait pas une loi !

Le citoyen Protot, délégué à la justice, ayant donné sa sanction, la démolition est ordonnée. Désespoir de certains colonnards entêtés quand la nouvelle est reconnue :

On vit les Vieux de la Vieille
Oublier, de désespoir,
D'fair' sécher leur mouchoir
Et d'siffler un verr' de vieille.

L'invalide infortuné,
Négligea d'fourbir son nez.

Le beau jour de la cérémonie se lève ; description de la foule ; arrivée des membres de la Commune :

On voit, vêtus d'leurs insignes,
Arriver nos r'présentants ;
Ils ont tous l'air très content ;
Faut dir' qu'c'est des gens bien dignes.

Ceux qui les insultent souvent
N'en pourraient pas faire autant !

Enfin la complainte se termine par cette morale :

> Et voilà comme en tirant
> On peut abattre un tyran !

Ainsi pensaient, agissaient et chantaient les gens de la Commune. L'idée leur vint aussi de démolir la chapelle expiatoire et de jeter au vent les cendres de Napoléon I*er*. L'arc de triomphe de l'Étoile leur portait ombrage ; la porte Saint-Denis et la porte Saint-Martin n'avaient qu'à se bien tenir. Le Panthéon lui-même était suspect ; mais, comme disait le citoyen Miot, la colère du peuple ne devait point s'exercer seulement sur ces choses matérielles. Celles-ci durent leur salut à l'impatience où l'on était de passer des choses aux gens.

Quand, le 17 mai, nous entrâmes dans la salle des séances à Versailles, tout frémissants encore du crime que nous avions vu commettre, pour ainsi dire, sous nos yeux, quel ne fut pas notre étonnement de voir que l'on pouvait y être occupé de tout autre chose que du renversement de la colonne. On parlait sans doute de cet événement ; mais les indignations qu'il soulevait, très accusées et très animées dans la rue des Réservoirs et dans la galerie des tombeaux, ne semblaient point avoir encore pénétré dans l'enceinte de la représentation nationale. Ce qui retenait la manifestation des sentiments que faisait naître la chute de la colonne, c'était un peu la crainte de se faire passer pour partisan d'un régime que la mode d'alors était de traiter avec mépris.

Beaucoup de gens, en parlant de l'attentat du 16 mai, concentraient toute leur indignation sur Courbet, qui passait pour avoir demandé un des premiers que la colonne fût déboulonnée. L'opinion de cet artiste en pareille matière avait bien son intérêt; mais elle ne pouvait, en aucun cas, couvrir la responsabilité d'autres personnages qui, sans raison artistique d'aucune sorte, avaient signalé la colonne Vendôme aux profanations de la multitude. Courbet fut un bouc émissaire sur lequel les hommes d'État, nouvellement parvenus aux honneurs, aimaient à détourner ce courant de l'indignation publique. Sans Courbet, le courant déchaîné allait droit sur eux et portait une sérieuse atteinte à leur naissante popularité.

Si le peintre communard avait eu l'idée première de détruire la colonne d'Austerlitz, il y avait beau temps que les républicains avaient tenté, dans des récits historiques et dans des discours, de « déboulonner » la gloire impériale dont ce monument était le symbole. De même que le 18 mars n'était que l'exagération du sentiment qui avait inspiré et justifié le 4 septembre, de même le renversement du trophée impérial ne fut que l'exagération et la mise en action des diatribes dirigées contre la dynastie et contre le gouvernement des Bonapartes.

Ces considérations expliquent amplement pourquoi, le 17 mai, le débat parlementaire se concentre sur un projet de loi relatif à la réorganisation de l'armée. M. Langlois et le général Ducrot se querellent, un moment, sur la question de savoir si le canon est réellement l'*ultima ratio* des gouvernements et des peuples. Le général persiste dans la conviction que, à l'égard des insurgés de la Commune, le seul argument de quelque portée est bien l'argument du canon. Pendant que les représentants du pays échangent ces menus propos, on entend le canon remplir l'air de continuels grondements. Je me souviens aussi de l'effet que me produisit, dans cet instant tragique, la voix impassible de M. Grévy, disant à ses collègues à propos de sa réélection comme président : « Chers collègues, je suis vivement touché du nouveau témoignage de confiance et d'estime dont vous venez de m'honorer... Je m'efforcerai de rester le directeur impartial de vos travaux et le gardien de vos prérogatives, etc., etc... »

Le lendemain, jour de l'Ascension, l'Assemblée, sans égard pour la fête, tient séance, discute et vote le traité définitif de paix signé à Francfort et rapporté récemment de cette ville par M. Pouyer-Quertier. Ce n'est pas une bien glorieuse séance. M. de Meaux lit un rapport attristé sur la cruelle extrémité, où nous sommes réduits, de subir une peine aussi humiliante ; M. de Meaux s'en prend à l'Empire qui a déclaré la guerre, aux révoltés du 31 octobre 1870, à ceux du 18 mars 1871 ; il s'en prend un peu à tout, excepté au 4 septembre dont la part de responsabilité dans nos désastres n'est indiquée, ce jour-là, que par M. Depeyre. Encore cet orateur ne parle-t-il, en un style un peu toulousain, que de la dictature républicaine qui a succédé à l'Empire. A propos de ce traité de paix, il est question de la Restauration, des avantages qu'elle a procurés à la France. M. Victor Lefranc les reconnaît ; M. Randon dit que ce n'est point de cela qu'il s'agit.

Les militaires glosent sur la cession de territoire faite à la Prusse en échange de Belfort. M. Thiers intervient pour faire valoir Belfort qui nous assure le vallon des Vosges ; il dit combien il s'est donné de mal pour obtenir cette position et comme l'Allemagne la lui a cédée avec peine. Le chef de l'État trouve des accents pathétiques ; il assure que la signature de ce traité a été la plus grande douleur de sa vie et il ajoute, on ne sait pourquoi, que cette douleur devait lui être réservée à lui moins qu'à tout autre.

Avant de terminer son discours, il fait une allusion à la chute de la colonne « que des misérables et des criminels viennent d'abattre ». M. Thiers rapproche de cet attentat un attentat qui heureusement n'a pas été commis et qu'il ne fut jamais question de commettre, contre son *Histoire du Consulat et de l'Empire* : « Mais l'histoire, dit-il, est au-dessus de ces attentats insensés. » Dans un ordre du jour daté de la veille, le maréchal de Mac-Mahon avait exprimé la même pensée sous une forme plus pittoresque. « Soldats, avait dit le commandant en chef, si les souvenirs que la colonne nous rappelait ne sont plus gravés sur l'airain, ils resteront du moins vivants dans nos cœurs, et, nous emparant de ces souvenirs, nous saurons donner à la France un nouveau gage de bravoure, de dévouement et de patriotisme. »

Pour revenir au discours de M. Thiers et au traité de paix, il importe d'ajouter que le chef du pouvoir exécutif, s'appuyant sur un témoignage écrit du colonel Denfert-Rochereau, gagna la cause de Belfort; il rallia le général Ducrot, le général de Chabaud-Latour et la presque unanimité de la Chambre. Le scrutin public donna 440 voix sur 538 votants. Aussitôt M. Pouyer-Quertier et M. Jules Favre partirent pour Francfort, où se fit d'urgence l'échange des ratifications du traité de paix.

Comme ce débat allait prendre fin et lorsque M. Thiers avait encore la parole, un bruit étrange se produisit que beaucoup de personnes attribuèrent à un tremblement de terre. Je me trouvais en nombreuse compagnie dans le voisinage de la salle des Marronniers. Nous entendîmes bien distinctement comme une formidable détonation de plusieurs mitrailleuses se déchargeant à la fois. Il y eut un long et pénible déchirement dans l'air ; autour de nous, les promeneurs se mirent à courir de tous côtés pour savoir ce qui arrivait. Au premier moment on crut que les insurgés venaient de faire sauter un quartier de Paris ; peut-être Paris tout entier allait-il être détruit.

Ce ne fut que plus tard, lorsque la nuit fut venue, qu'on nous parla d'une explosion de poudrière ; mais il était question d'une poudrière au Trocadéro. Personne ne doutait que les insurgés n'y eussent eux-mêmes mis le feu, dans une intention criminelle que l'on ne sait trop expliquer.

C'était bien une poudrière en effet qui venait de sauter ; nous apprenions, le lendemain, qu'elle était située non sur le Trocadéro, mais dans son voisinage, sur l'avenue Rapp, et que cette catastrophe avait fait plus de cent victimes. Tandis qu'à Versailles nous attribuions l'explosion de l'avenue Rapp à l'initiative des communards, à Paris, on l'imputait à M. Thiers lui-même. Le Comité de salut public inséra, dans son journal officiel du lendemain, la note suivante : « Le Gouvernement de Versailles vient de se souiller d'un nouveau crime, le plus épouvantable et le plus lâche de tous. Ses agents ont mis le feu à la cartoucherie de l'avenue Rapp et provoqué une explosion effroyable. On évalue à plus de cent le nombre des victimes. Des femmes, un enfant à la mamelle ont été mis en lambeaux. Quatre des coupables sont entre les mains de la sûreté générale. » Cet audacieux mensonge était signé Arnaud, Billioray, Eudes, Gambon, Ranvier. De son côté, le citoyen Delescluze, alors délégué à la guerre, ne résista pas au plaisir de charger le chef du Gouvernement de Versailles de la responsabilité de ce prétendu crime. « Hier, écrivait-il dans une affiche collée sur les murs, nous apprenions l'épouvantable forfait commis dans nos murs par nos infâmes ennemis, et vos cœurs patriotiques ont frémi d'indignation contre les coupables. Le nombre des victimes est bien au-dessous de ce qu'on avait à craindre. Une cinquantaine de blessés, la plupart des blessures légères, voilà tout ce qu'auront gagné les hommes de Versailles. »

Il y eut donc, on peut le dire, beaucoup de bruit pour rien. Exploitée par les calomnies du Comité de salut public et de l'intègre Delescluze, cette explosion fit plus de victimes à Versailles qu'elle n'en fit au lieu même où elle s'était produite. Beaucoup de Parisiens, dont la cervelle était un peu mise à l'envers par tant de terribles événements, admirent fort bien que le chef de l'État avait fait mettre le feu à la poudrière et en conçurent contre lui un surcroît de courroux. Quant à M. Thiers, il faut dire qu'il ne prit pas grande attention à l'incident de l'avenue Rapp ; il se laissa calomnier par le délégué de la guerre et par le Comité de salut public. Lorsque, le 19 au matin, on lut les documents que je viens de citer, il leva les épaules et dit ces simples mots : « Nous avons à nous occuper, à présent, d'affaires plus sérieuses. »

CHAPITRE VI

Sommaire. — Le 21 mai. — L'ambulance du cours Saint-Antoine. — M. Thiers se rend au Mont-Valérien. — Conversation avec le maréchal de Mac-Mahon sur la manière de donner l'assaut. — Le maréchal s'aperçoit, avec sa longue-vue, que les troupes régulières sont sur les fortifications. — Surprise du maréchal et de M. Thiers. — M. Thiers veut donner des ordres; le maréchal s'y oppose. — Légère altercation. — M. Thiers se retire. — Histoire de la livraison de la porte d'Auteuil par Dombrowski. — Veysset et Planat; prix débattu. — Manœuvres et rendez-vous clandestins. — Arrestation de Veysset et de Hutzinger, secrétaire de Dombrowski, dans la plaine de Saint-Ouen. — Exécution de Veysset. — Néanmoins la porte d'Auteuil est évacuée par les ordres de Dombrowski. — M. Ducatel et le capitaine Garnier. — Manifestation à Versailles. — Le salut au château. — Réception à la présidence. — Séance le 22 mai. — M. Thiers et l'armée ont bien mérité de la patrie. — Motion incomplète de M. Jules Simon pour la reconstruction de la colonne Vendôme. — Le Conseil supérieur de l'instruction publique. — Nouvelles contradictoires de Paris; récits et tableaux de quelques touristes. — La foire de l'avenue de Saint-Cloud.

Le dimanche 21 mai, nous allâmes visiter une délicieuse ambulance, composée d'une cinquantaine de tentes que l'on avait dressées sous les grands arbres du coùrs Saint-Antoine, asile des plus charmants, sur la lisière ombragée du parc de Trianon, bordant la route de Saint-Germain. C'était un établissement à la mode américaine, où l'on n'avait réuni que des blessés en voie de guérison, et qui trouvaient là un bon air et le calme d'une splendide solitude. On les voyait aller et venir autour de leurs pittoresques demeures, les uns le bras en écharpe, d'autres marchant sur des béquilles. Quelques-uns restaient cloués encore sur leurs lits de paille sèche, étendus sur des nattes; ils regardaient, par la portière soulevée, les riantes perspectives du parc, et nous adressaient de mélancoliques sourires. M. et Mme Thiers étaient venus, la veille au soir, rendre visite à cette ambulance, et ils n'y avaient pas été mal accueillis.

Ce jour-là, le chef du pouvoir exécutif de la République française avait entrepris une autre excursion. Aussitôt son déjeuner fini, il était monté dans son landau, en compagnie du général Valazé, et s'était fait porter, au milieu de son escorte habituelle de gendarmes, jusqu'au Mont-Valérien. Il y avait trouvé le maréchal de Mac-Mahon qui, depuis le matin, était occupé à observer ce qui se passait dans le vaste périmètre compris entre les forts de Vanves et la porte de Neuilly. L'air était si transparent que la longue-vue était presque inutile au commandant en chef. Il était encore dans cette occupation lorsque la berline de M. Thiers arriva. Le duc de Magenta salua le chef du pouvoir, et tous deux se promenèrent dans le bastion en causant sur la situation des divers corps d'armée. M. Thiers se préoccupait particulièrement du jour où les travaux d'approche seraient assez avancés pour donner l'assaut. Le maréchal lui répondit que, d'après l'état actuel des tranchées, il pensait que rien ne pourrait être entrepris avant quatre jours. Il engagea M. Thiers à regarder lui-même, par la lunette, travailler les soldats du génie. M. Thiers prit l'instrument qui était presque de sa taille, et y colla longuement son œil droit. Instinctivement, il mit sa main gauche derrière le dos. Malgré le chapeau gris à longs poils dont il était coiffé, et la redingote marron dont il était revêtu, c'était une manière de petit Bonaparte.

La conversation entre le chef du gouvernement et le maréchal roula presque exclusivement sur la manière dont il conviendrait de donner l'assaut. Le premier revint au procédé des échelles, dont le second n'était nullement partisan. Le duc de Magenta ne dissimula point à M. Thiers les périls de l'assaut; il ne lui fit pas seulement entrevoir le nombre de morts et de blessés que cette tentative coûterait; mais encore il lui montra à quel degré d'excitation et d'entraînement il fallait s'attendre de la part du soldat qui a couru les risques d'une pareille opération. Il y avait tout lieu de craindre qu'entrant dans

Paris de cette manière, les troupes ne pussent modérer leur fureur et ne se livrassent à une répression plus sanglante et plus sommaire qu'il ne serait à souhaiter dans la circonstance.

M. Thiers écoutait ces observations d'un air pensif. Contrairement à ses habitudes, il laissait parler le maréchal sans l'interrompre, regardant toujours du côté du bois de Boulogne. Tout à coup, il lui dit : « Alors, vous croyez qu'il serait plus sage de faire entrer les troupes par la porte, que de les faire entrer par la brèche ? » Le commandant en chef fit, en souriant, un signe d'acquiescement. — « Qui sait, ajouta M. Thiers, comme se parlant à lui-même ; ça pourra peut-être se faire. » Là-dessus, il se rassit sur une chaise qu'on lui avait avancée, et se mit à converser avec le général Ladmirault et avec deux dames qui venaient d'arriver.

Il était environ deux heures de relevée. Le maréchal de Mac-Mahon avait repris sa lunette et paraissait plus absorbé que jamais dans son observation. Plusieurs fois, il retira l'instrument de son œil et regarda si aucun obstacle ne s'était placé devant l'objectif ; il en essuya bien les verres et se prit à lorgner de plus belle. Soudain, il s'écria : « Mais, les troupes sont sur les remparts ! » Au même instant, de plusieurs côtés du fort, d'autres officiers qui avaient aussi des lunettes à leur disposition entrèrent dans le bastion où se trouvait le commandant en chef, et assurèrent qu'ils venaient de voir des pantalons rouges sur les glacis des fortifications. M. Thiers se leva, s'appliqua encore, sur l'œil droit, la longue-vue que lui tendait le maréchal, et se convainquit lui-même que les troupes de l'armée de Versailles commençaient à opérer leur entrée dans Paris.

Bientôt, remis de la surprise que lui causa cet incident, il s'adressa au commandant en chef et crut devoir lui indiquer, devant tous les officiers présents, quelques mesures à prendre immédiatement. Le maréchal de Mac-Mahon ne parut point d'abord goûter cette façon de recevoir des ordres; il répondit qu'il verrait bien ce qu'il y avait à faire. M. Thiers insista d'un petit ton sec et impératif. Le maréchal perdit patience; il devint très rouge et fit à M. Thiers cette réponse qui fut entendue de tous les officiers présents : « Monsieur le Président, j'ai la responsabilité de la lutte qui, à partir de ce moment, va devenir terrible entre les troupes que je commande et les fédérés. Vous pouvez me dégager de cette responsabilité en me retirant le commandement; mais si vous me le laissez, c'est moi seul ici qui dois commander. Si vous le permettez, je vais me retirer avec mon chef d'état-major, pour arrêter un plan de conduite dont j'aurai l'honneur, tout à l'heure, de vous faire part. »

M. Thiers n'en revenait pas; depuis l'ouverture des hostilités, il avait trouvé le duc de Magenta si conciliant, si plein de déférence envers lui, qu'il n'était point préparé à cette brusque résistance. Il ne connaissait pas bien la trempe particulière de ce caractère explosible comme l'obus. L'approche du danger l'enflamme, l'élève et le transforme en des éclats inattendus de volonté et de courage. Le président du pouvoir exécutif jugea prudent de ne point insister. Après avoir assuré le maréchal qu'il avait toute sa confiance, il remonta dans sa berline et se fit ramener à Versailles. Chemin faisant, M. Thiers se demandait quel heureux et inexplicable hasard lui livrait l'entrée de Paris.

Il y avait, parmi les chefs militaires à qui la Commune avait confié le commandement des fédérés, un Polonais plein d'intelligence et d'énergie, qui jouissait d'une grande autorité sur ses soldats et d'un certain ascendant sur tout le monde, sans en excepter le comité de salut public. C'était le nommé Iaroslaf Dombrowski; un homme d'environ quarante ans, pas très grand, mais point déplaisant de sa personne. Il portait la moustache à crocs cirés et relevés; son menton était orné d'une barbiche taillée et effilée sur le modèle adopté par Napoléon III. Cet étranger avait des antécédents peu ou point connus; il avait été, disait-on, dans l'insurrection polonaise de 1863 et s'était mêlé, avec plus ou moins d'éclat, à diverses entreprises internationales. La Commune de Paris l'avait attiré; mais, si conforme qu'elle fût à ses aspirations personnelles, à son esprit d'aventure et au programme de sa secte, cette insurrection ne le charma pas à ce point qu'il se crût obligé de lui rester fidèle jusque dans la déroute. Dombrowski, cependant, n'eût peut-être jamais senti se réveiller en lui des instincts de trahison, s'il n'avait eu un zélé et intelligent secrétaire nommé Hutzinger. Hutzinger avait l'avantage de connaître un autre personnage nommé Veysset. Veysset avait des accointances avec le bon amiral Saisset. L'amiral Saisset confinait, comme l'on sait, de très près au gouvernement de Versailles, et en particulier à M. Barthélemy Saint-Hilaire.

Veysset était Périgourdin, retors et mielleux ; grand, sec, glabre, de mine un peu sombre, se prévalant d'un extérieur honnête et d'une magistrature municipale qu'il disait avoir exercée, jadis, dans son village ; besoigneux jusqu'à l'aventure, courant, depuis dix années, après divers moyens de faire fortune. Sous l'Empire, on le vit dans une foule d'entreprises chimériques, en compagnie d'autres chercheurs de millions, qui ont presque tous assez mal tourné, ne réalisant jamais, du reste, que des déceptions pour lui et pour les tiers. Veysset, un jour fit, je sais bien où, la rencontre d'un homme qui fut député du tiers parti, marchand d'eau-de-vie et maire de Cognac. Il s'appelait Planat. A peine se virent-ils, Planat et Veysset oscillèrent naturellement l'un vers l'autre ; ils marchèrent de concert, dans un accord qui ne fut jamais troublé. Pour Veysset, comme pour tant d'autres, la guerre et le siège furent l'occasion de rêves dorés; il poursuivit, six mois durant, des commandes de souliers et de fusils. Pour conclure, il se rejeta sur un projet de ravitaillement des départements envahis. En désespoir de cause, son zèle patriotique n'ayant pu s'appliquer à ces entreprises, il finit par combiner une spéculation nouvelle, basée sur l'achat de quelque conscience de marque, dans le camp des communards.

J'ai montré dans quel heureux enchaînement de relations il se trouvait placé. Par Hutzinger, Veysset apprenait que le général Dombrowski, fort dégoûté de la Commune, ne demandait qu'à donner une forme pratique à ses répugnances. Par l'amiral Saisset, il ne pouvait ignorer que M. Thiers ne désirait rien tant que de brocanter quelque chose. Il y avait encore le docteur Troncin dont Veysset ne manqua point de rechercher la faveur. De son côté, le docteur ne dut point négliger la bonne volonté d'un particulier que les scrupules ne semblaient guère embarrasser. Toujours à l'affût de quelque trafic, Veysset vit, à la portée de sa main, avec l'offre et la demande, les éléments d'un superbe marché qui se colorait, à ses yeux et aux yeux de ses auxiliaires, d'une louable et patriotique intention, sans préjudice du tant pour cent.

Avant de s'attaquer à la fidélité du général Dombrowski, Veysset, pour se faire la main, s'était livré à de petites escarmouches contre d'autres consciences dont les faiblesses lui avaient été signalées. Il était peut-être dans l'affaire des brassards tricolores ; mais, à coup sûr, il fut d'un complot avec un nommé M. Guttin qui visait à embaucher un certain Cadart, commandant du 8e bataillon, et un certain Charles Chervet, commandant du 165e bataillon ; il fallait obtenir de Cadart le concours de ses hommes, et de Chervet la porte du Point-du-Jour. Le complot avait de grandes proportions ; il embrassait l'Hôtel de Ville, la Préfecture et l'École militaire. Pour une si grandiose entreprise, Veysset comprit qu'il fallait trop de complices ; il fallait surtout le colonel Henry Proudhomme, chef d'état-major de Bergeret et maître de l'École militaire. Ce dernier avait fait dire par son père qu'il voulait, avant tout, que le gouvernement de Versailles entrât dans la voie de certaines concessions. Cette sorte d'exigence échappait à la compétence de Veysset. Revenant un jour de Versailles, où il faisait de fréquentes apparitions et où il avait, rue au Pain, un domicile clandestin, il fit connaître à ses coassociés que le gouvernement de M. Thiers renonçait à opérer une puissante diversion au sein même de Paris, qu'il voulait se borner à l'achat d'une ou de deux portes et à l'embauchage du général Dombrowski.

On se tient donc à ce programme, et voilà Veysset, avec l'ami Guttin, lancés, à corps perdu, dans une intrigue des plus ténébreuses. Ils accaparent d'abord

Hutzinger, en lui donnant un léger pourboire de deux cents francs et en le faisant habiller tout flambant neuf chez Godillot. Pour favoriser les rendez-vous et les mystérieuses entrevues qu'il devait avoir avec ce complice, Veysset s'assura de sept ou huit domiciles : il était rue de Madrid, 29, sous le nom d'un Turc; rue Neuve-des-Mathurins, sous le nom d'un comte de B...; rue Pigalle, 7, chez un parent; rue Pigalle, 28, dans une maison dont la loge était occupée par le couple Müller ; rue Condorcet, 48 ; rue Frochot, 12; boulevard de Clichy, 14, et rue de Douai, 3.

On ne s'entendit pas du premier coup. L'aide de camp de Dombrowski alla tour à tour dans chacun de ces logis; il racontait à Veysset tout ce qu'il voulait sur l'incorruptible général; tantôt il insistait sur le mauvais état de ses relations avec les chefs civils de la Commune, tantôt il entretenait le négociateur périgourdin des rêves de république universelle caressés par le vaillant Polonais, des difficultés qu'il éprouvait de conduire les affaires à son gré, et du désir dont il était animé de s'emparer de la dictature.

Enfin, rendez-vous est pris par le général lui-même, entre deux et quatre heures du matin, à l'hôtel de la place Vendôme. Hutzinger vient chercher Veysset dans un domicile qu'il avait, ce jour-là, rue de Caumartin, 62, non loin, je crois, du domicile qu'occupait aussi le docteur Troncin-Dumersan. Veysset et Dombrowski sont en présence. Le premier prend un air important et solennel; il parle peu et voit venir. Le second comprend qu'il faut bien établir d'avance le terrain de sa capitulation et ne s'y point laisser surprendre dans une vilaine posture. Il déblatère contre les complices qu'il a l'intention de trahir, les présente sous le jour le plus hideux : « Ce sont, dit-il, des gens de boue et de sang... Partout je rencontre des lâches aux instincts de tigre... De moi, amis ou ennemis diront que je me suis vendu. Eh bien! oui, je me vends!... C'est ma tête que je risque : je puis être fusillé, lâchement assassiné ; il faut, du moins, que je laisse du pain à ma femme et à mes enfants (1). »

Telle fut cette entrevue nocturne. Si manifestes que soient les intentions du général Dombrowski, on se sépare sans avoir rien conclu ; il y a des difficultés sur la somme à lui verser pour « assurer le pain à sa femme et à ses enfants » ; il y en a aussi sur le mode de paiement. La somme cependant est fixée à un million cinq cent mille francs : un million pour le brave général, trois cent mille francs pour Hutzinger et ses amis, deux

---

(1) Ces paroles que je cite, comme tout le fond de ce curieux récit, sont empruntés à un opuscule publié en 1873 à Bruxelles, chez l'éditeur Lansberger. Ce petit écrit, intitulé : *Un épisode de la Commune et du Gouvernement de M. Thiers*, porte la signature d'une dame de Forsans-Veysset, se disant la propre veuve de Veysset.

cent mille francs à divers. Je laisse à penser qui doit payer cette somme. Ceci est fort bien; mais Dombrowski refuse des traites sur Londres et sur Bruxelles; il veut des billets de banque ou du papier sur Rothschild de Francfort. Il faut se revoir.

Veysset est venu plusieurs fois à l'hôtel de la place Vendôme; il commence à y être suspect. Les rendez-vous se donnent dans une voiture dont le cocher est entièrement dévoué à Veysset. Ce même cocher conduit un jour à Versailles Hutzinger, que Veysset a l'imprudence de vouloir présenter à qui de droit. L'aide de camp de Dombrowski est reconnu par des espions de la Commune. Grand émoi à l'Hôtel de Ville. Le comité de salut public, par mesure de précaution, nomme des commissaires civils auprès des trois généraux étrangers Dombrowski, La Cecilia, Wrobleski. Veysset ne perd pas courage; M. Barthélemy Saint-Hilaire lui met l'épée dans les reins; il lui enjoint, assure Mme de Forsans-Veysset, dans son opuscule, de *terminer avec Dombrowski coûte que coûte.*

Il y a des marches, des contremarches, des espionnages, des chausse-trapes. Veysset se démène dans ces trames avec plus de vanité que d'adresse et côtoie des périls sérieux; il se complaît dans des déguisements, dans des changements de costume; il a même un chapeau tyrolien. Il est forcé de transporter à Saint-Denis, à l'hôtel du *Lapin blanc*, le centre de ses opérations.

Pendant ce temps, on arrête sa femme et l'ami Guttin. Ce dernier se sauve; mais Mme de Forsans reste écrouée à Saint-Lazare. Dombrowski et Veysset tombent d'accord sur les traites et sur le reste; il est convenu que, moyennant le million cinq cent mille francs payable comme il le désire, il livrera les portes du Point-du-Jour, de Passy et d'Auteuil. Hutzinger aura un dernier rendez-vous au *Lapin blanc* pour en finir une bonne fois avec cette interminable négociation et recevoir un premier acompte; mais l'imprudent aide de camp, caracolant sur un cheval arabe des écuries impériales, se fait arrêter par un officier fédéré, pris de vin, qui le traite de mouchard et le veut conduire devant le comité central. Informé de ce fait, Dombrowski intervient et délivre son aide de camp avec aisance.

Cependant Veysset « croque le marmot » au *Lapin blanc*. Il faut prendre un autre rendez-vous; la femme Müller, concierge dans la rue Pigalle, n° 28, que Veysset a mise dans ses confidences, sans lui donner les gratifications promises, intervient à propos pour détourner Veysset et Hutzinger de prendre leur rendez-vous dans cette auberge. Elle fait valoir l'intérêt qu'ils ont à se rencontrer plutôt sur un terrain neutre, tel que la plaine Saint-Ouen.

Nous sommes au 20 mai; Dombrowski prend toutes ses dispositions; il envoie, aux trois portes, Hutzinger faire cesser le tir des artilleurs, baisser les ponts-levis pour laisser passer le général qui allait, soi-disant, faire une reconnaissance et pour donner aux bataillons l'ordre de se replier. Cela fait, Hutzinger, toujours caracolant sur son cheval arabe, se dirige vers la porte de Saint-Ouen, la franchit et s'avance à la rencontre de Veysset. Il le trouve aux avant-postes.

Ici, la chose tourne comme un drame de l'Ambigu. Veysset sort du coupé de son ami Oscar Planat. Celui-ci est là pour surveiller la dernière phase de l'opération. Le compère Oscar est resté dans le coupé ; Veysset en est descendu pour venir à Hutzinger. Hutzinger s'est séparé de son cheval ; il s'avance à pied jusqu'à Veysset.

On est dans un endroit de la plaine très découvert et très en vue, sur la route même de Saint-Ouen. Il fait grand soleil et l'on peut être aperçu de deux lieues à la ronde. — Avez-vous l'argent? dit l'aide de camp en abordant Veysset. — Le voilà, dit Veysset, et il tire de sa poche une liasse de vingt mille billets de banque. — Avez-vous les sauf-conduits? — Je les ai. Sur cette réponse, Hutzinger fait connaître à son interlocuteur les dispositions prises par le général. Veysset invite l'aide de camp à monter dans la voiture avec l'ami Planat. Hutzinger préfère le suivre à cheval. Il va chercher sa bête qu'il a laissée à quelque distance en arrière. Veysset marche à ses côtés, tout en causant.

Un individu s'approche d'eux et demande à allumer son cigare. Du fond de sa voiture, M. Oscar Planat voit son ami s'éloigner ; il descend pour observer ce qu'il va faire. Soudain le cocher lui crie : — Monsieur, montez vite, on arrête M. Veysset. Planat veut se rendre compte par lui-même de ce qui se passe. — Montez vite, Monsieur, on court vers nous, nous sommes perdus ; je fouette. Ce disant, le cocher joint l'acte aux paroles. M. Planat n'a que le temps de se jeter dans son coupé ; le cheval part au galop. L'associé de Veysset entend des coups de revolver qui n'atteignent que sa voiture. Il est sauvé ; mais Veysset est amené devant Théophile Ferré qui, comme on sait, le fait fusiller sur le Pont-Neuf.

Hutzinger fut enfermé dans la prison du Cherche-Midi. Deux jours après, à la faveur du désarroi que causa l'entrée des troupes, il s'échappa, se cacha chez une demoiselle de la rue Cadet et finit par se sauver.

Quant au malheureux Dombrowski, voyant quelle tournure prenaient les choses, il chercha une fin relativement glorieuse sur une barricade du boulevard Ornano. Blessé mortellement, il alla rendre l'âme à l'hôpital Lariboisière, sans avoir réalisé, hélas! l'espoir qu'il avait un moment caressé, de laisser du pain à sa femme et à ses enfants.

Si quelqu'un devait ignorer absolument les faits que je viens de rapporter, c'était le maréchal de Mac-

Mahon. M. Thiers, lui, ne pouvait être étranger aux affaires commerciales du nommé Veysset, mais il n'en attendait pas un résultat si prompt. D'après ses calculs, en admettant que l'on fût tombé d'accord avec Dombrowski et avec les intermédiaires, les portes ne devaient pas être libres avant le 24 ou le 25. Du reste, il devait être averti soit par Veysset, soit par M. Oscar Planat. Veysset eut de trop bonnes raisons pour ne point reparaître à Versailles; quant au compère Planat, tout ce qu'il put dire, si tant est qu'il ait jugé prudent de dire quelque chose, c'est que son ami était pris, et la mèche éventée. Personne ne fut en situation d'informer le chef du pouvoir exécutif des ordres donnés par Dombrowski pour faire évacuer les portes, qu'il avait vendues et livrées pour ainsi dire à crédit. Ce fut, comme l'on sait, le hasard seul qui mit M. Ducatel au courant de cette situation. M. Ducatel héla l'officier qui commandait les troupes en dehors du rempart; il lui assura que la porte était libre et qu'il pouvait entrer. Cet officier, qui était le capitaine Garnier, se risqua bravement, et entra dans la place par le pont-levis baissé sur l'ordre du général Dombrowski. Il fut bientôt suivi des régiments du génie, de trois compagnies de ligne, de détachements du 94e et du 26e, et de tous les régiments qui se trouvaient dans cette partie du bois de Boulogne et qui appartenaient au corps du général Douai. On vit chevaucher à leur suite des représentants intrépides qui ne quittaient point l'armée : c'étaient M. Roger du Nord, M. de Tréveneuc, M. de Foucaud.

En apercevant du Mont-Valérien ce défilé inattendu, le duc de Magenta, qui s'était débarrassé de M. Thiers de la manière que j'ai marquée plus haut, s'occupa de régler tout le plan de la bataille. Il se tint autant que possible aux dispositions qui avaient été discutées et arrêtées en conseil de guerre ; il y dut cependant apporter les modifications que rendait nécessaires le libre accès des portes. Du moment que l'on pouvait entrer d'un côté sans coup férir, il était inutile de tenter le moindre assaut. Les troupes pénétrèrent donc par les trois portes du Point-du-Jour, d'Auteuil et de Passy. De là, quelques-unes, longeant les remparts, tournèrent les positions des insurgés ; d'autres entrèrent droit dans le centre de Paris. Telle fut, à peu de chose près, la stratégie adoptée par le commandant en chef de l'armée de Versailles. Il envoya au général Vinoy l'ordre de faire prendre les armes à la division Faron, monta bien vite sur son poney et se porta, sans perdre une minute, vers la barrière d'Auteuil. Après s'être rendu compte de l'état des choses, il établit son quartier général dans le château de M. de Rothschild, à l'entrée du bois de Boulogne. C'est là qu'il passa la nuit.

Il se croyait bien débarrassé de M. Thiers ; mais le lendemain, de grand matin, comme il rapprochait son quartier général de Paris et qu'il l'établissait sur la route de Versailles, chez un marchand de vin du Point-du-Jour, il apprit que M. Thiers venait d'arriver dans ce cabaret et s'y était installé dans une chambre du premier étage. Le duc de Magenta ne voulut point que l'on dérangeât le chef du Gouvernement; il ne jugea même pas à propos de l'informer de sa présence.

Nous autres, à Versailles, nous ne pouvions rien savoir de ce qui venait de se passer aux portes de Paris. Des journaux du soir nous firent bien connaître l'entrée des troupes; mais beaucoup de gens considéraient la nouvelle comme dépourvue de vraisemblance. Ce qui ne serait jamais venu à l'esprit de personne, c'était que cette prise de possession de Paris pût être le résultat d'une trahison ou d'un marché qui, en réalité, n'avait coûté au Gouvernement que la peau de Veysset et une promesse d'argent qui ne s'est jamais réalisée.

A cinq heures, heure des apéritifs, comme l'on se dirigeait vers les cafés, on vit, sur les murailles, des affiches blanches; c'était un document officiel, émanant du préfet de Versailles; il confirmait la nouvelle de l'entrée des troupes. Ce fut alors une véritable fête dont le foyer principal était dans la rue des Réservoirs, devant l'hôtel Duboux, sur cette terrasse ombragée qui s'étend devant la grande salle à manger. C'est là que se présentèrent à la fois une foule de personnes qui avaient lu l'affiche blanche; d'autres laissaient leurs verres à moitié vides pour aller s'assurer, par eux-mêmes, de l'exactitude du renseignement. Quelques affiches furent arrachées et mises sous les yeux des plus incrédules. On n'en revenait pas.

Les députés et les journalistes qui se flattaient d'avoir les confidences de M. Thiers, étaient les plus lents à se réjouir ; ils avaient si bien affirmé, depuis une semaine, que l'on n'entrerait pas à Paris avant le 25 mai, qu'ils se trouvaient un peu confus de l'inexactitude de leurs informations. D'autres, la première joie passée, se disaient qu'il fallait encore changer sa manière de vivre et abandonner de douces habitudes. Ce sentiment, que j'avais vu se manifester, durant la guerre, parmi les émigrants de Tours et de Bordeaux, je n'étais nullement étonné de le retrouver plus accusé encore à Versailles, dans ces lieux pittoresques et charmants dont on ne semblait pas avoir épuisé les délices.

Ces impressions le cédèrent bientôt à la joie, plus saine et plus patriotique, de voir la guerre civile entrer dans la phase suprême de son dénouement. En peu d'instants, le sentiment dominant fut si prononcé dans ce sens, qu'un élan spontané, presque involontaire, emporta une foule considérable de personnes vers le palais de la présidence. Je fus pris dans ce courant. En remontant vers la place d'Armes, comme nous passions sous les murs de la chapelle du château, nous entendîmes des chants religieux avec l'accompagnement des orgues. Dans l'état d'esprit où nous étions depuis une heure, cette musique nous parut tout à fait en situation ; l'idée même nous vint qu'elle avait été ordonnée par le bureau de l'Assemblée, qui a la chapelle dans son domaine, pour célébrer l'entrée des troupes à Paris.

C'est pourquoi, avant d'aller chez M. Thiers, nous fîmes halte dans la chapelle. Celle-ci était tout illuminée et resplendissante ; l'ostensoir brillait sur l'autel dans une nuée d'encens. La voix d'une ancienne chanteuse d'Opéra emplissait l'enceinte et distrayait tous les assistants des pompes de l'autel. C'était un salut commandé par Mme Thiers et Mlle Dosne au profit de l'œuvre des orphelins. La femme et la belle-sœur du chef de l'État étaient près de l'autel, aux places d'honneur. Elles ne semblaient pas le moins du monde se douter que nos troupes faisaient, à l'heure même, leur entrée dans Paris ; elles étaient donc bien éloignées de remercier le ciel de cet heureux événement.

Cependant, le prêtre venait de promener l'ostensoir sur l'assistance prosternée ; un officier de gendarmerie se glissa jusqu'à Mme Thiers et lui remit un pli décacheté. C'était la dépêche même du maréchal de Mac-Mahon, annonçant officiellement au Président de la République les événements de la journée. En ce moment, les enfants de la maîtrise entonnaient le psaume *Laudate pueri Dominum*.

Mme Thiers sort ; nous la devançons à la Présidence où déjà la foule s'est amassée. M. Thiers ne fait qu'arriver du Mont-Valérien en compagnie des généraux de Ladmirault et Valazé ; il s'avance jusqu'à la grille de la cour d'honneur et nous confirme, de sa petite voix flûtée, tout ce que nous savons des événements de cette journée.

Il y a là des cris de victoire, des acclamations en l'honneur de M. Thiers et en l'honneur de l'armée. Le Président de la République nous ôte son chapeau gris et rentre chez lui. A huit heures, il se met à table. On dîne longuement, jusqu'à dix heures. Pendant ce temps, les députés, les ambassadeurs et les chefs de légation, tout de noir habillés et cravatés de blanc, attendent dans le grand salon l'entrée de M. le chef du pouvoir exécutif. Celui-ci arrive enfin dans une escorte de généraux ; il se donne de petits airs vainqueurs et reçoit les félicitations avec une majesté sans prétention. Il y a une phrase qu'il répète à tout venant : « Oui, nous sommes entrés plus tôt que je ne l'avais dit ; il vaut mieux tenir plus qu'on ne promet que de promettre plus qu'on ne peut tenir. »

Cette réception n'est point de longue durée ; le Président disparaît à onze heures. Charles s'empare de lui et le couche. Il a l'ordre de tirer son maître du lit avant le jour. J'ai raconté déjà que, le lundi matin, à la première heure, le chef de l'État fut rencontré par le maréchal de Mac-Mahon dans une guinguette aux portes de Paris.

M. Thiers est dans un état de surexcitation extrême ; il dort à peine ; il oublie de manger ; il ne tient pas en place ; il semble avoir retrouvé sa verte jeunesse. Après avoir été sur pied toute la journée du dimanche, être allé jusqu'au Mont-Valérien, être revenu sur Versailles, avoir présidé au dîner et à la réception du soir, après avoir devancé le jour pour se rendre aux avant-postes, il a déjeuné à la Présidence. A trois heures, il est à la tribune de l'Assemblée pour y annoncer les heureux événements qui sont en voie de s'accomplir. Cette séance est palpitante et donne lieu à une manifestation touchante et unanime. M. Thiers a trouvé une heureuse formule pour définir sa victoire : « Paris va être rendu à son véritable souverain, à la France. » On l'acclame ; il ne manque point de remercier l'armée, il se répand en félicitations et en gratitude pour les chefs et pour les soldats. Chaque trait de ce discours est souligné par des applaudissements et des acclamations. Le chef du pouvoir, s'échauffant par degrés au contact de l'enthousiasme qu'il allume, donne à sa voix ce petit tremblement nerveux qui, chez lui, marque le paroxysme de l'émotion et tient lieu des grands éclats. C'est dans ce trémolo, dont il a plusieurs fois éprouvé l'effet, qu'il déclare, en terminant son discours, que l'armée a sauvegardé l'honneur de la France et bien mérité de la patrie.

Toujours prompt à interpréter et à compléter la pensée de M. Thiers, M. Cochery saisit la balle au bond et dépose une motion disant que : « L'armée et M. Thiers ont bien mérité de la patrie. » L'Assemblée tout entière se lève et donne sa sanction à la formule proposée par M. Cochery. Il y avait longtemps qu'un pareil témoignage n'avait été rendu, en France, à un citoyen ; il faut les désordres et les exagérations des grandes crises civiles pour soulever de ces enthousiasmes que la nation calme et refroidie ne sanctionne point toujours.

Un homme, dans l'Assemblée, ne paraît pas vouloir céder à l'entraînement de ses collègues ; il reste assis lorsque toute la Chambre est debout ; c'est M. Tolain. Des tribunes publiques on remarque l'attitude de ce député. Peut-être lui prête-t-on une intention qu'il n'a pas. M. Tolain est resté membre de l'Assemblée ; il n'a point suivi l'exemple des citoyens Lockroy, Razoua, Floquet, Millière ; il a donc pris parti pour Versailles contre Paris. Il n'est pas allé se mêler aux combattants de l'Internationale ; il ne peut donc vouloir protester contre ceux qui les ont vaincus. Sans doute ; mais M. Tolain n'a point l'âme stoïque d'un Brutus ; il a bien eu le courage d'abandonner les siens ; il n'a point le courage d'applaudir à leur défaite.

Au vote qui lui attribue l'honneur d'avoir bien mérité de la patrie, M. Thiers a répondu modestement que cette récompense est la plus grande qu'il pût ambitionner.

Cette séance est toute à la joie et aux réparations. A peine M. Cochery est-il descendu de la tribune, que M. Jules Simon y monte. M. Cochery a glorifié l'armée et M. Thiers ; M. Jules Simon juge que cette effervescence patriotique est favorable à une autre réhabilitation ; il dépose une proposition de loi tendant au relèvement de la colonne Vendôme et de la chapelle expiatoire de Louis XVI que les barbares ont également détruite.

Malheureusement, il y a une lacune dans le patriotisme de M. Jules Simon : il veut bien relever la colonne, mais sans le héros qui la surmonte ; il revendique les victoires qui se déroulent sur le bronze, il répudie celui qui les a remportées. Étrange faiblesse d'esprit, contre laquelle du reste, dans cette Assemblée délirante, personne ne proteste, pas même M. Thiers qui pourtant connaît mieux que personne l'injustice d'une pareille exclusion ; mais, dans ce moment, M. Thiers est trop occupé de sa propre apothéose ; il néglige le vainqueur d'Austerlitz pour le vainqueur de la Commune.

L'Assemblée, donc, vote l'urgence pour le projet bizarre que voici : — « Art. 1er. La colonne de la place Vendôme sera reconstruite. — Art. 2. Elle sera surmontée d'*une statue représentant la France*. — Art. 3. Le monument expiatoire consacré à la mémoire de Louis XVI sera immédiatement réparé. » La proposition ainsi conçue ne rencontre que deux opposants ; les journaux nous assurent que M. Tolain est encore dans cette résistance. Peut-être voulait-il tout de suite la réparation complète et le relèvement de Napoléon Ier. C'est, du reste, à cette résolution que, plus tard, lorsqu'elle eut passé en revue les projets de couronnement les plus étranges et les plus saugrenus, l'Assemblée nationale finit par s'arrêter.

Cette journée parlementaire ne finit point sur les questions de la colonne et de la chapelle expiatoire. Soulagée par ses votes patriotiques, l'Assemblée put retrouver assez de sang-froid pour voter la prise en considération d'un projet de loi de M. le duc de Broglie, relatif au rétablissement du conseil supérieur de l'instruction publique.

Ces débats durent jusqu'à cinq heures ; mais, depuis que M. Thiers a quitté la scène, la pièce manque d'attrait. Les spectateurs des tribunes et un grand nombre de représentants de toute nuance ont fait irruption dans les rues. Il s'agit bien de conseil supérieur et d'instruction publique ; il s'agit de savoir si Paris est entièrement repris à l'insurrection et si l'on peut y rentrer. Chacun, là-dessus, donne ses informations ; elles sont contradictoires : l'armée de l'ordre est sur la place de la Concorde ; elle n'a point dépassé les Champs-Élysées ; elle est rue du Bac ; elle n'est pas au Palais-Bourbon. On ne sait à qui s'en rapporter. Il y a des impatients qui s'en vont naïvement prendre leurs billets pour la gare Saint-Lazare. Hélas! les choses ne vont point de ce train. Ne faut-il pas laisser aux combattants le temps de se massacrer un peu et d'entasser ruines sur ruines?

Je rencontre deux journalistes qui, emportés par une curiosité professionnelle, ont voulu pénétrer dans Paris avant tout le monde; ils n'ont pu aller bien loin. Ces touristes nous reviennent avec des visages bouleversés. Ils ont vu, de près, les ravages des projectiles, les crevasses des remparts, tout ce bel appareil maçonnique de pierres dures bouleversé et broyé, les éboulements sur les talus, les postes-casernes réduits en poussière et des rangées de maisons particulières abattues à la file, ou montrant, des plaies béantes, de pauvres intérieurs ravagés, des mobiliers épars et broyés par des chocs de boulets. C'est autrement hideux que tout ce qu'on pouvait voir de loin par le trou des lorgnettes. Il paraît que la porte même d'Auteuil, celle par où l'on est entré, est dans un piteux état. On ne peut plus s'y reconnaître : les montants pendent brisés, hachés; les barres de fer et les rails se tordent en l'air et montrent des pointes aiguës, semblables à des os arrachés des chairs. Le tablier du pont-levis, défoncé et déchiqueté, traîne dans les fossés. On ne distingue plus rien de ce qu'il y avait là.

Plus loin, ce sont d'autres dégâts et d'autres désolations. Plus loin encore, c'est la canonnade. Elle retentit sur les deux rives de la Seine. L'Arc de Triomphe est couronné de batteries ; il vomit la mitraille. Nos touristes se sont avancés jusqu'au Trocadéro ; ils voient le drapeau tricolore flotter sur l'Arc de Triomphe, mais le drapeau rouge flotte encore sur la toiture vitrée du palais de l'Industrie ; ils pensent qu'ils feront bien de retourner à Versailles. Chemin faisant, ils se croisent avec de bons émigrés en tenue de gardes nationaux, ornés de brassards tricolores : ces preux s'en vont aider la troupe à vaincre la Commune.

Les récits de ces touristes jettent un froid dans les groupes de promeneurs ; nous apprenons, à notre grande surprise, que la véritable guerre civile ne commence à proprement parler qu'aujourd'hui ; c'est cette guerre des rues où l'on s'écharpe corps à corps, la guerre des tueries et des exécutions sommaires où l'on s'enivre de la fumée de la poudre et de l'odeur du sang. Sans avoir la conscience exacte de toutes les horreurs qui se préparent, et de beaucoup d'autres encore qui répugnent à l'humeur enjouée de nos émigrés et de nos émigrées, on voit bien qu'il va se jouer une partie terrible. Il faut donc prendre un peu de patience.

La Providence, qui pourvoit à tout, a heureusement ménagé aux pauvres Versaillais, comme diversion aux angoisses de ces heures terribles, une foire fort agréable avec des Hercules, des veaux à deux têtes et des phénomènes de toute sorte. Cette foire se donne dans l'avenue de Saint-Cloud, une des plus belles avenues qui mènent au château. On y mange des gaufres délicieuses, retirées brûlantes et parfumées des moules où elles se confectionnent. On est tranquille sur l'armée ; personne ne doute qu'elle ne finisse par triompher de l'insurrection. En avant la parade ! Amusons-nous au diorama et à la petite loterie tournante ! C'est là que, pour deux sous, l'on gagne une belle porcelaine dorée et même un lapin vivant. —Ainsi commence cette semaine qui, dans l'histoire, porte déjà le nom de semaine sanglante.

CHAPITRE VII

Sommaire —Sombres préoccupations des Versaillais. — Arrestation et arrivée de M. de Rochefort dans une petite voiture de chemin de fer. — Cris de mort contre le pamphlétaire. — Mourot est avec lui ; ils sont conduits à la maison d'arrêt. — Comment M. de Rochefort fut arrêté à Meaux, conduit à Saint-Germain par les Prussiens et à Versailles par les ordres du général de Galliffet. — Le bagage de M. de Rochefort. — L'interrogatoire. — La tête de Baudelaire. — Chefs d'accusation. — Il réclame les consolations de l'aumônier. -- Intelligences avec Jules Favre. — Saisie d'une lettre de ce dernier. — M. de Rochefort désire transmettre à son fils son blason et son titre de marquis. — Retour des esprits aux dangers et aux appréhensions du moment. — Motion de l'amiral La Roncière à l'Assemblée. — M. Thiers pleure à la tribune. — Les incendies de Paris vues des hauteurs de Ville-d'Avray. — Les représentants et les touristes accourent pour assister au spectacle. — Illusions sur l'héroïsme des communards. — Crimes contre la vie humaine. — M. Thiers organise l'administration. — La bataille suit son cours. — Le secret des barricades.

Le 22 mai, il semble que le Mont-Valérien ralentit ses feux ; nous n'avons plus dans les oreilles ce continuel tonnerre de la batterie de Montretout. Il y a bien encore, dans l'air, des échos lointains de coups de canon ; mais leur affaiblissement graduel rappelle ces bruits d'orage qui, après avoir menacé nos têtes, s'en vont, emportés par le vent, mugir sourdement à l'autre bout de l'horizon. La bataille s'éloigne ou s'éteint. Nos illusions charmantes inclinent vers l'assurance qu'elle s'éteint.

Cependant il nous arrive, à huit heures, de terribles renseignements ; on nous glace d'effroi en nous révélant le dessein sinistre des fédérés, qui veulent faire sauter Paris plutôt que de le rendre. Eh quoi ! nos palais, nos musées, nos demeures, nos foyers, nos meubles, nos bibliothèques, détruits, anéantis !... Pour le coup, les fronts se rembrunissent ; on rencontre, dans les allées du parc, des promeneurs solitaires et sombres, rêvant sur les malheurs publics et privés qui nous sont promis. Pendant une demi-journée au moins, la foire de l'avenue de Saint-Cloud se ressent de cette peur ; mais, dans l'après-midi, un nouvel événement y apporte une diversion salutaire.

Un de ces petits omnibus de famille à l'usage des compagnies de chemin de fer, arrive bon train, sous une escorte de deux escadrons de gendarmes et d'un escadron de chasseurs à cheval. On l'a vu descendre par la route de Saint-Germain, suivre le boulevard du Roi, la rue de la Pompe, et déboucher, par la rue Hoche, sur l'avenue de Saint-Cloud, en pleine foire. Au fur et à mesure que le cortège s'avance dans la ville en brûlant les pavés, la rumeur des rues répète le nom de Rochefort : — C'est Rochefort! Rochefort est pris! on l'amène pour être fusillé. Canaille de Rochefort! à mort Rochefort! Rochefort à la lanterne! — Et la foule va toujours grossissant et vociférant autour du petit omnibus. Encore qu'ils soient très nombreux, les gendarmes ont beaucoup de peine à le défendre. Au carrefour formé par la rencontre des rues Hoche et Colbert, ils sont pressés de près et tellement envahis qu'ils ne peuvent plus avancer; l'officier qui les commande leur donne l'ordre de charger la foule; ils lancent leurs chevaux en avant. Les cris de mort ne se ralentissent pas; mais le flot populaire livre une issue aux gendarmes qui traversent au galop l'avenue de Saint-Cloud. Ils s'engagent dans la rue Saint-Pierre, où se trouve la maison d'arrêt. Là, l'escorte s'arrête et entoure le véhicule qui entre dans la cour de la prison. Cinq personnes descendent de l'omnibus; ce sont M. de Rochefort, son secrétaire Mourot, un officier de paix et deux agents de police. Rochefort et Mourot ont les menottes. Il ont à peine mis pied à terre, que les agents les poussent vivement vers la porte de la prison. Celle-ci retombe avec un bruit sourd et dérobe à la fureur de la multitude des coupables qu'attend la justice du conseil de guerre.

On ne connut point tout de suite les circonstances de

l'arrestation des citoyens Rochefort et Mourot. Le lendemain seulement les journaux racontèrent que, le 20 mai, voyant la mauvaise tournure que prenaient les affaires de la Commune, craignant aussi d'être arrêté par ordre du comité de salut public où il s'était fait d'implacables ennemis, le rédacteur du *Mot d'Ordre* n'avait point hésité à fuir. Il fut le premier de la bande à se tirer de la bagarre. C'est Paschal Grousset, qui lui délivra les passeports ou les sauf-conduits avec lesquels son secrétaire et lui pensaient pouvoir gagner la frontière.

Ils s'embarquèrent sur la ligne de l'Est, gardée par les Prussiens. Rochefort s'était fait une tête méconnaissable; il n'avait point seulement tondu sa chevelure crépue; il s'était aussi débarrassé de sa barbiche; la peau elle-même récemment renouvelée par un érysipèle de la face était une peau toute neuve. Ainsi tondu et rasé, il arriva en gare de Meaux, où l'attendaient un commissaire et deux agents munis d'instructions et d'ordres du gouvernement de Versailles. Comment le gouvernement de Versailles fut-il avisé de la fuite de Rochefort et de l'itinéraire qu'il avait suivi? Il le fut sans doute par sa police secrète. Quelqu'un même m'assura que le départ de Rochefort et de Mourot avait été signalé par celui-là même qui leur avait délivré les passeports, par l'ami Grousset en personne.

Toujours est-il que le commissaire délégué à Meaux

avait fouillé tous les wagons, et regardé, sous le nez, chaque voyageur sans reconnaître celui qu'il cherchait. Au moment où il allait donner sa langue aux chiens, je ne sais quel indice trahit les fugitifs. Ils furent aussitôt arrêtés, ficelés et emballés. L'autorité militaire allemande revendiqua le privilège de livrer elle-même Rochefort et Mourot aux autorités françaises ; c'est pourquoi ils furent tous les deux mis en voiture et conduits jusqu'à Saint-Germain-en-Laye, sous bonne escorte de uhlans.

Là, les prisonniers se trouvent face à face avec le général de Galliffet. Pour le général aussi bien que pour Rochefort, la rencontre était imprévue ; ce fut comme un choc. Sous le coup des colères que l'ardeur de la bataille lui avait communiquées, le bouillant général ne put maîtriser un premier emportement. Il lui vint à la bouche des propos véhéments, et il témoigna le regret de ne pouvoir rendre à l'implacable pamphlétaire une justice sommaire et immédiate. Rochefort fut impassible et ne broncha point. C'est le général de Galliffet qui embarqua les prisonniers dans le petit omnibus de famille, dont la population versaillaise salua l'arrivée par des cris de mort.

La prison de la rue Saint-Pierre est contiguë au Palais de Justice ; elle fait vis-à-vis à un des côtés de la préfecture, celui précisément où le préfet a été relégué par l'installation de M. Thiers et de son personnel. Lorsque Rochefort arriva sous son escorte, derrière les vitres du premier étage plusieurs visages curieux se montrèrent. J'y reconnus la bonne tête goguenarde de M. Ernest Picard. Le ministre de l'intérieur veillait à ce que ses ordres fussent bien exécutés. Il paraissait, ce jour-là, très satisfait de lui-même et de sa bonne prise. Dans le vestibule de la prison, les prisonniers trouvèrent M. de Watteville, inspecteur général des services administratifs, chargé de la direction supérieure de toutes les prisons de Versailles ; M. Coussol, directeur de la prison même de la rue Saint-Pierre, le gardien chef nommé Crepate et M. Dumesnil, chef de division au ministère de l'instruction publique. Ce dernier avait, je crois, un peu connu M. de Rochefort ; pour cette raison, il s'inquiétait de son sort et voulait, par sa présence, lui témoigner la part qu'il prenait à ses infortunes.

On passe au greffe pour constituer l'écrou. Il faut d'abord établir l'identité. Rochefort donne ses nom et prénom : Henri de Rochefort, fils du marquis de Rochefort, comte de Luçay, né à Paris le 30 janvier 1832. Mourot fait aussi la déclaration de son état civil. Le bagage des prisonniers est mince ; M. de Rochefort porte à la main une petite valise en cuir à fermoir d'acier. Il possède un exemplaire des *Mousquetaires* d'Alexandre Dumas, édition in-octavo à l'usage des cabinets de lecture. Il a aussi une boîte de 250 cigares chers et naturellement exquis. C'est tout. Mourot n'a ni sac de cuir, ni roman d'Alexandre Dumas, ni cigares distingués ; mais il a emporté un exemplaire des codes.

Le directeur laisse M. de Rochefort en possession de sa littérature ; mais il prend les cigares, ce qui met le marquis de fort méchante humeur. Il veut savoir pourquoi on veut l'empêcher de fumer ; à quoi M. Coussol répond qu'il pourra fumer ses cigares, mais qu'ils lui seront donnés, un par un, et lorsqu'il pourra justifier de la combustion du dernier reçu : « Vos cigares sont si gros, dit le directeur en voyant l'air étonné de son prisonnier, que l'on y peut cacher toutes sortes d'objets propres à l'évasion. »

M. de Rochefort a un sacrifice plus pénible à faire que le sacrifice de ses *puros*. Sur l'invitation que lui adresse le directeur de lui remettre son argent ou ses valeurs, il est contraint de livrer les mystères de ses poches. Il tire d'abord, de son pantalon et de son gilet, une quantité de pièces d'or de tout calibre et des rouleaux de louis qu'il jette sur la table du greffe. Jamais cette table, maculée de taches d'encre et un peu sordide, n'a vu pareil étalage de richesses. On nous rapporte que les gardiens sont comme fascinés par ce ruissellement et ce tintement délicieux. Une autre surprise les attend : lorsque les poches du pantalon et du gilet sont vidées de tout leur or monnayé, le prisonnier ouvre sa valise et l'on en voit sortir une avalanche de bijoux de toutes sortes, des broches, des épingles ornées de pierres et de brillants, de gros bracelets d'or, des chaînes de montre, toute une orfèvrerie à l'usage des deux sexes. Debout, devant la table noire, le prisonnier d'une pâleur extrême, nerveux et un peu frémissant, poursuit son déballage de métaux précieux. Autour de lui, l'inspecteur général, le directeur, les gardiens, légèrement ahuris, ont l'air de chalands qu'un brocanteur israélite essaye de captiver.

— Quelle somme avez-vous là ? demande le directeur, en désignant la masse de louis.

— Je ne sais, répond négligemment M. de Rochefort; faites le compte.

Crepate, le gardien chef, s'assied devant la table; il rassemble les pièces de cinq francs, les pièces de dix francs ; il crève les rouleaux et fait l'inventaire de cette Californie. Quand il a fini, il précise une somme, je ne puis exactement dire laquelle; mais j'ai ouï prétendre qu'elle n'était pas éloignée de quinze mille francs. A la déclaration du gardien chef, le prisonnier de s'écrier: « Ce n'est point cela; on me vole 20 francs. » Crepate se remet à la vérification des pièces d'or. En effet, il s'est trompé d'un louis. L'erreur est constatée et M. de Rochefort triomphe. Toutefois, M. Coussol juge à propos de lui dire : « Vous saurez, Monsieur, qu'il n'y a de voleurs ici que parmi les gens que la Commune nous envoie. »

Il faut aussi évaluer les bijoux du prisonnier. Ni le gardien Crepate, ni M. Coussol, ni M. l'inspecteur général ne sont compétents pour en faire l'estimation ; ils s'accordent cependant à leur attribuer une valeur approximative de quinze à dix-huit mille francs ; ce qui constitue pour M. de Rochefort, au moment de son arrestation, un petit avoir de trente mille francs environ. Mourot, lui, n'a que ses codes. On s'empare du trésor de M. de Rochefort, mais on respecte celui de Mourot.

Ces premières opérations avait pris près d'une heure ; M. de Rochefort qui, depuis son arrestation dans la ville de Meaux, avait traversé les émotions les plus violentes et les plus désagréables, paraissait à bout de forces. A côté de lui, l'ex-abbé Mourot, gros garçon aux lèvres lippues, à l'œil béat, était plus ferme. Quant à M. Dumesnil, l'ami curieux et fidèle du malheur, il fut si ému de ce qui se passait sous ses yeux, qu'il fallut lui avancer un siège ; il allait se trouver mal. Les prisonniers ne se reposèrent un peu que lorsqu'ils furent dans leurs cellules. C'était, comme dans toutes les prisons, un petit réduit de deux mètres carrés, avec un lit de sangle, une tablette scellée au mur et un siège. M. de Rochefort eut à peine aperçu le lit, qu'il se jeta dessus et s'y étendit.

La journée n'était pas finie qu'il reçut une visite ; ce fut celle du commissaire de police chargé de l'interroger.

Cette tâche revenait de droit à M. Macé ; mais, M. Macé avait déjà eu affaire, sous l'Empire, à l'infortuné marquis ; c'est lui qui, à propos de sa dernière arrestation, avait pratiqué des perquisitions chez M. de Rochefort. Pour cette raison, il lui plut de se récuser, et ce fut un autre commissaire, M. Demarquay, qui se présenta devant le prisonnier. Le dialogue de ces deux interlocuteurs fut des plus piquants ; dans une comédie, il n'eût point manqué son effet.

— Comme vous avez su vous faire une tête différente de la vôtre ! dit M. Demarquay. — N'est-ce pas que je ressemble à Baudelaire ? — J'ai M. Baudelaire présent à l'esprit ; vous me le rappelez en effet un peu ; cependant vous avez l'air moins comme il faut. — Mon visage, peut-être, n'a point la distinction du visage de Baudelaire, mais voyez mes mains ; elles sont plus belles que les siennes. — Je connaissais bien en effet les mains de M. Baudelaire ; les vôtres valent mieux ; mais les siennes étaient toujours très propres.

Après ce début badin, le magistrat en vint brusquement à l'interrogatoire sérieux ; il fit porter ses questions sur des crimes de droit commun entraînant tous la peine de mort. Je crois me souvenir qu'il y en avait quatorze, en commençant par l'excitation à l'assassinat, pour finir par l'excitation au renversement du gouvernement établi. Au fur et à mesure que se déroulait ce redoutable interrogatoire, M. de Rochefort se sentait mal à l'aise. Quand M. Demarquay le quitta, en le comblant des mêmes politesses qu'à son arrivée, le marquis ne douta point que sa tête de Baudelaire ne fût sérieusement menacée.

En apprenant que son compagnon venait de subir un premier interrogatoire, le citoyen Mourot, à qui l'on avait laissé ses codes, s'avisa qu'il devait lui-même, aux termes de la loi, être interrogé sans retard. Il voulut se plaindre à l'inspecteur général qui, ce jour-là, ne quitta point la prison. Ce dernier, usant, à l'égard de Mourot, du procédé qui avait si bien réussi à M. Demarquay à l'égard de M. de Rochefort : — Qu'allez-vous nous parler de code ? lui dit-il ; il n'y a plus de code, il n'y a plus de loi ; n'avez-vous pas aboli tout cela ? Tenez, ajouta le fonctionnaire, en montrant une escouade de gardiens de la paix qui s'avançaient par le corridor, voilà des gens qui viennent vous fusiller. — Comme Mourot semblait prendre au sérieux les menaces de M. l'inspecteur, il fallut le rassurer et lui dire que si, à Paris, le code n'existait plus, les gens de Versailles avaient encore la faiblesse de lui obéir.

A partir du moment où la porte de la prison s'était refermée sur M. de Rochefort, la partie de la population versaillaise qui, au détour de la rue de la Pompe, avait voulu se jeter sur ce prisonnier, avait repris son calme habituel. Elle était sûre que cette proie ne lui échapperait pas et que justice sévère serait faite. C'est pourquoi, tandis que M. de Rochefort subissait son interrogatoire, les promeneurs de la foire de l'avenue de Saint-Cloud s'étaient remis à manger des gaufres. Ce n'est point qu'ils ne s'inquiétassent du sort du prisonnier ; ils se laissaient dire qu'il vivait dans une réelle frayeur du dernier supplice et qu'il en était malade. Les détails de son premier interrogatoire furent connus de quelques personnes. On se répétait aussi qu'il avait imploré le secours de l'aumônier de la prison. Sur ce point spécial, je voulus avoir des renseignements précis. J'appris qu'un jour l'abbé Follet arriva chez le directeur et lui dit qu'il allait, de ce pas, dans la cellule de M. de Rochefort. « Vous avez donc envie de vous faire mettre à la porte ? lui dit M. Coussol. — Je ne suis pas si imprudent, répliqua l'aumônier, que de m'exposer à pareille mésaventure. J'ai mon sauf-conduit. » Ce disant, l'abbé Follet tira de sa poche un pli qu'il plaça sous les yeux du directeur et qui portait à peu près ce qui suit :

« Monsieur l'aumônier, je vous serai profondément obligé si, dans les circonstances où je me trouve, vous voulez bien venir me donner vos consolations. Recevez, monsieur l'aumônier, l'assurance de ma considération distinguée. — Henri Rochefort. »

Ce qu'il était difficile de savoir, c'était jusqu'où le signataire de cette lettre entendait pousser, près de ce digne prêtre, l'usage des consolations. Quoi qu'il en soit, sa démarche montre bien qu'il n'avait pas l'âme aussi éloignée de la religion que ses écrits le laissent croire. Les relations de M. de Rochefort avec l'aumônier ne furent point de longue durée. Elles cessèrent complètement le jour où il reçut l'assurance que son cas n'était pas aussi grave que ses premiers interrogatoires le faisaient craindre.

Le prisonnier avait, autour du Gouvernement ou dans le Gouvernement même, de secrètes amitiés qui surent faire tourner en crimes politiques les crimes de droit commun relevés à sa charge. Ces amitiés se trahirent, dès les premiers jours, par les assiduités suspectes, dans la prison de la rue Saint-Pierre, d'un des deux agents qui avaient pris part à l'arrestation de M. de Rochefort et qui ne l'avaient point quitté de Meaux à Versailles. Ils avaient été introduits dans la police républicaine par M. Jules Favre. M. le commissaire Demarquay acquit la certitude que son prisonnier était au courant de ce qui se passait au dehors, et particulièrement au ministère des affaires étrangères. Comme il ne le pouvait connaître que par des journaux qu'il ne lisait pas, ou par des lettres qui ne lui étaient remises qu'après avoir subi le contrôle du directeur, une enquête démontra qu'il recevait des lettres par-dessous main.

Les soupçons du gardien chef se portent aussitôt sur

celui des deux agents que j'ai désigné. Le jour où M. de Rochefort avait été fouillé, Crepate avait surpris cet agent s'approchant de très près du prisonnier, comme s'il eût voulu lui glisser quelques mots à l'oreille. Depuis lors, il l'avait vu venir tous les jours. Il signala ce visiteur assidu à l'attention de M. l'inspecteur général.

Un jour, comme ce particulier vient de pénétrer dans la prison, on l'arrête et on le fouille. Il se révolte ; on le fouille plus à fond. Que trouve-t-on sur lui ? une lettre de M. Jules Favre à M. de Rochefort. Que disait cette lettre ? M. Thiers seul put le savoir, car M. l'inspecteur général fit remettre immédiatement au chef de l'État ce précieux document. Quant au prisonnier, il fut fort surpris de ne point recevoir, ce jour-là, ni les jours suivants, des nouvelles de son ami Jules Favre. Vers le soir, on vint *barbotter* sa cellule; ce qui, dans l'idiome des prisons, signifie fouiller en tous sens. Cette opération ne donna aucun résultat ; mais le prisonnier comprit que le mystère de ses relations avait été pénétré ; il retomba dans une sombre mélancolie.

Dans ce même temps, M. de Rochefort fut repris de la crainte qu'il pourrait bien payer de sa vie sa participation à l'insurrection de la Commune. Il lui vint des douleurs au cœur, des défaillances et un abattement général. Le médecin le soigna et le remit de cette chaude alarme. Le prisonnier, alors, se prit à songer à ses enfants. Il avait une fille et un garçon ; il éprouva toujours pour eux la plus vive tendresse. Malgré ses rapports avec M. Jules Favre, il ne savait comment régler leur état civil. Il eut recours à un homme, que, par sa naissance, il savait en bonne situation de l'éclairer sur la conduite à tenir en pareille occasion : c'était M. de Watteville lui-même, l'inspecteur général qui le tenait sous sa rigide surveillance. M. de Watteville et M. de Rochefort s'étaient connus au temps jadis.

S'autorisant de ces relations antérieures, le prisonnier fit prier M. l'inspecteur de le venir voir dans sa cellule. Il lui dit : « Monsieur l'inspecteur, j'ai un fils ; je ne lui ai point donné d'opinion politique. Lorsqu'il sera en âge, il adoptera celle qui lui plaira ; mais j'ai un nom et un titre qui, le cas échéant, pourraient lui servir. Je désire les lui transmettre pour qu'il en fasse ce qu'il voudra. Pouvez-vous me dire comment je dois m'y prendre ? » Très surpris de cette ouverture, M. de Watteville, auprès de qui le prisonnier invoquait des souvenirs de jeunesse, ne put faire autrement que de donner la consultation qui lui était demandée. Il répondit que, s'il reconnaissait son fils, il lui pourrait transmettre son blason, avec la barre de bâtardise ; mais qu'il ne lui pourrait transmettre ni son titre de marquis, ni son titre de comte. « Mais si mes enfants sont légitimés ? » répliqua vivement M. de Rochefort.

On disserta longuement sur la difficulté de légitimer deux enfants dont les mères passaient pour mortes. M. de Watteville ne trouvait pas la solution du problème. Quelqu'un la trouva plus tard ; car on sait qu'ayant épousé, dans un hospice de Versailles, une pauvre mourante. M. de Rochefort eut la satisfaction d'avoir un fils légitime. C'est ce jeune garçon qui, dans une récente bagarre, sur la place de la Bastille, a montré qu'il était plus désireux de suivre les exemples de son père que de perpétuer son marquisat.

Le monde politique et parlementaire s'intéresse, trois jours durant, à ces petits sujets de chronique ; mais bientôt M. de Rochefort, son marquisat, ses tribulations et sa maladie passent au second plan. Il y a d'autres sujets d'indignation, et des crimes si énormes qu'ils laissent oublier, un moment, les causes qui les ont produits et les complices qui les ont favorisés. On apprend avec stupeur, à Versailles, que si les troupes régulières gagnent du terrain, la résistance des vaincus prend des proportions tragiques, presque grandioses. Ce ne sont point leurs personnes qui font les frais de ce suprême désespoir, ce sont nos monuments et nos maisons. La nouvelle nous arrive qu'ils embrasent, en de vastes incendies, les quartiers qu'ils ne peuvent plus défendre. Chacun tremble pour son foyer. Il n'y a pas de terreur pareille à la terreur qui, le 24 mai, s'abat sur Versailles. L'Assemblée, un moment, hésite à poursuivre le cours de ses délibérations. Il faut entendre en quels termes l'amiral La Roncière Le Noury exprime l'émotion de tous ses collègues :

« En présence des dernières nouvelles que vous recevez à chaque instant, et de tant de douleurs dont les cœurs sont saisis, en présence d'événements sans précédents dans l'histoire, je demande qu'il n'y ait pas de séance aujourd'hui... Nous n'avons qu'une chose à faire, c'est de nous retirer dans nos demeures, d'y pleurer sur les malheurs de la patrie... N'ayons pas de séance, mais restons en permanence, si vous le voulez, et inspirons des résolutions viriles au Gouvernement. »

Ce conseil ne rencontre pas une adhésion unanime ; un député de l'extrême droite, apercevant M. Thiers à son banc, ne résiste pas au désir de le faire parler. Triste et puérile satisfaction en ces heures graves ! M. Thiers raconte les progrès de nos troupes ; il désigne les points sur lesquels flotte déjà le drapeau tricolore. En disant que les insurgés ont envoyé à nos soldats des bombes remplies de pétrole, il produit des mouvements d'horreur. Il traite ceux-ci d'atroces scélérats et finit par être suffoqué de sanglots. Cet effet de larmes amène une suspension de séance de quelques minutes. C'est une crise prévue et qui se termine, comme toutes les crises de ce genre, habituelles à M. Thiers, par un brusque retour d'énergie et un chant de bravoure. Le chef du pouvoir exécutif annonce qu'il saura punir les coupables « par les lois et avec les lois ». De plus, il offre à l'Assemblée, comme une faveur, le droit de grâce, et finit par demander qu'on lui laisse un peu de calme et de repos. Pour condescendre à ce vœu, M. Grévy lève la séance à trois heures.

Au sortir de l'Assemblée, beaucoup de représentants se précipitent dans des voitures ; ils se font porter sur les hauteurs dominant Paris. Ils y ont été devancés par un grand nombre de personnes ; tout le cercle des Réservoirs s'est mis en route, la lorgnette en bandoulière, qui à cheval, qui en phaéton, qui en simple fiacre. A les voir s'engager sur les routes de Ville-d'Avray ou de Meudon, on aurait pu croire à un départ pour le steeple-chase de la Marche. Il faut suivre le torrent ! Les sinistres ont une étrange fascination ; ils épouvantent et ils attirent. Sur le Coteau-d'Argent, qui commande, du côté gauche de la Seine, l'étroit défilé de Sèvres, il y a, au milieu d'un petit jardinet, cette habitation solitaire d'où j'ai vu tomber la colonne Vendôme. L'endroit était des plus commodes pour assister au spectacle que nous donnait Paris. Que de fois, avant les catastrophes, ne sommes-nous pas venus, sur cette hauteur, respirer le bon air et nous étendre sur les frais gazons, en face de Babylone couchée dans la brume du soir ! La guerre n'a point trop dégradé ce logis ; elle l'a laissé debout, mais elle l'a vidé de ses habitants et de tout son mobilier. L'on y peut pénétrer par toutes les portes ouvertes ; les embrasures des fenêtres sont béantes et laissent pendre, le long du mur, des volets à demi décrochés.

En m'approchant, lorsque je suis encore sur le versant opposé du coteau, j'ai comme une émanation d'incendie ; l'air est assombri et parsemé de scories noires qui tourbillonnent ; un petit vent d'est les éparpille dans les champs et sur les routes. C'est du papier brûlé ; il tombe autour de moi semblable à une neige noire. Il y a de grands et de petits flocons. Quelques lambeaux ne sont pas entièrement calcinés et laissent voir des traces d'imprimerie. Lorsque j'arrive dans le jardin, je cherche Paris. Paris est perdu sous une épaisse couche de fumée houleuse qui absorbe les clochers, les dômes, les faîtes si connus de la grande ville, et qui se traîne sur les toitures. De loin en loin, une langue de flamme perce l'horrible carapace et lance une gerbe d'étincelles rouges, aussitôt éteintes qu'allumées.

Le noir reprend le dessus ; l'incendie tire sur lui-même un voile sombre qui dérobe le mystère de ses dévastations. Arrive un moment où la mer de fumée sort de son immobilité sinistre ; elle moutonne, pareille à l'océan aux approches de la tempête ; elle se teinte de gris, de blanc ; elle s'enfle et finit par s'enlever, comme le couvercle d'une usine à gaz, jusqu'à la hauteur de la butte Montmartre. Ce soulèvement semble produit par deux énormes pilastres de vapeurs, montant, à la fois, du quartier de la Madeleine, des Tuileries, et d'un point plus éloigné qui correspond à l'emplacement du Palais de Justice. Tout autour de ces énormes foyers de combustion, des silhouettes d'arbres et de maisons paraissent attendre leur tour. Paris est dans la résignation de sa dernière heure. Adieu Paris, superbe Paris ! J'y ai bien souffert ; mais je te dois les plus viriles et les plus fécondes émotions de ma vie. Je te pardonne les douleurs en raison des joies ; brûle en paix, pauvre grande ville ! Tu es belle, tu es magnifique encore dans ce terrible moment de ta mort, et l'on parlera longtemps de tes ruines !

Vers le soir, je retournai à mon observatoire pour jouir de l'effet des incendies dans la nuit. La route était sillonnée de voitures, et de personnes de tout sexe qui ne se montraient pas plus attristées que si elles allaient voir un feu d'artifice. Qui aurait jamais pensé que l'on pût se familiariser à ce point avec l'horreur, et que l'embrasement de Paris ne causât pas une émotion bien différente de l'émotion produite, sur la scène, par l'embrasement d'*Herculanum* ou par l'incendie final du *Prophète*?

Ce qui m'était apparu sous la lumière du jour, noir et sombre, se détache, sur les fonds obscurs de la nuit, en nuées rougeâtres, roulant des éclairs et se déchirant parfois pour montrer la silhouette effrayante d'un monument embrasé par le pétrole. Le ministère des finances, aux trois quarts consumé, ne jette plus que de pâles lueurs; les Tuileries, le Palais-Royal, l'Hôtel de Ville, le Palais de Justice donnent encore de belles gerbes. A côté du palais du Conseil d'État, sur le quai d'Orsay, on voit tourbillonner l'incendie sur l'hôtel de la Légion d'honneur. Entre ces deux rives embrasées, le fleuve, étincelant et rouge, paraît rouler du sang. Il y a de singuliers mirages; je crois voir l'hôtel du ministère de la marine dévoré par les flammes; il y a là un foyer magnifique qui lance des fusées éclatantes.

Dans la projection lumineuse de cette fournaise, un objet s'élève droit et immobile; c'est comme une salamandre rigide que l'incendie caresse et ne peut mordre. Je me figure voir l'obélisque assistant à l'embrasement de tout ce qui l'entoure. Il s'agit bien de l'obélisque et du ministère de la marine! Ce qui flambe ainsi, c'est, à l'autre bout de Paris, le grenier d'abondance; le monument que je prends pour l'obélisque, c'est une cheminée d'usine voisine de l'Arsenal.

Il n'y a point de raison pour que les désespérés, qui ont

rêvé ce suprême moyen de vengeance, respectent un seul de nos monuments. Ils doivent aussi bien incendier le Louvre et ses peintures, que les bibliothèques et toutes leurs richesses ; nous croyons vraiment que tout cela brûle ou va brûler, que nous n'assistons pas seulement à un sinistre, mais à l'effondrement d'une civilisation. Emportée dans l'extase poignante de ce cataclysme, l'imagination évoque les époques bibliques où la justice du ciel, sous forme de soufre et de feu, détruisit Sodome et Gomorrhe. Je me dis aussi qu'un poète trouverait peut-être quelque charme atroce à prendre une lyre, et, du haut d'une colline, perdu dans la nuit, à chanter, comme Néron, le *De profundis* d'une grande cité.

Quelque Schiller à tête blonde, un de ces romanesques soudards, buveurs de bière et fumeurs de pipe, qui campent à l'autre bout de Paris, sur les hauteurs de Montmorency, n'ébauche-t-il pas, au moment où je parle, une grossière parodie du chant de Néron? S'ils n'ont point ce raffinement de barbarie, ils peuvent, du moins, des hautes villas qu'ils ont requises pour leur séjour, contempler ce superbe achèvement de leur ruineuse invasion.

Ah! ils peuvent trinquer aux clartés lointaines de nos palais pétrolés ; ils peuvent sabler le champagne de nos caves et se donner du bon temps! Pour ces actes de vandalisme, qu'un reste de pudeur les a empêchés de commettre, ils ont trouvé des Français plus hardis et plus sauvages que ne le sont tous les Allemands d'outre-Rhin! Grâce à ces Français héroïques, le monument des défaites allemandes, le bronze dont les bas-reliefs racontent aux générations futures Wagram, Austerlitz et Iéna, a été jeté bas ; la fière cité qui, lorsqu'ils se sont montrés aux Champs-Élysées, s'est détournée d'eux, avec dédain, la voilà bientôt réduite en cendres ! Parmi les rudes soldats de l'empereur Guillaume, y en a-t-il un seul qui ne croie pas en Dieu? En voyant comme la nation allemande est vengée, cet athée doit être en ce moment à deux genoux, plongé dans un acte de foi, le cœur ouvert à de patriotiques espérances!

Et, me retournant vers nos bandits de la Commune, je me disais: Ceux-là sont dignes de toutes nos haines ; mais, du moins, ils savent bien finir. Ils sont de cette race de scélérats qui vont droit à la mort, qui se jettent crânement dans ses bras plutôt que d'affronter, avec les hontes de la déroute, les rigueurs d'une justice implacable et tardive. Dans le délire de ce cauchemar, je me figurais le bûcher de Sardanapale considérablement agrandi ; tous les chefs de la Commune, rangés en ordre sur des gradins embrasés, attendant le jet de flammes qui doit les emporter dans la mort et les ravir aux châtiments terrestres.

Dans la nuit, le retour de Saint-Cloud, de Ville-d'Avray et de Bellevue, s'était fait avec assez d'entrain ; il y avait même, par les chemins, des équipages légèrement équivoques où l'on semblait plus enclin à la gaieté qu'à l'épouvante. De temps à autre, du sein des ténèbres, une voiture émergeant, avec les gros yeux brillants de ses lanternes, avait jeté un éclat de rire aux échos étonnés ; mais la solitude de la nuit avait rendu ces touristes à un sentiment plus réel des choses et à une tenue plus décente. Le lendemain, on les vit, préoccupés et moroses, errant par les avenues du parc, se pressant autour des résidences officielles, pareils aux ombres éplorées qui assiègent les rives du Styx. La colonie parisienne courait aux journaux, interrogeait les passants, s'enquérait si Paris avait achevé de brûler et si quelque chose restait debout de cet irréparable désastre.

C'est ainsi que nous eûmes connaissance d'une séance de la Commune toute remplie d'atrocités. C'était la séance où le citoyen Urbain, réclamant la mort des otages, avait fait à ses collègues une proposition dont voici les termes : « Dix individus désignés par le jury d'accusation seront fusillés, en punition des assassinats commis par les Versaillais... Cinq de ces otages seront fusillés dans Paris, en présence de la garde nationale ; les cinq autres seront fusillés aux avant-postes et aussi près que possible du lieu où a été commis le crime. » Le crime dont il était question dans ce terrible document n'est autre que le prétendu assassinat d'une infirmière par des soldats de l'armée régulière. Le citoyen Urbain, en déposant son projet, avait dit : « Si l'on nous donne les moyens d'exercer légalement, d'une façon convenable et prompte, les représailles, je serai satisfait. » A quoi le citoyen Amouroux, un autre bon apôtre, avait ajouté : « Pour chacun de nos frères assassinés, répondons par une triple exécution. Nous avons des otages, parmi eux des prêtres. Frappons ceux-là de préférence, car ils y tiennent plus qu'aux soldats. »

Telle est l'effervescence des haines ; on est arrivé à ce degré d'indifférence pour la vie humaine. Il faut tuer, il faut brûler, il faut une vaste et effrayante destruction. Celle qui s'accomplit à Paris nous échappe dans son ensemble ; elle nous est révélée en détail, par des épisodes détachés, tantôt avec des exagérations qui doublent l'horreur des crimes, tantôt avec des lacunes et des inexactitudes qui égarent nos jugements et trompent nos angoisses. Le 23, lorsque le pétrole commençait à dévorer les monuments de Paris, comment pouvions-nous savoir que, dans la prison de Sainte-Pélagie, Raoul Rigaut faisait assassiner le républicain Chaudey et trois ou quatre gendarmes ? De même, un peu plus tard, il y eut une large effusion de sang qui ne nous fut pas annoncée et que le Gouvernement lui-même ne connut pas sur l'heure.

La nouvelle du massacre des otages suivit de près la nouvelle des premières victoires de l'armée de l'ordre.

Il n'y avait partout que du sang versé : ici d'héroïques trépas, là de hideuses tueries. Vraiment, si rebelle que l'on fût, autour de la rue des Réservoirs, à trop de désolation, il n'y avait plus de place pour la moindre joie. Il fallait pleurer quand même ! C'était, après l'assassinat de Chaudey, l'assassinat de l'archevêque de Paris, de l'abbé Deguerry, du président Bonjean et des autres prisonniers de la Roquette. On était comme étourdi de ces horribles nouvelles, arrivant coup sur coup. On s'en prenait aux bourreaux, on ne savait trop si les victimes avaient bien fait le nécessaire pour éviter leur sort. Pourquoi n'avoir pas échappé à ces bêtes féroces ?

En ce qui concernait l'archevêque de Paris, le Gouvernement ne savait pas encore, le 25, que ce prélat avait été mis à mort le 24. M. Thiers n'aimait point qu'on lui parlât de ces sortes de sujets. Il ne savait les choses que lorsqu'il ne pouvait éviter de les savoir, et ne les faisait connaître qu'à la dernière extrémité. C'est ainsi que, dans la séance du 25 mai, aucun ministre ne se montrait disposé à parler des meurtres qui se commettaient à Paris. Le ministre de la guerre vint à la tribune donner les meilleures nouvelles des opérations militaires; il dit que l'armée était maîtresse de tout, excepté des buttes Chaumont, de Belleville, de la Villette, de La Chapelle, et que, sans doute, le lendemain tout serait fini. Le général Leflô, se bornant à ces déclarations, allait descendre de la tribune, lorsque plusieurs voix lui crièrent :

« Et les otages ? » Il fallut bien parler un peu des otages.

Le ministre convint qu'un certain nombre de ceux-ci avaient été fusillés ; aux cris indignés de la gauche, il parla aussi de la mort d'*un* M. Chaudey ; mais il ajouta que le Gouvernement était sans nouvelles de l'archevêque et qu'il espérait bien que celui-ci serait sauvé. Voilà comme on était renseigné. Les journaux de Versailles n'en savaient pas plus long que le Gouvernement ; ils paraissaient avec des nouvelles vagues, lancées un peu au jugé, et avec des détails souvent étrangers à ce qui excitait le plus la curiosité.

Cependant, lorsque le général Leflô nous donnait le vague espoir que l'archevêque n'était pas assassiné, la nouvelle arrivait qu'il avait eu le sort des autres otages. Je fus témoin, à ce propos, d'une très vive discussion, dans la galerie des Tombeaux, entre des représentants républicains et des représentants royalistes. Les premiers accusaient M. Thiers d'être cause de l'assassinat de Mgr Darboy.

Lorsque l'abbé Lagarde lui a été dépêché par le Comité de salut public, pour lui proposer l'échange de l'archevêque contre Blanqui, pourquoi M. Thiers n'a-t-il pas souscrit à ce marché ? Que lui importait que Blanqui fût libre ou ne le fût pas ? Quelle aggravation sa présence à Paris eût-elle pu apporter dans la situation ? Les royalistes répondaient que, sans aucun doute, ils eussent payé cher le rachat de l'archevêque, mais qu'il y'avait, dans la combinaison transmise par l'abbé Lagarde, une capitulation déshonorante et une sorte de reconnaissance de l'autorité des communards. — On traite bien avec les brigands calabrais ou grecs, ripostaient les républicains ; la rançon qu'on leur paye pour racheter un de leurs prisonniers est-elle une reconnaissance de leurs droits ? Ceux qui soutenaient cette doctrine, ajoutaient que d'ailleurs M. Thiers n'aurait fait qu'une concession apparente. Blanqui libre se fût jeté dans la fournaise de la Commune où, très probablement, il eût été dévoré. S'il n'eût pas été tué par les uns ou par les autres, sur les barricades ou au coin d'une borne, il eût été toujours facile, la lutte terminée, de le reprendre. Cet oiseux débat ne pouvait, hélas ! ressusciter le pauvre archevêque !

Il y eut d'autres massacres que nous ne pûmes connaître, tels que la chasse donnée aux pères dominicains d'Arcueil et la boucherie hideuse de la rue Haxo. Ce qui nous échappait aussi, c'était l'énorme quantité de morts que l'on faisait autour des barricades, tant du côté de la troupe que du côté des insurgés. Devant l'Assemblée nationale, M. Picard, ministre de l'intérieur, avait dit, le 25 mai : « Les scélérats (il parlait de ses anciens électeurs) nous ont laissé 12,000 prisonniers ; nous en aurons certainement de 18 à 20,000. Le sol de Paris est jonché de leurs cadavres. Ce spectacle affreux servira de leçon à ceux qui osaient se déclarer partisans de la

Commune. » Du reste, le plus grand désordre règne dans la transmission des nouvelles de Paris ; le chef du Gouvernement en reçoit de son côté; le ministre de la guerre en reçoit du sien. Il en arrive aussi au ministère de l'intérieur. Ces informations sont sans concordance les unes avec les autres, et souvent les fonctionnaires oublient de les communiquer aux représentants et même aux journaux.

Un jour qu'il descend de la tribune, où il a raconté le peu qu'il sait sur les incendies et les fusillades, le ministre de l'intérieur est arrêté par M. Barthélemy Saint-Hilaire, qui lui apprend que nous occupons le fort de Bicêtre. Aussitôt M. Picard de remonter et de dire à la Chambre : « Messieurs, nous occupons le fort de Bicêtre. » Comme il regagne sa place, un autre de ses collègues court vers le ministre et lui montre le télégramme du général de Cissey, annonçant la prise des Hautes-Bruyères et du fort de Montrouge. Sans hésiter, M. Picard remonte de plus belle à la tribune et dit : « Messieurs, nous sommes maîtres aussi des Hautes-Bruyères et de Montrouge. » Si on veut revenir sur les otages, il se récuse.

Un indiscret député de la droite demande des nouvelles de son collègue Millière ; le ministre explique, par des signes, qu'il n'a rien à répondre. Il aime mieux, le même jour, pendant que Paris brûle et que le sang coule, déposer un projet de loi pour le rétablissement du cautionnement des journaux politiques et littéraires.

Les incertitudes où l'on nous laisse sont d'autant plus singulières que Paris est entré en rapports continus avec Versailles ; nous avons des allées et venues de gens qui prétendent avoir pénétré jusqu'au cœur de la place, et qui reviennent sans rien apporter de nouveau, si ce n'est une volonté bien arrêtée de ne point recommencer leur excursion. M. Thiers ne passe pas de jour sans se rendre compte par lui-même des progrès de l'armée ; il a même poussé le zèle jusqu'à installer M. Jules Ferry dans la préfecture de la Seine, dont le siège, hélas ! n'est plus à l'Hôtel de Ville. Il n'en est pas mieux renseigné sur ce qui s'accomplit en dehors des lignes occupées par l'armée du maréchal de Mac-Mahon. Il ne sait pas de quelles résolutions viriles ou de quelles preuves de défaillance les chefs de la Commune donnent le spectacle. Il ne sait ni ceux qui survivent ni ceux qui sont morts : c'est l'impénétrable secret des barricades.

L'histoire nous dira que, parmi les acteurs de ces scènes sanglantes, quelques-uns sans doute ont poussé le courage jusqu'au bout, qu'ils ont eu la loyauté de la déroute et n'ont point voulu se soustraire aux ruines qu'ils ont faites ; mais l'histoire nous dira aussi que la plupart ont été de faux héros, qui ont cherché, dans de honteuses retraites, sous de grotesques déguisements, à sauver, sinon leur honneur, du moins leur vie. Connaissant, par l'expérience du passé, les revirements de l'opinion et les inévitables retours des choses d'ici-bas, ils se réservaient sans doute pour l'heure prévue de l'amnistie. Leur défaite les condamnait à mort ; ils n'ont point su s'exécuter eux-mêmes.

Il en est qui, pour se donner le temps de fuir et pour dépister les recherches, ont imaginé de se faire passer pour morts. On connaît le trait ingénieux de M. Jules Vallès, qui a donné lui-même à un journal le récit dramatique et détaillé de ses derniers moments. C'était merveille de voir comme quelques vaillants communards se battaient sur telle ou telle barricade ; on pouvait compter leurs blessures et constater le stoïcisme dont ils avaient fait preuve jusqu'au trépas. Tandis qu'ils mouraient de la sorte, ces braves cherchaient leur salut dans des caves, dans des armoires, sous des lits, vêtus en femmes, en prêtres, accoutrés de plusieurs ridicules façons.

Ces tricheries avec la mort ont considérablement dé-poétisé la plupart de ces personnages, aux yeux de ceux qui, un moment, avaient pu se laisser prendre à l'apparente grandeur des derniers tableaux du drame communard ; mais elles leur ont ménagé la rentrée triomphale dont nous avons été témoins ; sans parler des réparations de toute sorte que la République est sur le point de leur laisser prendre et au besoin de leur offrir !

CHAPITRE VIII

Sommaire. — Dernières distractions des émigrés versaillais. — Nouveaux types de prisonniers. — Découverte d'un colonel de fédérés. — Assi. — Détails sur l'emprisonnement de ce personnage cosmopolite. — Arrivée de Verdure, d'Urbain et de Trinquet. — Paschal Grousset costumé en femme. — Régère et ses mines fatiguées. — Arrivée aux Petites-Écuries de la prolonge portant Vermorel. — Détails sur ce blessé. — On le transporte à l'hôpital militaire. — Sa résignation. — Vermorel meurt en bon chrétien. — Les insurgés devant la mort. — Théophile Ferré. — Mésaventures de M. Paul Meurice. — Ses préoccupations. — Gromier gendre de Brunereau. — Frédéric Morin. — Fontaine. — Jourde. — M. Glais-Bizoin. — M. Quentin. Une victime de M. Jules Favre. — Un prétendu espion. — Laluyé et Renier détenus administrativement. — Mme de Rovigo. — Mlle Azemia Delescluze. — Son négligé. — Ses fureurs momentanées. — La veuve Millière. — Louise Michel. — Les viragos prisonnières. — On ne leur trouve point de costumes de femmes. — Ingénieux moyen employé par les Sœurs de la Sagesse. — Panique au sujet des prisonniers de Satory. — Statistique des prisons de Versailles à la fin de mai. — Aspirations vers Paris. — La Chambre s'occupe de la capitulation de Metz. — Sentiments divers des représentants de gauche et de droite. — Regrets tardifs. — Belle situation faite par eux à M. Thiers. — Triomphe mêlé d'inquiétudes de ce dernier. — Fin de la guerre civile. — Cérémonie religieuse dans la cathédrale de Versailles. — Les conseils de guerre dressent leurs tribunaux.

Malgré les raffinements de ruse, les humbles travestissements et les aplatissements physiques et moraux dont usèrent les matamores empanachés de la Commune, un bon nombre tomba dans les traquenards de la police. On nous les amenait à Versailles sous bonne escorte. C'est là que nous les vîmes de près, dépouillés de leurs galons et de leurs panaches rouges. Durant cette affreuse semaine, tout faisait silence autour de nous; les oreilles n'étaient plus réjouies par ces bruits de clairons et de tambours, par ces roulements de caissons sur les vieux pavés des rues, ni par ces galops de cavalerie qui donnaient une animation passagère à la morne cité. La guerre civile occupait tout le personnel et tout le matériel de guerre; nous n'avions que les propos fort peu récréatifs des représentants du peuple, les promenades anxieuses du côté de la terre promise, et les parades foraines éclatant comme une ironie cruelle à côté de nos désolations.

Pour tromper les angoisses d'une si cruelle attente, c'était une ressource que cette recrudescence de prisonniers parisiens offrant, à notre insatiable curiosité, des types nouveaux et des modèles inédits de communards. Il y en avait beaucoup plus de civils que de militaires.

A cette heure inexorable de la bataille, les hommes, pris en armes, avaient moins de chance que jamais d'être faits prisonniers : leur sort était réglé d'une autre manière. Ceux que les gendarmes nous amenaient étaient, pour la plupart, de pauvres diables fourvoyés dans l'émeute, empoignés dans les bagarres, dénoncés par la couardise, cueillis n'importe où, quelquefois dans leur propre demeure, dans leur robe de chambre, dans leurs pantoufles, et emballés tels quels, sans pouvoir placer un seul mot pour leur défense. On les empilait en plein air, comme on pouvait, à la pluie, au soleil, jusqu'à ce qu'on eût le temps d'écouter leurs réclamations. Ce fut, pour quelques braves gens de ma connaissance, une épreuve bien horrible, dont ils faillirent périr ; elle a laissé dans leur esprit une impression de terreur qui ne s'effacera jamais.

Au fur et à mesure que la guerre civile déroulait ses scènes tragiques et tirait à son dénouement, les prises devenaient plus intéressantes. Je me souviens qu'un soir, comme j'étais dans la cour des Petites-Écuries, un convoi de prisonniers arriva, mené bon train par une escorte de gendarmes. On allait les descendre dans les sous-sols, lorsqu'un des captifs sortit résolument des rangs, au risque de se faire sabrer, et demanda à parler à un des fonctionnaires. On le conduisit devant l'inspecteur des prisons : « Que réclamez-vous ? » lui dit l'inspecteur. Le prisonnier répondit qu'il ne réclamait rien, mais qu'il tenait à faire connaître à qui de droit, que, dans le train dont il faisait partie, il y avait un colonel. Il ne voulut point le désigner autrement ni fournir le moindre signalement qui le pût faire reconnaître.

« C'est à vous de le trouver, dit-il ; cherchez dans le tas. »

Le jour même, l'affaire en resta là ; mais, le lendemain, l'inspecteur général chercha dans le tas. Il donna l'ordre de faire sortir et défiler devant lui tous les prisonniers de ce convoi ; il les examina un à un ; mais il ne vit que visages noirs de poudre, habits en lambeaux dont la couleur elle-même disparaissait sous la poussière, barbes hirsutes et chevelures plus ou moins encrassées. A ces signes, comment l'œil le plus exercé aurait-il pu reconnaître un colonel? L'inspecteur cependant eut une idée ; il donna ordre de brosser fortement les manches des tuniques, de manière à n'y point laisser la moindre couche de poussière. Il passa une revue des manches ainsi époussetées. Sur l'une d'elles, il ne lui fut point difficile d'apercevoir la trace de cinq galons récemment arrachés ; le képi, également nettoyé et brossé, portait les mêmes marques.

Le colonel était découvert. « Vous étiez donc colonel? » dit le fonctionnaire au porteur de cette tunique, en lui montrant du doigt les coutures mal effacées de ses insignes. — « Oui, Monsieur. — Et comment vous nomme-t-on? — Assi. »

En se sentant pris, Assi retrouva toute sa fierté. Il pensa que son nom, jeté à brûle-pourpoint à celui qui l'interrogeait, produirait beaucoup d'effet. L'inspecteur des prisons ne se laissait pas émouvoir pour si peu. Il n'eut pas plus de considération pour le colonel Assi qu'il n'en eût pour tout autre citoyen galonné de l'armée insurgée. Il lui accorda cependant une marque d'attention : il le fit conduire incontinent des Petites-Écuries à la maison d'arrêt. C'est là que le colonel Assi fut interrogé, qu'il se déclara né en 1840, qu'il fut convaincu d'avoir déserté jadis les rangs de l'armée, d'avoir servi en Italie sous Garibaldi, — ceci passait à ses yeux pour son meilleur titre de gloire, — enfin d'avoir été, sous le dernier gouvernement, l'organisateur des grèves du Creusot.

Quelques-uns de ses antécédents le désignaient suffisamment pour une des premières dignités de la Commune. Comme il aimait l'uniforme, Assi entra dans le militaire ; il ajouta même à ses galons une sorte de décoration, je ne sais laquelle, suspendue à sa poitrine par un ruban rouge. Il ne paraît pas qu'il ait été bien friand des périls du champ de bataille ; mais, s'il ne fut point des derniers à quitter le terrain de la lutte, il resta du moins jusqu'au bout fidèle à sa tunique et à son képi ; il ne se sépara que des galons. C'est même cette persévérance dans l'uniforme qui le trahit. Quand il fut découvert, il n'en resta pas moins dans sa tunique ; j'ai même ouï dire que, peu de jours après son arrestation, il y recousut lui-même ses galons. Ce que je puis assurer, pour l'avoir vu, c'est qu'il comparut, plus tard, devant le conseil de guerre, dans tout l'éclat de ses insignes, sans en excepter la petite décoration rouge.

Assi n'était point seulement épris de son costume, il l'était surtout de lui-même. Ce citoyen blond se trouvait à son gré; il se sentait des grâces suffisantes pour suppléer à beaucoup d'autres qualités dont cependant il se croyait également bien pourvu. Il avait un soin exquis de sa personne. Une fois installé dans la maison d'arrêt, il fut l'objet de certaines prévenances. Comme, en le fouillant, on avait trouvé son gousset tout à fait vide, — ce qui arrivait bien rarement aux prisonniers de cette sorte, — il lui fut offert un supplément de vivres pour le cas où la nourriture de la prison lui semblerait insuffisante.

Le colonel Assi déclina très poliment cette offre. On lui proposa de remplacer l'ordinaire par des provisions de cantine : il se confondit en remerciements et n'accepta pas davantage; mais un jour que l'inspecteur passait devant sa cellule ouverte, il l'arrêta pour lui demander s'il ne pourrait faire mettre à sa disposition du savon et une brosse à dents. Assi tenait à ce qu'il n'y eût rien à dire sur ses mains. On lui donna le savon qu'il voulut; ce fut même, je crois, l'inspecteur général lui-même qui paya de ses deniers cet accessoire de toilette. Le prisonnier promit de le rembourser en des temps meilleurs.

Ce besoin irrésistible de savon avait attiré l'attention

sur les mains d'Assi, elles n'avaient rien qui trahît le travail; elles étaient au contraire blanches et fines, sans la moindre trace de calus. Cette observation ne fut point la seule que firent, sur l'ancien agitateur du Creusot, les fonctionnaires de tout ordre qui l'approchèrent; on lui trouvait des allures étranges; on cherchait, sur ses traits, dans son parler, les traces d'une nationalité incertaine; il pouvait être Français, il pouvait être Allemand, il pouvait être Italien. Il parlait avec une égale facilité la langue de ces trois pays. Quel étrange ouvrier qui paraissait n'avoir jamais touché un outil! C'était un type de cosmopolitisme et d'internationalisme, une nature fuyante et insaisissable qui, plus d'une fois, rendit ce particulier très suspect à ses propres amis.

Nous ne sortions guère, depuis trois jours, de cette cour des Petites-Écuries où tous les prisonniers affluaient. C'est là qu'arriva un jour, à pied, se traînant à peine, le citoyen Verdure, ramassé, je ne sais plus où, par la troupe. J'eus aussi le plaisir de voir débarquer devant ce monument le fameux Urbain, dans son costume de cocher. C'était ce fier citoyen qui avait montré, dans la séance du 19 mai, tant de zèle pour l'extermination des otages. Il faisait triste mine sous sa livrée, mais n'y semblait point trop déclassé. Plus tard, ce fut le tour de

Trinquet ; ce vaillant cordonnier n'avait aucun déguisement ; il arrivait tel quel des Carrières d'Amérique, où on l'avait pris. Trinquet ne demanda ni à se brosser ni à se savonner.

Ce fut le contraire pour Paschal Grousset qu'il avait fallu d'abord retirer des jupons et des tournures de M{^{lle}} Hacard, où il s'était empêtré, et remettre dans les attributs de son sexe. A Versailles, quand il arriva, il avait la mine toute pâle et les yeux battus. Le trajet de la rue Condorcet, où il avait été découvert par le commissaire de police Durét, jusqu'au chef-lieu de Seine-et-Oise, avait été des plus accidentés. Un moment Paschal Grousset avait pu croire qu'on allait l'écharper. Il témoignait à ce sujet quelque crainte au commissaire. Celui-ci lui dit : « Il faut être philosophe, Monsieur : il y a quinze jours, si l'on m'eût pris, c'est moi que l'on eût voulu massacrer ; vous ne m'eussiez peut-être pas sauvé, vous, de la fureur de vos amis. » Il semblait au prisonnier qu'il n'arriverait jamais à Versailles ; quand il entra dans la prison, il poussa un soupir de soulagement qui semblait dire : sauvé !

Une autre intéressante capture fut celle du nommé Régère de Montmore, un être de choix, mordoré, doux, mielleux et galant. Ni jeune ni vieux, ni croquant ni gentilhomme, ni grave ni sérieux, quasi bouffon dans ses grâces; médecin pour les bourgeois, vétérinaire à l'égard des démocrates : tel était Régère. Les fatigues et les émotions de la route avaient apporté de notables ravages dans la couleur de son teint et dans l'ordonnance de sa précieuse chevelure. Son œil bleu nous arriva aux trois quarts éteint et fané. Le pauvre homme avait toutes ses beautés dans le plus triste état. C'est à lui qu'il fallut donner des savons, des cuvettes, et le reste ! Cependant il se remit et fut, pour les gardiens de la maison d'arrêt, pour le directeur et pour les chefs, un prisonnier de rapports fort agréables.

Dans la matinée du 25 mai, vers le soir, comme l'inspecteur général des prisons arrivait aux Petites-Écuries, un véhicule y entra; c'était une prolonge du train des équipages. En s'approchant, l'inspecteur aperçut un blessé couché sur des bottes de paille; il remarqua aussi que du sang, s'échappant par les fentes de la charrette, dégouttait et rougissait les pavés. Le visage était d'une pâleur extrême; les yeux fermés cachaient en partie l'horrible expression de souffrance que trahissait seulement la contraction des muscles. Le blessé était vêtu en civil, la redingote déchirée et salie, la tête nue. On l'avait couché sur le dos. Les cavaliers qui l'escortaient ne purent dire le nom de ce prisonnier; on ne savait où le déposer. M. de Watteville se pencha vers lui, en s'appuyant contre la prolonge, et lui dit : — « Quel est votre nom ? » Le blessé souleva péniblement ses paupières; il vit qui lui parlait et répondit à demi-voix: « Vermorel. »

Aussitôt, par ordre de M. l'inspecteur général, on suspend la réception des prisonniers amenés de Paris dans la nuit et le matin, Vermorel est enlevé, avec les plus grandes précautions, de dessus sa paille, déjà toute rougie et toute coagulée par le sang. On le place sur un brancard et on l'emporte à l'hôpital militaire, qui, fort heureusement, se trouve situé de l'autre côté de la place d'Armes. Le blessé ne peut subir qu'un très court interrogatoire. Il a été ramassé mourant sur une barricade du boulevard Voltaire. La Commune vaincue, il a été, comme Delescluze, parmi ceux qui n'ont point jugé glorieux de lui survivre. Une balle lui a brisé le col du fémur.

Le temps qu'il a passé sur son lit d'hôpital, Vermorel l'a employé non à se disculper, mais à se préparer à mourir. Nous étions plusieurs qui l'avions connu et qui, très éloignés de ses doctrines, n'étions pas sans estime pour son caractère et pour son talent. Nous savions d'ailleurs que, dans les derniers jours de la Commune, il avait opposé une très vive résistance à ceux de ses collègues qui avaient réclamé l'exécution des otages. De plus, quelques-uns d'entre nous lui attribuaient, à tort ou à raison, les avis mystérieux qu'ils avaient reçus pour se mettre en sûreté. Toujours est-il qu'il n'y avait pas un blessé, dans l'hôpital de Versailles, qui nous intéressât au point où celui-ci nous intéressait. Tous les jours nous faisions prendre de ses nouvelles ; elles étaient, hélas ! de plus en plus mauvaises. Le malade souffrait le martyre et supportait son mal sans jamais proférer de plainte. A la fin, la gangrène se mit à la blessure ; tout fut désespéré. Un prêtre fut appelé au chevet de ce lit. Vermorel eut la douce mort d'un chrétien.

Ils furent plus nombreux qu'on ne pense, les insurgés de la Commune qui finirent de la sorte. Parmi ceux-là mêmes qui, de leur vivant, niaient avec le plus d'assurance la religion et Dieu, il s'en trouva qui, se voyant près de quitter la vie, n'osèrent se risquer, pour ce grand départ, sans avoir obtenu la bénédiction du prêtre. Pour n'en citer qu'un dont le nom certainement se rattache aux actes les plus sanglants qui aient été commis au cours de la guerre civile, qui se serait douté que Théophile Ferré, à la veille de s'adosser au poteau d'exécution, appela l'aumônier, se confessa, entendit la messe et communia ?

Je me crois en situation de garantir l'exactitude de ce renseignement, que, du reste, l'abbé Follet peut confirmer, et même d'y ajouter ce détail particulier et caractéristique que, lorsqu'il prit cette résolution suprême, l'assassin des otages fit au prêtre une seule réserve: il lui demanda de ne point se montrer à ses côtés le jour de l'exécution. Il fut pris de ce respect humain, en même temps qu'il eut la force de mourir avec plus de calme et plus de sang-froid que personne. Les rapports que l'on peut retrouver dans les prisons de Versailles, ne laissent aucun doute sur le grand nombre de conversions *in extremis* qui s'accomplirent. Il y eut un malheureux qui ne voulut point du pardon de Dieu; ce fut celui qui peut-être avait le moins le droit de l'obtenir, l'atroce Serizier.

Tous ces souvenirs me portent bien au-delà du cadre où je dois enfermer ce récit. Pour y rentrer, je parlerai de quelques autres prisonniers intéressants qui ne furent jamais tentés d'aller à confesse. Il y eut, dans ce nombre, M. Paul Meurice, que l'on avait pris à Paris dans son domicile et traîné jusqu'au chef-lieu de Seine-et-Oise, sans égard pour sa qualité d'écrivain ni pour ses hautes références. Le rédacteur en chef du *Rappel* fit ses vingt kilomètres d'un pas assez ferme; il est bon marcheur. Lorsqu'il arriva, la maison d'arrêt de la rue Saint-Pierre était au complet; on dirigeait les nouveaux venus, jugés dignes de cet honneur, sur une autre prison, située en face de l'hôtel de la présidence, dans l'avenue de Paris. C'est là que M. Paul Meurice reçut l'hospitalité.

Au premier abord, il trouva le lieu moins commode que son rez-de-chaussée de l'avenue Frochot; mais, il avait de quoi se donner ses aises. Il n'était point seul : le gendre du fourreur Brunereau, le citoyen Gromier, était son compagnon de chaîne; je veux dire de cellule.

M. Paul Meurice ne parut pas tout d'abord bien rassuré sur son sort. Ceux qui l'approchèrent purent remarquer qu'il était poursuivi d'une idée fixe : son ami Vacquerie n'était pas arrêté comme lui. Il n'en revenait pas. Entre eux, n'y avait-il pas une solidarité étroite ? Ne partageaient-ils pas les gloires du *Rappel*? Pourquoi ne point partager aussi les périls que la rédaction de cette feuille entraînait avec elle ? Pendant qu'Oreste était sous les verrous, de quel droit Pylade courait-il les champs? Pylade serait-il fusillé ?... Les gardiens et le directeur de la prison entendaient cette continuelle doléance. Gromier en avait la tête rompue; il n'y pouvait rien : « Ah ! disait-il à M. Meurice, j'en ai vu bien d'autres ! »

Quand il eut pris son parti de l'impunité de Vacquerie, M. Paul Meurice voulut avoir des journaux; il se montrait altéré de nouvelles et un peu nerveux. L'instruction dirigée contre lui visait à établir une participation à l'insurrection; il paraît que les preuves manquèrent absolument et que M. Paul Meurice, non

moins que M. Vacquerie, dans leur commerce avec la
Commune, étaient restés d'une pureté sans pareille. Le
prisonnier de Versailles n'en fut pas moins toujours
très anxieux de savoir où en était celle-ci. Était-elle
décidément vaincue ou victorieuse ?... Une semblable
incertitude était gênante pour ses interrogatoires.
Gromier se trouvait dans le même embarras ; ils eussent
voulu qu'on leur donnât, tous les soirs, le bulletin de la
journée. Comme ils voyaient le personnel de la prison
réfractaire à ce désir, ils cherchèrent à deviner ce qu'on
refusait de leur apprendre. Gromier dit un jour au
directeur : « Je vois bien que les fédérés sont vaincus ;
le canon ne gronde plus si près de nous ; il est de l'autre
côté de Paris. De nos cellules, nous entendons les tambours des régiments qui passent sur l'avenue ; la foule
les acclame ; ce sont évidemment des régiments victorieux. »

Ce même Gromier avait fréquemment un autre sujet
de conversation. Il se plaisait à raconter la mort tragique
de son beau-père, le fourreur de la rue des Martyrs. Il
n'omettait aucun détail et prenait des airs désolés qui
donnaient encore plus de vraisemblance à son récit.
L'exécution de Brunereau était une bonne petite comédie montée en famille. Pendant que son gendre
répandait le bruit de son trépas, le fourreur se donnait
du large.

Gromier avait pour compagnon de captivité, son ami

Lavigne, ancien normalien comme lui (1). Lavigne et Gromier aimaient à s'entretenir de leur bon temps passé à l'école et de l'étrange destinée que leur faisait un moment de terrible égarement.

Un prisonnier des plus taciturnes était M. Frédéric Morin. Il fut à peine écroué qu'il fit une scène au sujet de sa montre. S'appuyant sur la déclaration des droits de l'homme et du citoyen, il n'entendait pas qu'on le privât de savoir l'heure. Puis, ce captif retomba dans un silence morose. Déjà peut-être s'élaborait, dans son cerveau, le premier travail de l'évolution qui s'y acheva un peu plus tard, et qui jeta ce libre penseur, repentant et soumis, dans les bras de la religion. Relâché, comme M. Meurice, comme M. Lavigne faute de preuves, Frédéric Morin donna aux pratiques pieuses le peu de jours qui lui restaient à vivre.

Si M. Frédéric Morin parlait peu, le citoyen Fontaine parlait moins encore. Je ne sais si l'on s'y prit mal pour l'interroger, mais on n'en put tirer un seul mot. Le cas de ce Fontaine était des plus graves; ce personnage avait exercé, sous la Commune, les fonctions de directeur des domaines, et, à ce titre, il avait dirigé les opérations patriotiques du renversement de la colonne, de la chapelle expiatoire et de la maison de M. Thiers. Sur tous ces chefs d'accusation, le sieur Fontaine resta bou-

---

(1) Mort dans le dernier mois de novembre rédacteur en chef de la *Liberté*.

che close. Son ami Jourde fut moins muet ; amené à Versailles, Jourde fut fouillé avec d'autant plus de soin qu'il avait été délégué aux finances. On le trouva nanti seulement de 8,000 francs qu'il avait pris, disait-il, pour distribuer à ceux de ses collègues qui voudraient passer la frontière.

On incarcéra aussi M. Glais-Bizoin, qui vint se faire prendre lui-même à Versailles ; mais, à peine ce vieillard étourdi fut-il sous les verrous, qu'un ordre vint de le relâcher. Son crime était de s'être donné en spectacle le jour de la destruction de la colonne Vendôme et d'avoir publiquement approuvé ce forfait. Le cas de M. Quentin était bien différent. Ami et protégé de Delescluze, M. Quentin fut arrêté en même temps que la sœur de ce dernier, et conduit à Versailles sous bonne escorte. Il semblait mal résigné à son sort, et il n'eût pas osé prévoir encore qu'un jour viendrait, où ce fâcheux antécédent ne l'empêcherait pas d'occuper une des plus importantes fonctions de la République ! D'ailleurs, il ne fut point retenu longtemps. M. Quentin trouva, dans le gouvernement, des protecteurs qui répondirent de ses bonnes intentions. On le rendit à la liberté et au journalisme avancé où il tint toujours assez joyeusement sa place.

Dans cette même prison, on enferma aussi le malheureux Laluyé. A quel titre et par quel étrange concours de circonstances cet ancien ami, devenu l'ennemi déclaré et le détracteur de M. Jules Favre, se trouva-t-il confondu parmi les prisonniers de la Commune ? Il habitait Rueil ; il y menait en apparence une vie fort paisible. Un jour des gendarmes entrèrent chez lui, porteurs d'un ordre d'arrestation délivré par M. Jules Favre. Laluyé était accusé d'intelligence avec la Commune. Les gendarmes, entrant dans son salon, virent au plafond un buste en marbre blanc suspendu en guise de lustre. C'était le buste de M. Jules Favre en personne que son ancien ami s'était donné la satisfaction de pendre en effigie.

L'ancien avoué était fort abattu, au physique et au moral. Il s'abandonnait aux plus noirs pressentiments : « Je mourrai ici, » disait-il souvent au directeur de la prison. On fit, sur son cas, un simulacre d'instruction. Il fut impossible de rien découvrir qui ressemblât à une intelligence avec la Commune. On se rabattit sur un autre chef d'accusation : Laluyé fut accusé d'espionnage pour le compte des insurgés. Il fut impossible d'appuyer d'aucune preuve, ni d'aucun témoignage, ce nouveau grief. Cependant le malheureux ne fut point relâché. On le retint en prison « administrativement » pendant trois mois. Au bout de cette longue et arbitraire détention, M. Jules Favre le fit condamner correctionnellement pour diffamation envers sa personne. Laluyé mourut, comme il l'avait prédit, avant d'avoir recouvré sa liberlé. Ce mort est encore à l'actif de l'homme de Ferrières.

Moins tragique fut la destinée de M. Rénier. C'était le personnage qui, muni d'une photographie de l'Impératrice, se présenta au maréchal Bazaine, et engagea cette mystérieuse intrigue qui fit sortir de Metz le général Bourbaki et se dénoua au profit de nos ennemis. Rénier s'était fait prendre au cours de l'insurrection parisienne et M. Picard, ministre de l'intérieur, l'avait fait écrouer non moins « administrativement » que M. Jules Favre avait fait pour son ami Laluyé.

Nous nous intéressions beaucoup à ce prisonnier; comme il n'était point tenu au secret, quelques-uns de nous le purent aller voir dans la prison de l'avenue de Paris. Il ne représentait nullement le type de l'espion ; il avait plutôt les apparences d'un gros propriétaire bourguignon, bien satisfait de lui-même, bien portant et haut en couleur. M. Rénier pouvait bien avoir, en ce temps, ses quarante-cinq ans. Il paraissait pourvu d'une intelligence très ordinaire ; sa conversation manquait le plus souvent d'intérêt. Si on le mettait sur le chapitre de ses négociations secrètes et de ses rapports avec l'Impératrice, il se renfermait dans un mutisme énergique ; mais il était visible qu'il tirait une grande vanité du rôle qu'il passait pour avoir joué. Du reste, il ne se montrait nullement inquiet de son sort. M. Rénier vivait, en prison, aussi confortablement que possible, mangeant à son gré et buvant du vin qu'il avait fait venir de sa propriété.

La curiosité des oisifs versaillais fut également excitée par la capture d'une dame des plus mystérieuses qui fut conduite dans la maison de l'avenue de Paris, mais que nous ne pûmes voir. La première rumeur nous avait laissé supposer qu'elle était jeune et distinguée ; elle passait pour avoir poursuivi, durant la Commune, quelque vengeance de cœur. Aux questions qui lui avaient été posées sur son nom, sur sa famille, sur ses relations, elle avait seulement consenti à déclarer qu'elle s'appelait *Madame de Rovigo*. Ce nom devait être un masque. Mme de Rovigo, tout compte fait, marquait cinquante ans. Son âge était hors de doute ; son rôle parut plus équivoque. Elle avait été dénoncée comme ayant emporté et caché les papiers importants et la correspondance des membres de la Commune. J'ai su plus tard, qu'après avoir été tenue au secret, un ordre de M. Thiers la fit mettre en liberté.

Le sexe charmant fut représenté, à Versailles, par des personnes plus notables et d'une réputation mieux établie. Nous y vîmes arriver, le 24 mai, Mlle Azémia Delescluze. Ce doux nom d'Azémia cachait une âme virile ; ce n'est pas une sœur, c'est un frère que Delescluze possédait en cette personne, et un frère plus solide que lui. Au physique, Melle Azémia avait les allures et le ferme profil de Cornélie ; au moral, elle avait la haine vivace et frondeuse.

Le lendemain de son incarcération, elle se promenait dans sa cellule comme une lionne dans sa cage, mal peignée, en chemise et en camisole. Dans ce négligé, elle entendit frapper à sa porte : « Entrez, » cria-t-elle sans se rajuster. Le gardien annonça M. l'inspecteur. La sœur de Delescluze regarda celui-ci bien en face. « Encore un mouchard », fit-elle et elle se reprit à marcher. Sans répondre à l'insulte de la prisonnière, le fonctionnaire lui adressa ses questions dans les termes les plus polis. La demoiselle se calma peu à peu et la conversation se mit sur un pied convenable.

Mlle Delescluze ignorait le sort de son frère ; elle s'enquit à plusieurs reprises de ce qu'il était devenu. L'inspecteur se donna bien de garde de lui dire qu'il avait été tué. Deux ou trois jours après, on lui apprit en même temps sa mise en liberté et la mort courageuse de son frère. Toutefois, elle triompha plus modestement que Mme veuve Millière, une autre captive qui n'ignorait point le sort de son mari, fusillé sur les marches du Panthéon, et qui, sans témoigner la moindre douleur, se glorifia de pouvoir porter le deuil d'un pareil héros. Ces natures d'élite faisaient l'admiration et en même temps la stupéfaction d'une pauvre petite piqueuse de bottines, Mme Dereure, qui se trouvait englobée dans ces emprisonnements et dont l'âme, moins stoïque, était sujette à toutes les angoisses et à toutes les défaillances de son sexe.

Nous eûmes encore l'institutrice de Montmartre, la terrible Louise Michel ; mais à cette époque, cette personne, arrivée en tenue de cantinière, était moins célèbre qu'elle ne l'est aujourd'hui. Sa déportation lui a fait une auréole. Nous ne savions pas quelle forte femme se cachait sous les vilains traits de cette prisonnière. Elle nous apparut avec un gros et long nez, un menton fuyant, un front large, bombé et très découvert, des cheveux tombant en mèches plates, le regard allumé d'une personne sur le chemin de la folie. Laide à faire peur, la pauvre femme n'était en réalité tenue à rien ménager. On nous raconta qu'elle était une déclassée, touchant, par le sort de sa naissance, au plus haut et au plus bas degré de l'échelle sociale; sorte de métis en proie à des instincts contraires et à des férocités inassouvies. Il est certain que notre société n'était point organisée pour Mlle Michel. Après avoir essayé vainement de s'y faire une place par des essais littéraires et poétiques, elle était réduite à être pauvre institutrice libre à Montmartre. — C'est pourquoi Mlle Michel avait pris les armes.

En prison, elle composait des vers prophétiques annonçant le retour des déportés et les revanches de la Commune. Cette poésie datée de la prison de Versailles, trouve ici sa place ; je ne puis faire autrement que de la citer :

> Nous reviendrons foule sans nombre,
> Nous reviendrons par tout chemin ;
> Spectre vengeur sortant de l'ombre,
> Nous viendrons nous serrant la main.
> Tout est fini ; les bons, les braves,
> Tous sont tombés, ô mes amis,
> Et déjà rampent les esclaves,
> Les traîtres et les avilis.
>
> Mes amours, chère République,
> Pour toi comme on donnait son sang !
> Avec l'hymne patriotique
> Comme on tombait joyeusement !
> Oui, nous reviendrons, ô mes frères,
> Nous reviendrons morts ou vivants.
> Partout sous les rouges bannières
> On écrasera les tyrans.
>
> Ils ont frappé chaque famille,
> Les vieillards, les petits enfants.
> Mais quand nous serons triomphants,
> Pour un il nous en faudra mille.
> Oh ! quand viendra notre revanche,
> Vous expirez tous vos forfaits.

Pâles faiseurs de terreur blanche,
Allez, vous dormirez en paix.

Versailles 1871.

LOUISE MICHEL.

Le nombre des viragos qui nous arrivent de Paris devient tous les jours plus considérable. Ce qui rend ces convois particulièrement intéressants, c'est que la plupart des femmes sont dans des costumes d'homme ; vareuse bleue des fédérés, pantalon à bande rouge et képi. Il y en a qui portent des galons d'officiers, d'autres se distinguent par des tenues de fantaisie. Quant aux cantinières, elles sont innombrables et variées. Ces citoyennes ne sont point gênées dans leurs entournures ; on ne croirait jamais qu'elles ont porté jupon. Le visage est si hâlé qu'il prend des tons et des reflets de barbe. Les cheveux, coupés ras, ne conservent plus trace de chignon. Elles ont la gorge aplatie et déformée, la bouche agrandie par les cris, les lèvres noires, les mains rudes, les ongles dans un deuil invétéré. Comme la prison de la rue des Chantiers a déjà son trop-plein de prisonnières, on envoie celles-ci dans la maison de correction de l'avenue de Paris, où il existe un quartier pour les femmes.

Une grave difficulté se présente. Dans une prison,

chacun doit être revêtu du costume de son sexe. On oblige donc les premières vésuviennes qui arrivent à dépouiller l'uniforme pour s'affubler de robes et de coiffes réglementaires ; mais l'entrepreneur chargé de ces fournitures n'est point tenu à donner plus de vingt-quatre costumes. En temps ordinaire, ce nombre est plus que suffisant ; mais, avec les continuels arrivages que fournit la guerre civile, il y a beaucoup plus de femmes amenées que de jupes disponibles. Impossible de recourir aux magasins ; ils sont à Paris. Il faut donc accepter cette promiscuité de costumes. Cela fait, dans les préaux et dans les salles, un coup d'œil étrange ; celles qui sont en femmes ressemblent à des hommes travestis, et celles qui, n'ayant pu changer de vêtements, ont conservé la tenue militaire, donnent l'idée de soldats vaquant à d'innocents travaux d'aiguille. Les sœurs de la Sagesse, chargées de la surveillance des prisonnières, ne peuvent se faire à ces déguisements ; leur discipline et leur pudeur s'en offensent.

Après avoir vainement réclamé des chef hiérarchiques la livraison de vêtements féminins, elles prennent un parti héroïque. Une nuit, lorsque les prisonnières sont couchées, elles font le tour des dortoirs, enlevant tout ce qu'elles trouvent de pantalons et de vareuses. Le lendemain, munies de ces dépouilles, elles se présentent dans les principales maisons de la ville, où leur visite est toujours bien accueillie ; elles exposent leur cas et demandent, en échange de leurs uniformes, des costumes féminins. C'est ainsi, qu'en un jour, elles ont réuni une garde-robe suffisante pour toutes leurs amazones. Celles-ci paraissent ravies. Les bonnes sœurs font même la remarque que leurs pensionnaires, à peine rentrées dans les vêtements de leur sexe, sont d'humeur plus douce et mieux disciplinées. Elles reviennent, petit à petit, à des sentiments dont, sous la tenue militaire, elles paraissaient éloignées pour jamais.

Un beau matin, un bruit des plus alarmants se répandit dans Versailles : on nous dit que les prisonniers de Satory venaient de s'échapper et qu'ils descendaient par masses serrées. Il y eut un léger mouvement de sauve-qui-peut ; cependant, on se remit.

On s'exagérait beaucoup, en ce temps-là, le nombre des prisonniers enfermés dans les diverses prisons de Versailles. Je puis donner comme authentique le relevé suivant correspondant aux derniers jours de mai et aux premiers jours de juin. Les deux prisons civiles de Versaille, la maison de détention de la rue Saint-Pierre et la maison de correction de l'avenue de Paris n'avaient que 215 prisonniers ou prisonnières. Les prisons des Chantiers, de la rue de Noailles et de l'Orangerie en renfermaient à elles trois 2,486. Les Petites-Écuries, la Prévôté et Satory ne comptaient pas en tout plus de 1,750 sujets. Cela fait un total exact de 5,073 prisonniers.

Nous étions tous persuadés que Versailles s'était enrichi au moins de dix ou quinze mille communards.

Lorsque la panique causée par de prétendus complots d'évasion est dissipée, plusieurs d'entre nous ont la curiosité de monter sur le plateau ; ils voient une longue file de murs hauts et crénelés entourant les bâtiments où les prisonniers sont entassés. De distance en distance une mitrailleuse est braquée, prête à faire feu ; quand ce n'est pas une mitrailleuse, c'est une pièce de quatre.

Une consigne sévère nous tient à distance de l'arsenal ; nous ne pouvons pénétrer les mystères de cette prison militaire, aussi facilement que nous le faisons pour les prisons civiles de la ville ;

Les portes sont de fer, les murs ont vingt coudées.

Nous sommes du moins convaincus que, s'il est difficile à des curieux d'y entrer, il est encore plus difficile à des prisonniers d'en sortir.

La vue de ces entassements humains dans tous les lieux de détention est un spectacle monotone. Plus hardis que d'autres, quelques-uns de nous n'ont point voulu attendre l'issue de la bataille. A peine l'armée a-t-elle conquis leurs quartiers parisiens, qu'ils sont allés, sans hésiter, occuper ces positions ; mais, inquiétés par les fusillades, par des menaces continuelles d'incendie et des périls de toute sorte, beaucoup sont revenus dans leur exil. Là, ils attendent, tout le long du jour, le bulletin de la guerre civile. Cette semaine nous paraît un siècle. Nos plus gais philosophes, ceux qui se sont le mieux ingéniés pour tempérer les rigueurs de leur destinée, n'ont plus d'amusement qui les puisse détourner de leurs impatients désirs ; ils ne goûtent plus les délices du Jardin du Roi, ni les ombres suaves de la Salle des Marronniers, aucun groupe sémillant ne vient se pencher sur les hauts balustres de l'Orangerie. Quoique toujours ouvert, le cercle des Réservoirs a perdu ses charmes ; où l'on se divertissait le plus, on s'ennuie à mourir.

Il nous faut Paris ; il faut rentrer dans cette fournaise encore embrasée. Nous la voulons voir avant qu'elle ne soit éteinte ; nous avons l'entraînante curiosité de ses ruines fumantes ; nous sommes pris de cette envie cruelle de supputer les ruines et les déprédations d'un logis où nous savons que les malfaiteurs ont passé. Les monotonies tous les jours croissantes de notre chef-lieu, unies à ces impatiences, tendent à opérer entre Paris et Versailles un incessant transbordement ; la bataille qui se livre là-bas, derrière les fortifications, détermine un double courant, le courant des insurgés parisiens emportés vers les prisons de Seine-et-Oise, et le courant des émigrés refoulés sur Paris, rapatriés par le fait même de la victoire.

Pour avoir été retardé de quelques jours, ce mouvement n'en est pas moins irrésistible. Le dernier coup de canon n'est pas encore tiré que Versailles a senti le vide se faire ; les journaux ont plié bagage et se sont vite remis dans leurs établissements respectifs. Le corps diplomatique a repris ses résidences parisiennes ; il a supprimé son courrier de cabinet. Le 26 mai, il ne reste plus autour des demeures royales que l'inévitable personnel parlementaire et administratif.

Le rôle de la Chambre, en ces heures de crise suprême, est de plus en plus effacé. La parole est aux mitrailleuses et non aux orateurs. Lorsque le canon tonne, lorsque le chassepot fait valoir le suprême argument, les députés n'ont qu'à se taire. Ils n'ont, du reste, aucune envie de parler. Si l'on regarde le compte rendu des séances, correspondant aux derniers jours de mai, on verra comme les débats sont languissants. Il semble qu'on n'ait rien à dire ; c'est une conversation qui tombe ; il n'y a personne pour la relever.

Le général Changarnier se bat les flancs pour occuper le temps de ses collègues et ne les point laisser dormir sans prétexte. Il leur parle de Metz et du maréchal Bazaine. C'est à ce propos que M. Thiers prononce, au sujet du défenseur de Metz, ces paroles mémorables qui n'ont point figuré au procès de Trianon: « Le maréchal Bazaine m'avait chargé d'exprimer à l'Assemblée son désir de voir une enquête s'ouvrir sur sa proposition. Je dois saisir l'occasion qui m'est offerte aujourd'hui. Mon avis est que le personnage qui a eu l'honneur de commander une des plus nobles armées de notre pays, que LE MARÉCHAL BAZAINE A ÉTÉ INDIGNEMENT CALOMNIÉ. » Cette grave déclaration, sortie des lèvres autorisées de M. Thiers, permettait d'espérer que, s'il était disposé à ouvrir une enquête sur la capitulation de Metz, le Gouvernement était loin de vouloir faire comparaître le vainqueur de Borny et de Gravelotte devant un conseil de guerre.

Brusquement la Chambre abandonne ce sujet; des voix ou plutôt des cris intermittents s'élèvent, réclamant des nouvelles de Paris. On n'en peut fournir que de très vagues. Le duc d'Audiffret-Pasquier, passant à un autre ordre d'idées, demande que l'on procède, sans délai, à l'élection des 135 députés qui manquent. A ce propos, cet orateur, entraîné, malgré lui, dans le courant d'idées et de sentiments qui déborde de toutes parts fait dévier on discours et s'écrie: « De ce jour commence pour nous un deuil qui ne doit finir qu'avec notre vie. » Ce sentiment perce partout ; à l'insu même des orateurs, il se substitue aux arguments.

On ne parvient pas à dire autre chose que ce dont on a le cœur si plein; chaque diversion que l'on tente de faire est ramenée rapidement à cette idée fixe. Si le général Trochu veut revenir aux propositions d'enquête sur les actes du gouvernement de la Défense nationale et discuter la question du siège de Paris, on l'écoute à peine. L'attention est plus facilement obtenue par M. Dussaussoy, racontant qu'il arrive de la Roquette et qu'il a recueilli des renseignements lugubres sur ce qui s'est passé dans cette sinistre prison. On est tout oreilles. L'orateur n'est pas assez prolixe. Il demande des remerciements pour les pompiers venus, à Paris, des départements et des pays voisins ; — on accorde les remerciements.

Le véritable intérêt des séances n'est point dans ce qui se dit du haut de la tribune; il ne le faut point chercher sous la plume des sténographes. Les causeries de la galerie des Tombeaux, les épanchements plus intimes auxquels se livrent les divers groupes de députés dans leurs réunions extra-parlementaires, l'expression seule des visages donnent une idée plus exacte du véritable état des esprits dans le Parlement. A la joie de voir la Commune vaincue et militairement réprimée, succède bientôt une sorte d'inquiétude vague, quelque chose qui tient le milieu entre le regret et le remords.

Je ne parle pas des représentants de gauche, qui ont toutes sortes de sujets d'être moroses: ils ne se dissimulent pas qu'il sera bien difficile à la République de se dégager de la responsabilité des crimes que les insurgés de Paris ont commis en son nom. D'autres, parmi ces députés, cachent le dépit que leur cause la déroute d'une entreprise pour laquelle ils nourrissaient de secrètes sympathies, et où tant de leurs amis étaient directement engagés.

Les plus intéressantes impressions sont celles que trahissent les représentants des groupes monarchiques. Ils voient M. Thiers accaparer tous les lauriers de cette victoire. C'est lui, lui seul, qui est en scène; il se fait acclamer par les Parisiens; il se pose en soldat de l'ordre, en sauveur de la société, de même que, dans peu de temps, il trouvera moyen aussi de se poser en libérateur du territoire. Quelques esprits tardivement perspicaces, s'aperçoivent que si tout autre que M. Thiers, dans les conjonctures courantes, eût occupé le pouvoir suprême, il eût attiré à lui les profits de la répression qui vient de s'exercer et de la popularité qui en sera la suite naturelle. C'est lui et non M. Thiers qui eût bien mérité de la patrie. Encore une occasion perdue, la seconde! Ce ne sera pas la dernière.

Au milieu de ces affolements et de ces découragements profonds, un cri patriotique parti de l'étranger résonna jusqu'à Versailles. Ce n'était plus la revendication du droit divin, éloquemment formulée, dans les premiers jours de mai, par le comte de Chambord ; c'était un autre droit, une autre plainte, un autre moyen de salut offert à la France expirante. Le Prince qui jugeait opportun, en ce temps-là, d'intervenir aux yeux du pays n'était autre que le Prince Napoléon (Jérôme). Sans prendre garde à l'impopularité qui s'attachait, alors, à son nom et à sa dynastie, l'Altesse impériale fut emportée par un mouvement très spontané et très généreux, à jeter au visage de M. Jules Favre une lettre remplie des plus dures vérités. Ce document mérite d'obtenir une importance historique. Le personnage auquel le Prince s'attaquait était tombé déjà en un tel discrédit que toute critique de ses actes et de sa conduite, durant et après la guerre, ne pouvait trouver que des approbateurs. Voici donc ce morceau que nous ne fûmes pas peu surpris, un jour, de lire dans les journaux de Versailles à côté des bulletins incomplets de la guerre civile :

« La paix avec le vainqueur est signée, Paris la grande capitale brûle, ses plus beaux édifices séculaires, l'honneur de la civilisation, sont réduits en cendres, le sang coule à flots : Votre œuvre est complète !

« La douleur qui oppresse toute âme française, ne

doit pas obscurcir la raison, qui a le droit de vous demander compte des désastres accumulés par vous. »

Après cet exorde, le correspondant princier de M. Jules Favre déroule un long et terrible réquisitoire, embrassant le 4 septembre, les larmes de Ferrières, la défense de Paris, les préliminaires de Versailles, le 18 mars, la paix de Francfort, l'incendie de Paris.

« L'histoire, dit le Prince Napoléon à M. Jules Favre, vous appellera L'HOMME FATAL. Elle ne trouvera en vous qu'un mobile, la haine du nom de Napoléon.....

« Parcourons les échelons par lesquels vous nous conduisez au fond de l'abîme. — Le 4 septembre, vous proposez la déchéance; l'émeute, guidée par vous, chasse vos collègues ; vous violez votre serment, vous allez usurper le pouvoir à l'Hôtel de Ville, contre le suffrage universel. L'Empire avait commis des fautes; nos défaites étaient grandes, *mais nos désastres datent de vous;* à chacun sa part. C'était sans doute une bien fâcheuse erreur de trop compter sur les forces de la France et de commettre, en 1870, la faute que la Prusse avait commise en 1806, de trop regarder nos victoires de la grande république et du premier empire, de trop oublier l'ennemi puissant que nous avions à combattre, de contempler la Crimée de 1854 et l'Italie de 1859 au lieu de regarder froidement en face les forces de l'Allemagne en 1870, les hommes remarquables qu'elle avait à sa tête.

« Je ne veux ni ne puis nier ces fautes que les Napoléons paient encore plus par le déchirement de leurs cœurs que par leur exil; mais l'Empereur n'a pas cherché à se cramponner au trône par une paix qui pouvait sauver son pouvoir, en imposant de lourds sacrifices à la France.

« Tenez, nous avons une consolation, c'est d'être tombés avec le pays, tandis que votre élévation date de ses malheurs.

« Mieux que personne, vous savez les conditions que Napoléon III pouvait obtenir de la Prusse à Sedan ; certes, elles étaient dures, mais incomparablement moins dures que les conditions acceptées par vous. Nos sacrifices n'étaient point à comparer à ceux que vous avez souscrits, sans compter que nous évitions les mois de désordres amenés par le gouvernement de la défense de Paris, et par la dictature odieuse et impuissante de ceux de vos collègues émigrés en ballon pour piller et opprimer nos provinces.

. . . .

« La suite inévitable de votre usurpation, c'est la révolution du 18 mars, que vous accusez aujourd'hui, et l'incendie de Paris, dont vous êtes responsables.

« Pour défendre Paris, vous vous borniez à proclamer des succès fictifs, vous n'avez pas utilisé ces éléments terribles, mais vigoureux que vous aviez déchaînés, et qui ont tenu les soldats de la France en échec pendant deux mois, et cependant, c'étaient les mêmes hommes, égarés depuis par le vertige de la démagogie, chez lesquels vous pouviez surexciter la passion patriotique; c'étaient la même garde nationale, les mêmes canons, les mêmes fusils, les mêmes forts, les mêmes remparts, les mêmes barricades, toutes ces forces qui sont restées paralysées entre vos mains débiles et qui eussent été sublimes contre l'étranger.

« Sachez-le, les Napoléons eussent été assez patriotes pour bénir votre triomphe et leur chute, si vous aviez affranchi la France ; mais l'histoire dira qu'ayant promis de la sauver, vous l'avez perdue.....

« A Versailles, le vainqueur propose le désarmement de la garde nationale ou celui de l'armée, et vous choisissez celui des soldats, parce que vous craignez des éléments bonapartistes dans l'armée, tandis que les éléments de désordre, dans une foule irritée, mécontente d'elle-même, mal conduite, humiliée, malheureuse, éléments qui devaient aboutir à la terrible explosion de la Commune, ne vous préoccupent même pas.

« Vous vendez au négociateur ennemi la France, en échange, de votre république personnelle. Pourquoi avez-vous cédé ? Je vous le dirai : c'est parce que le ministre étranger vous a fait entrevoir la possibilité de réunir l'ancien corps législatif ; alors vous avez tout signé.

« Poursuivons. Votre conduite incapable a amené le triomphe de la Commune à Paris, et, de la part des Allemands, des exigences tous les jours plus grandes.

Les négociations languissent à Bruxelles, rien n'aboutit. Vous allez à Francfort; qu'y faites-vous? vous y signez une aggravation des préliminaires de paix : 1° en rapprochant les termes des paiements de l'indemnité; 2° en prolongeant, jusqu'en décembre 1871, l'occupation des forts de Paris qui devaient être évacués après le paiement des cinq cents premiers millions; 3° en ne faisant pas reconnaître par la Prusse la prise à sa charge de l'ancienne dette de la France afférente au département cédé, proportionnellement au territoire et au nombre des habitants; ce qui est de droit commun; ce qui a eu lieu pour la Lombardie, la Savoie, Nice, la Vénétie, toujours.

« La Prusse, en 1866, n'a-t-elle pas pris à sa charge les dettes du Hanovre, de la Hesse Électorale, du grand-duché de Nassau? Dans leur domination victorieuse même, les négociateurs prussiens ne pouvaient vous le refuser ouvertement. Je vais vous dire encore pourquoi vous avez courbé la tête; c'est qu'on vous a fait entrevoir un appel au peuple français; vite alors, vous avez tout concédé, et encore une fois, à Francfort comme à Versailles, vous avez sacrifié la France à votre haine aveugle. Il faut avouer que les procédés ne sont pas variés pour obtenir tout de votre gouvernement; il n'y a qu'à vous montrer la possibilité du triomphe de la volonté du peuple français.

« Je ne juge pas ceux qui, dans des circonstances

affreuses, ont accepté les préliminaires de Versailles, peut-être inévitables, et encore moins l'Assemblée qui les a ratifiés ; je ne m'en crois pas le droit ; mais vous, vous êtes inexcusable d'avoir fait le 4 septembre, d'avoir mal défendu Paris, d'avoir engagé le pays par des phrases de rhéteur, d'avoir conservé les armes à une population surexcitée, armes désormais inutiles contre l'étranger et dangereuses pour elle-même ; d'avoir aggravé les préliminaires pour le traité de paix, et, enfin, d'avoir abouti à la destruction de Paris.

« Vous avez comblé la mesure. La France s'indigne, et la postérité vous jugera.

« Dans les ténèbres où la France est plongée, en face de ces furieux qui, dans leur délire, brûlent nos monuments, renversent la colonne et brisent ce bronze glorieux dont les éclats font une blessure au cœur de chacun de nos soldats, il faut chercher le salut. Il n'est pas dans les intrigues des prétendants, mais dans la volonté du pays lui-même ; hors de là, il ne peut y avoir que lutte et confusion. Ce n'est pas dans un principe qui est la négation de la société moderne, dans le drapeau blanc que la France ne connaît plus, dans la négation du suffrage universel, dans la terreur blanche succédant à la terreur rouge, dans la fusion des prétendants, dans le retour des Stuarts français ; ce n'est pas là que se trouve le port. Non, à une société nouvelle, il faut un symbole nouveau, il faut, et le droit moderne le veut, il faut l'abdication de

16.

tous devant la volonté du peuple librement et directement exprimée ; hors de là, encore une fois, il n'y a que chaos.

« La foi monarchique ne se décrète pas ; la seule base sur laquelle un gouvernement, en France, peut asseoir son principe, la seule source où il peut puiser la légitimité et la force, c'est l'appel au peuple, que nous réclamons, et que la France doit exiger. »

Je ne dirai pas que cette sortie contre le plus impopulaire des ministres de M. Thiers produisit beaucoup plus d'effet que n'en avait produit, quelques jours avant, la lettre du comte de Chambord ; cependant elle répondait si exactement à un certain courant d'opinion, elle indiquait avec tant de précision des griefs qui n'avaient pas encore été réunis et présentés dans un document public, que la lettre du prince Napoléon eut, vingt-quatre heures durant, un vrai succès. Ce délai passé, on l'oublia et l'on ne tint pas plus de compte de la ressource de l'appel au peuple présenté par un Bonaparte, qu'on n'avait tenu compte des procédés d'un autre ordre, si éloquemment développés par le représentant de la monarchie française.

La France était tombée en république ; elle était encore beaucoup trop malade pour changer de régime ; elle demandait à être soignée sur place. De cette nécessité politique sortit une consolidation indéfinie de la puissance de M. Thiers, et cet avantage particulier pour la république elle-même, que ce régime, sur qui aurait dû peser l'odieux de l'insurrection parisienne et de tous les actes stigmatisés dans la lettre du prince Napoléon, échappa, comme par miracle, à toutes ces responsabilités. Les républicains purent même s'approprier l'honneur d'avoir réprimé des crimes qu'ils avaient eux-mêmes déchaînés!

Que faire pour conjurer un si malheureux cours des choses? Il faut laisser M. Thiers accomplir sa destinée. Les princes d'Orléans n'ont qu'à se ranger à sa suite et à emboîter le petit pas de ce glorieux vainqueur. Les royalistes, eux aussi, n'ont qu'à s'effacer. Le moment est passé où il dépendait d'eux de faire tourner les événements au gré de leur foi et de leurs espérances. M. Thiers aujourd'hui peut leur parler haut; il peut leur dire qu'ils n'ont plus rien à craindre ni pour eux-mêmes ni pour la patrie, et qu'il a réalisé la promesse qu'il leur avait faite, de leur créer une situation à la hauteur de leur courage.

C'est un moment fameux dans la vie de M. Thiers que le moment où l'imprévoyance de toute une majorité, beaucoup plus que ses talents et ses services, fait de lui l'arbitre de la France. Tout lui profite. Alors qu'on aurait pu lui reprocher de n'avoir pas su étouffer la Commune dans son germe, d'avoir manqué le coup de la prise des canons de Montmartre, d'avoir failli laisser tomber le

Mont-Valérien au pouvoir de l'insurrection, d'avoir fait traîner le siège en longueur et de n'avoir pas su prévenir les catastrophes du dénouement, il lui est permis de s'approprier la bravoure des soldats, l'énergie des généraux, tout, jusqu'au prestige du maréchal de Mac-Mahon, qui n'est que le bras droit du chef du pouvoir exécutif.

M. Thiers est donc dans le ravissement ; il s'occupe de réorganiser les mairies et la préfecture de la Seine. Aux applaudissements de la France, il désarme la garde nationale, que M. Jules Favre n'a point voulu laisser désarmer par les Allemands victorieux. Il reçoit les félicitations des cabinets étrangers.

Cependant, si loin qu'il soit de la Chambre, M. Thiers a toujours une oreille tendue vers la tribune; il ne saurait ignorer qu'il est à la merci de l'Assemblée nationale, que son pouvoir est, à tout instant, révocable, et qu'il suffit d'un coup de majorité pour l'enlever à sa toute-puissance. Il a bien aussi quelques tourments intimes ; il ne dort plus tranquille; son sommeil est hanté, dit-on, par le spectre des otages. S'il y a une calamité qu'il n'eût osé prévoir, c'était, à coup sûr, le massacre des otages. Il se flattait que les personnes arrêtées à ce titre et enfermées dans les prisons de la Commune, serviraient tout au plus aux insurgés à obtenir des concessions de la part des vainqueurs. Il comptait sans la férocité, sans l'implacable colère que communiquent aux âmes des combattants les fatigues, les privations d'une utte trop prolongée et les amères déceptions de la déroute.

Aussi M. Thiers fut-il vivement ému en apprenant le sort de l'archevêque de Paris qu'il se reprocha de n'avoir point sauvé au prix de la liberté de Blanqui. La vivacité de son impression se traduisait par une persistante incrédulité. Alors même qu'il savait la nouvelle vraie, M. Thiers assurait qu'elle était fausse et s'emportait contre quiconque, devant lui, soutenait qu'elle était vraie. On se souvient qu'il se conduisit de la sorte à l'égard du journaliste qui apporta, le 18 mars, à Versailles, la nouvelle du double assassinat de la rue des Rosiers. On n'eut pas moins mauvaise grâce, le 23 mai, à lui apprendre les assassinats de la Roquette.

Quant aux massacres de la rue Haxo qui eurent lieu le 26 mai, M. Thiers aurait fait arrêter celui qui en ût donné la nouvelle. Il nia aussi longtemps qu'il le put la chasse donnée par Sérizier aux dominicains d'Arcueil. C'est pourquoi ces horreurs ne furent connues que bien tardivement de ceux qui avaient continué de résider à Versailles. Les députés n'entendirent parler que du sort de Millière et de Raoul Rigaut; faute d'informations, ils conservèrent longtemps des illusions sur la plupart des otages.

Ce qu'on eut toujours grand soin de ne point leur laisser ignorer, ce fut la prise successive de cinq cents barricades dont les insurgés avaient hérissé les rues de

Paris. Avant d'entendre les cris déchirants des martyrs, ils entendirent les airs de bravoure que les ministres venaient, à chaque séance, faire retentir à la tribune. C'était tantôt la victoire du général Clinchant, tantôt la victoire du général de Cissey. Le général Douai avait pris un quartier ; le général de Galliffet avait pris l'autre. La répression s'étendait du centre à la circonférence ; elle atteignit bientôt l'insurrection dans ses derniers refuges. Nous suivions ce mouvement, heure par heure, voyant bien le sang dont chacun de ses pas était marqué, mais ignorant absolument les crimes que la terreur de son approche excitait à commettre.

Le dimanche 28 mai au matin, on apprit officiellement que tout était fini. Le maréchal de Mac-Mahon s'adressant aux habitants de Paris leur avait dit :

« Habitants de Paris, l'armée de la France est venue vous sauver. Paris est délivré. Nos soldats ont enlevé, à quatre heures, les dernières positions occupées par les insurgés. Aujourd'hui la lutte est terminée ; l'ordre, le travail et la sécurité vont renaître. »

Le jour même où le duc de Magenta nous envoyait ce bulletin de victoire, la cathédrale de Versailles ouvrait ses portes toutes grandes, et le personnel du gouvernement, remplissant un vœu formulé par l'Assemblée nationale, sur la proposition de M. Cazenoves de Pradines, venait adresser à Dieu des prières publiques pour le remercier d'avoir mis fin à la guerre civile. M. Thiers conduisait le cortège; il était entouré des ministres; on voyait M. Ernest Picard, M. Jules Favre, M. Jules Simon, occupés à remercier Dieu. Par ce côté, la cérémonie avait quelque chose d'amer et de triste.

Une entrée plus sérieuse et plus solennelle, ce fut l'entrée du président et du bureau de l'Assemblée nationale. M. Grévy, ses quatre vice-présidents, ses huit secrétaires, en tenue correcte, parurent sous le porche ; ils étaient suivis d'une affluence de représentants du peuple qui vinrent prendre place dans la nef. Il y eut une messe dite par le curé de la paroisse ; puis l'évêque lui-même s'approcha de l'autel et dit les prières pour le bonheur de la France. Mgr Mabille était un superbe prélat, tout ruisselant de cheveux blancs. Sa voix parut très émue; il y eut beaucoup de larmes versées. L'évêque donna la bénédiction; les cortèges se reformèrent et l'église se vida.

En sortant, nous nous heurtâmes encore à des convois de prisonniers qu'on traînait à Satory. Ces malheureux, ne sachant pas que l'on venait de prier pour eux, nous lancèrent des regards de haine. Quels regards! j'en ai gardé la terrible impression. La Commune était écrasée; le Gouvernement avait chanté son *Te Deum ;* mais il restait, au cœur des vaincus, un ressentiment farouche et l'espoir d'une revanche. La répression, menée bon train à Paris au plus fort de la lutte, se continua à Versailles sous des formes plus humaines et plus correctes.

Comme nous disions adieu à cette ville, de tous côtés la justice militaire dressait ses tribunaux et préparait ses terribles réquisitoires. Des conseils de guerre furent installés à Satory, aux Petites-Écuries, au Palais de Justice; il y en eut jusqu'à Sèvres, dans la caserne de gendarmerie voisine de la manufacture. C'était une nouvelle et sombre phase du drame qui allait se dénouer. Pendant trois mois encore, les châtiments infligés aux complices de la Commune remplirent les prétoires; ils eurent de loin en loin, par de brumeuses matinées de novembre, de sinistres échos sur le plateau de Satory.

TABLE DES CHAPITRES

Pages.

INTRODUCTION I

CHAPITRE PREMIER. — Nouvelle émigration. — M. Thiers abandonne Paris et prend la route de Versailles. — Tout le gouvernement le suit. — Les particuliers suivent le gouvernement. — Perquisitions dans les trains de chemins de fer. — Ville-d'Avray. — Petit cimetière allemand. — Versailles. — Quelques émigrés de marque. — Mouvement militaire. — Arrivée de M. Thiers le 18 mars au soir. — Son installation à la préfecture. — Mauvais accueil fait à un journaliste qui apporte la nouvelle du double assassinat de la rue des Rosiers. — Le général Vinoy et le mont Valérien. — L'amiral Saisset. — M. Thiers gouverne. — M. Barthélemy Saint-Hilaire. — Installation des ministres. — La ruche ministérielle. — Le corps diplomatique. — Les représentants. — Le théâtre du Palais. — Le parc. — La rue des Réservoirs. — L'apparition des maires de Paris dans une tribune de l'Assemblée. — Séances tumultueuses. — M. Thiers s'y montre peu. — Préparatifs militaires. — Baraquements de Satory. — Mouvement de troupes dans la journée du 1er avril..................................... 1

CHAP. II. — Premiers combats. — Le 2 avril. — La sortie des insurgés. — Le rond-point des Bergères. — La plaine de Nanterre. — Flourens a la tête fendue d'un coup de sabre. — Mort de Duval. — Un faux général Henri. — L'Assemblée tient séance de nuit. M. Thiers y fait une entrée théâtrale. — Démission de quelques députés radicaux. — MM. Millière et Lockroy. — Un article du *Rappel*. — Déclaration du général Billot. — Le général de Gallifet. — L'ordre du jour de Chatou. — La répression. — Les premiers prisonniers. — Les premiers otages de la Commune. — M. Dardenne de la Grangerie. — Apparition à Versailles de la ligue des droits de Paris. — Soulèvements communalistes dans les départements. — Un assassinat à Limoges. — M. Thiers incline visiblement vers la gauche de l'Assemblée.................................... 43

CHAP. III. — M. Jules Favre rapporte de Rouen la permission du général Fabrice d'élever l'effectif de l'armée. — Joie de M. Thiers. — Il songe à remplacer le général Vinoy par le maréchal de Mac-Mahon. — Le duc de Magenta. — Son retour à Paris le 16 mars. — Son départ de Paris le

18 pour Versailles et Saint-Germain. — Il refuse, une première fois, le commandement en chef que lui offre M. Thiers. — M. Thiers revient à sa proposition. — Difficultés avec le général Vinoy. — M. Thiers met tout le monde d'accord. — Le duc de Magenta est nommé commandant en chef des cinq corps formant l'armée de Versailles. — Ce choix est bien accueilli par l'armée et par les conservateurs. — Les opérations militaires commencent. — Physionomie de Versailles au milieu du mois d'avril. — La messe au camp de Satory, le jour de Pâques. — On apprend, à Versailles, l'arrestation des premiers otages. — Le continuel tapage des batteries de Montretout et de Breteuil. — But de nos promenades. — On se fait à cette vie. — Premiers convois de prisonniers. — Types de prisonniers et de prisonnières. — L'accueil qu'ils reçoivent. — M. Louis Ratisbonne. — Arrestation de M. Edouard Lockroy. — Il est emprisonné à l'hospice. — Les autres prisonniers sont logés d'abord aux Petites-Écuries. — Leurs interrogatoires par les commissaires de police. — La prison des femmes de la rue des Chantiers. — L'Orangerie. — Les largesses du marquis de L.... — Une épouse et une fille. — Les perspectives de ces prisons. — Distractions des émigrés. — Les journaux. — Le *Drapeau*, de M. Sarcey. — Le club des Réservoirs. — Coblentz.. 71

CHAP. IV. — Les complots de l'Assemblée et les difficultés de la conférence de Bruxelles préoccupent M. Thiers. — Les ruses de M. de Bismarck. — Il menace M. Thiers d'une restauration napoléonienne. — Arrestation de M. Rouher. — M. Thiers veut faire arrêter aussi M. Gambetta. — Il se décide à précipiter le dénouement du siège de Paris. — Ses intelligences dans la place. — Le docteur Troncin-Dumersan courrier de cabinet et agent de M. Thiers. — Ses voyages quotidiens. — Son influence dans les deux camps. — L'armistice de Neuilly. — M. Thiers entreprend le trafic des consciences. — L'affaire dite des *brassards* tricolores. — Le docteur Troncin est sur le point d'être arrêté. — Il obtient un sauf-conduit de Dacosta, secrétaire de Raoul Rigaut. — Fausses alertes données à l'armée. — Le colonel Laperche et Rossel. — Effet de terreur produit à Versailles par les nouvelles de Paris. — M. Pessard jure de ne plus faire d'opposition. — Déclarations de M. de Bismarck dans le Reischstag en faveur de la Commune. — Bonheur inaltérable des Français. — M. Thiers fait toutes les concessions possibles à l'Allemagne. — Signature du traité de Francfort. — L'Allemagne nous rend tous nos prisonniers. 115

CHAP. V. — Augmentation de l'effectif de l'armée. — Proclamation de M. Thiers aux Parisiens. — Effet de cette proclamation à Versailles et à Paris. — M. de Rochefort,

TABLE DES CHAPITRES. 291

Pages.

dans le *Mot d'Ordre*, désigne à la fureur populaire la maison de M. Thiers. — Décret de la Commune ordonnant cette démolition. — Arrivée à Versailles des trophées d'Issy. — M. Thiers apprend la démolition de son hôtel. — Crise de désespoir bientôt suivie d'une patriotique résignation. — Les bibelots de M. Thiers. — On s'est arrangé pour les sauver. — Le petit musée de la Présidence. — Scène violente à la Chambre. — On se raccommode sur l'indemnité accordée pour la reconstruction de l'hôtel de la place Saint-Georges. — Un manifeste du comte de Chambord. — La Commune est en péril. — La colonne Vendôme. — Les détails de sa démolition; la complainte de la colonne. — Indignation des députés. — Les hommes du 4 septembre jettent sur Courbet toute la responsabilité de ce crime. — Séance le jour de l'Ascension. — M. Thiers, parlant sur le traité de paix et sur la cession de Belfort, revient sur ce sujet et sur son *Histoire du Consulat et de l'Empire*. — Des allées du parc et des couloirs de la Chambre on entend l'explosion de la poudrière de l'avenue Rapp... 143

CHAP. VI. — Le 21 mai. — L'ambulance du cours Saint-Antoine. — M. Thiers se rend au Mont-Valérien. — Conversation avec le maréchal de Mac-Mahon sur la manière de donner l'assaut. — Le maréchal s'aperçoit, avec sa longue-vue, que les troupes régulières sont sur les fortifications. — Surprise du maréchal et de M. Thiers. — M. Thiers veut donner des ordres; le maréchal s'y oppose. — Légère altercation. — M. Thiers se retire. — Histoire de la livraison de la porte d'Auteuil par Dombrowski. — Veysset et Planat ; prix débattu. — Manœuvres et rendez-vous clandestins. — Arrestation de Veysset et de Hutzinger, secrétaire de Dombrowski dans la plaine de Saint-Ouen. — Exécution de Veysset. — Néanmoins la porte d'Auteuil est évacuée par les ordres de Dombrowski. — M. Ducatel et le capitaine Garnier. — Manifestation à Versailles. — Le salut au château. — Réception à la présidence. — Séance le 22 mai. — M. Thiers et l'armée ont bien mérité de la patrie. — Motion incomplète de M. Jules Simon pour la reconstruction de la colonne Vendôme. — Le Conseil supérieur de l'instruction publique. — Nouvelles contradictoires de Paris ; récits et tableaux de quelques touristes. — La foire de l'avenue de Saint-Cloud........ 185

CHAP. VII. — Sombres préoccupations des Versaillais. Arrestation et arrivée de M. de Rochefort dans une petite voiture de chemin de fer. — Cris de mort contre le pamphlétaire. — Mourot est avec lui; ils sont conduits à la maison d'arrêt. — Comment M. de Rochefort fut arrêté à Meaux, conduit à Saint-Germain par les Prussiens et à

Pages.

Versailles par les ordres du général de Galliffet. — Le bagage de M. de Rochefort. — L'interrogatoire. — La tête de Baudelaire. — Chefs d'accusation. — Il réclame les consolations de l'aumônier. — Intelligences avec Jules Favre. — Saisie d'une lettre de ce dernier. — M. de Rochefort désire transmettre à son fils son blason et son titre de marquis.—Retour des esprits aux dangers et aux appréhensions du moment.—Motion de l'amiral La Roncière à l'Assemblée. — M. Thiers pleure à la tribune. — Les incendies de Paris vues des hauteurs de Ville-d'Avray. — Les représentants et les touristes accourent pour assister à ce spectacle. — Illusions sur l'héroïsme des communards. Crimes contre la vie humaine. — M. Thiers organise l'administration. — La bataille suit son cours. — Le secret des barricades.. 219

Chap. VIII. — Dernières distractions des émigrés versaillais. — Nouveaux types de prisonniers. — Découverte d'un colonel de fédérés. — Assi. — Détails sur l'emprisonnement de ce personnage cosmopolite. — Arrivée de Verdure, d'Urbain et de Trinquet. — Paschal Grousset costumé en femme. — Regère et ses mines fatiguées. — Arrivée aux Petites-Écuries de la prolonge portant Vermorel. — Détails sur ce blessé. — On le transporte à l'hôpital militaire. — Sa résignation. — Vermorel meurt en bon chrétien. — Les insurgés devant la mort.—Théophile Ferré. — Mésaventures de M. Paul Meurice. — Ses préoccupations. — Gromier, gendre de Brunereau. — Frédéric Morin. — Fontaine. — Jourde. — M. Glais-Bizoin. — M. Quentin. Une victime de M. Jules Favre. — Un prétendu espion. — Laulye et Renier détenus. — Administrativement. — Mme de Rovigo. — Mlle Azemia Delescluze. — Son négligé. — Ses fureurs momentanées. — La veuve Millière. — Mme Dercure. — Les Viragos prisonnières.—On ne leur trouve point de costumes de femmes.. —Ingénieux moyen employé par les Sœurs de la Sagesse. — Panique au sujet des prisonniers de Satory. — Statistique des prisons de Versailles à la fin de mai. — Aspirations vers Paris. — La Chambre s'occupe de la capitulation de Metz.— Sentiments divers des représentants de gauche et de droite. — Regrets tardifs. — Belle situation faite par eux à M. Thiers.—Triomphe mêlé d'inquiétudes de ce dernier. — Fin de la guerre civile. — Cérémonie religieuse dans la cathédrale de Versailles.—Les conseils de guerre dressent leurs tribunaux..................... 245

Soc. d'imp. Paul Dupont, 41, rue J.-J.-Rousseau. 71.10-80.

LIBRAIRIE DE E. DENTU, ÉDITEUR, PALAIS-ROYAL

OUVRAGES DE VICTOR TISSOT

Voyage au Pays des Milliards
45e édition. 1 volume grand in-18 jésus. — Prix : 3 fr. 50 cent.

Les Prussiens en Allemagne
23e édition. 1 volume grand in-18 jésus. — Prix : 3 fr. 50 cent.

Voyage aux Pays annexés
25e édition. 1 volume grand in-18 jésus. — Prix : 3 fr. 50 cent.

Vienne et la Vie viennoise
19e édition. 1 volume grand in-18 jésus. — Prix : 3 fr. 50 cent.

Voyage au Pays des Tziganes (La Hongrie inconnue)
12e édition. 1 volume grand in-18 jésus. — Prix : 3 fr. 50 cent.

La Société et les mœurs allemandes
Traduit de l'allemand du Dr JOHANNES SCHERR
20e édition. 1 volume grand in-18 jésus. — Prix : 3 fr. 50 cent.

EN COLLABORATION AVEC CONSTANT AMÉRO

Les aventures de Gaspard van der Gomm
I. LA COMTESSE DE MONTRETOUT. 7e édition. 1 vol. — 3 fr. 50 cent.
II. LES MYSTÈRES DE BERLIN. 4e édition. 1 vol. — 3 fr. 50 cent.

La Russie Rouge (Roman contemporain)
1 volume grand in-18 jésus. — Prix : 3 fr. 50 cent.

LE COMTE BEUGNOT...	Mémoires, 1783-1815. 2 vol. in-8°	12 »
BARON BIGNON.....	Souvenirs d'un diplomate. 1 vol. gr. in-18...	3 50
HONORÉ BONHOMME...	Louis XV et sa famille. 1 vol. gr. in-18...	3 50
EUGÈNE BONNEMÈRE.	Histoire des Camisards. 1 vol gr. in-18 jésus.	3 50
GRANIER DE CASSAGNAC.	Souvenirs du second Empire. 1 vol. gr. in-18.	3 »
GEORGES D'HEILLY...	Journal intime de la Comédie française. 1 vol.	6 »
LE GÉNÉRAL DUCROT.	La Défense de Paris en 1870-1871. 4 vol. gr. in-8°, accompagnés de 102 cartes en couleur.	40 »
LÉONCE DUPONT....	Tours et Bordeaux. Histoire de la République à outrance. 1 vol. gr. in-18	3 50
GEORGES DUVAL....	Histoire de la Littérature révolutionnaire. 1 vol.	3 50
ARSÈNE HOUSSAYE...	Galerie du XVIIIe siècle. 4 vol. gr. in-18...	14 »
DE LOMÉNIE......	Les Mirabeau. Nouvelles études sur la société au XVIIIe siècle. 2 vol. in-8°	15 »
ANDRÉAS MÉMOR....	L'Allemagne nouvelle. 1 vol. gr. in-18...	3 50
L. NICOLARDOT.....	Les Cours et les Salons au XVIIIe siècle. 1 vol.	3 50
AMÉDÉE PICHOT....	Souvenirs de M. de Talleyrand. 1 vol. gr. in-18	3 50
Mme RATTAZZI.....	L'Espagne moderne. 1 vol. gr. in-18 ...	3 »
RAUDOT........	Napoléon peint par lui-même. 1 vol. gr. in-18.	3 »
JH. RUSSEL......	Mémoires et Souvenirs, 1815-1873. 1 vol. in-8°.	7 »
SAINT-AMAND.....	La fin de l'ancien régime. 1 vol. gr. in-18..	3 50

OUVRAGES DE LOUIS JACOLLIOT A 4 FR. LE VOLUME

Voyage au Pays des Bayadères, 5e édit. illustrée par RIOU... 1 v.
Voyage au Pays des Perles, 4e édit. illustrée par E. YON... 1 v.
Voyage au Pays des Éléphants, 3e édit. illustrée par E. YON,. 2 v.
Voyage au Pays des Brahmes, édit. illustrée par EL. GEARDI... 1 v.
Voyage aux Ruines de Golconde, édit. illustrée par RIOU... 1 v.

Paris. — Société d'Imprimerie PAUL DUPONT. (Cl.) 71 bis.1.81.

www.ingramcontent.com/pod-product-compliance
Lightning Source LLC
Chambersburg PA
CBHW071241160426
43196CB00009B/1146